KB251984

예술인류학,
예술의 인류학

예술인류학,
예술의 인류학

• 박정진 지음

내가 철학을 처음 배울 때 데카르트의 말이 가장 충격적이었다. "생각한다. 고로 존재한다."라는 말이었다. 그렇다. 철학은 그럴 수 있다. 그러나 나의 관심이 철학에서 인류학으로 옮겨 가고 인류학의 거대한 지평을 바라보면서 내가 생각한 것은 "나는 느낀다(I feel). 고로 존재한다."는 것이었다. 생각은 말이 있어야 가능하지만 느끼는 것은 말이 없이도 가능한 세계였다. 다른 문화를 접할 때, 만약 다른 나라의 말을 모를 때 인간은 어떻게 살아갈 것인가. 바로 느낌이었다. 만약 느낄 수 없다면 아무런 소통도 이루어지지 않는다는 것을 알았다.

나는 그때부터 느낌이라는 것을 소중하게 생각했다. 생각보다 느낌을 우선하였다. 느끼지 않으면 존재하지 않는 것이었다. 느낌은 바로 소통(communication)을 의미하는 것이다. 생각은 소통하지 않고 일방적일 수 있지만 느낌은 쌍방적이지 않을 수 없다. 만약 쌍방적이지 않으면 느낌이 아니다. 그 느낌과 관련되면서 문화를 표현하는 우리말을 찾으니 바로 풍류도(風流道)였다. 이 책은 내가 '느낌의 인류학'(Anthropology of Feeling) 혹은 '소통의 인류학'(Anthropology of Communication)을 하기 위해 노력한 결정체이다.

소통하는 모든 것은 존재하는 것이다. 그러나 존재하는 모든 것이 소통하는 것은 아니다.

그렇다. 생각은 궁극적으로 존재하는 것이 아니다. 생각은 존재의 껍데기이다. 생각은 존재의 형식이다. 생각은 존재의 굴레이다. 생각은 나를 남으로 만드는 과정이다. 생각은 나(subject)를 영원한 남(eternal object)으로 만드는 과정이다. 이에 비해 느낌은 내가 없으면 남도 없다. 또 남이 없으면 나도 없다. 언제나 나와 남이 동시에 있는 것이다. 만약 인생에서 생각만을 한다면 인생은 내가 없는, 텅 빈 광주리와 같다. 느낌이 있을 때 인생은 살아 있는 것이고 권위적이지 않고 독재하지 않고 자유롭고 평화롭고 아름다운 것이다. 바로 이 자유와 평화와 아름다움이라는 삼박자를 갖춘 개념을 우리 전통문화 속에서 찾으니 풍류도(風流道)라는 말이 가장 어울렸다.

이 책은 풍류도(風流道)라는 말을 별로 쓰지 않고 결과적으로 풍류도에 대한 인류학적인 논의와 탐색을 내용으로 하고 있다. 나아가서 풍류도가 인류학의 새로운 방법론이 될 수 있음을 증명하게 될 것이다. 각 나라에는 자기 나름의 풍류도가 있다. 각 집단에는 자신의 풍류도가 있다. 자신의 풍류도를 만들어 낼 때 그 나라와 집단은 흥하게 된다. 자신의 풍류도는 자신의 신바람을 일으킨다. 만약 신바람이 일어나지 않으면 아직 자신의 풍류도에 도달하지 않았음을 인정하여야 한다. 만약 재미가 없으면 아직 자신의 풍류도에 도달하지 않았음을 인정하여야 한다. 풍류도는 신바람을 일으키지만 귀신바람을 일으키지 않는다. 대체로 변화를 싫어하고 권위주의적인 사회는 귀신바람을 일으킨다.

풍류도라는 말도 잘못 쓰면 귀신바람이 인다. 그래서 풍류도라는 말을 쓰지 않고 풍류도에 도달할 때, 풍류도에 도달하는 길을 알아

낼 때 진정한 풍류도인이 된다. 풍류도라는 말을 미리 쓰면 으레 '난랑비서문(鸞郎碑序文)', '현묘지도(玄妙之道)'를 인용하고 삼국사기, 삼국유사를 거론하면서 풍류(風流), 풍월(風月), 화랑(花郞), 국선(國仙) 등의 유사개념을 늘어놓다가 학문적 논의를 그치기 일쑤다. 이런 방법은 이미 여러 학자들이 시도한 바 있고 따라서 이제 별로 특별한 연구결과도 기대하기 어려운 실정이다. 그런데도 아직까지 풍류도에 대한 전모를 밝히기에는 기존의 연구결과가 미흡한 형편이다. 그래서 나는 처음부터 풍류도에서 출발하는 것이 아니라 풍류도에 결과적으로 도달하고자 한 결과가 이 책이다.

내가 전공한 인류학은 문화를 총체적으로 보는 것을 대종으로 삼고 있고 이에 우리문화를 총체적으로, 대표적으로, 상징적으로, 한마디 말로 요약할 때 으레 쓰는 '풍류도'는 적합한 연구대상이 아닐 수 없다. 따라서 이 책은 풍류도에 도달하기 위해서 가장 먼 우회로를 돌고 돌아 결국 오늘의 '살아 있는 의미로서 풍류도'를 재건하려는 목적을 가지고 있다. 다시 말하면 풍류도는 옛날 우리 문화를 말할 때 약방에 감초처럼 쓰이는 그런 말이 아니라 현대의 최 일선의 학문적 보편성에서 치열하게 그 실존성을 확보하는 작업이 될 것이다.

궁극적으로 풍류도는 그 옛날 우리 문화의 특성을 정의하는 데 그치지 않고 우리문화를 다시 부흥하는 데 앞장설 목표로서 그 모습을 우리 앞에 적나라하게, 느낌으로, 깨달음의 것으로, 당장 행동하고 실천하여도 전혀 손색이 없는 그런 모습으로 둔갑하여 나타날 것이다.

인류학도 초창기에는 남의 나라를 다스리기 위해 발전하였지만 이제 남의 나라를 내 나라로 느끼기 위해, 남의 나라를 사랑하기 위해 필요로 하는 학문이 되어야 한다. 내가 우리의 풍류문화를 알듯이 남의 문화를 알고 남도 자신의 문화를 알듯이 우리의 풍류문화를 안다면 인류학은 '소통의 인류학'이 된다. 느낌의 인류학은 이래서 소통의 인류학이 된다. 이 책은 나의 '풍류문화론', '예술인류학', '느낌의 인류학'과 관련된 글들을 모은 것이다. 여기에 실린 글들은 내가 한국문화연구의 토착적 방법론개발을 위해 쓴 글모음이다. 철학과 예술일반에 관해서는 미학이 철학의 위에 군림하여야 함을 역설하고자 한다. 이는 예술이 학문과 종교의 우위에 선다는 것과 통한다. 이를 진선미(眞善美)로 보면 진(眞)이 선(善)이나 미(美)를 억압하는 것이 아니라 도리어 거꾸로 미의 일부로 선과 진이 있게 되는 것이다.

모든 진리는 운동의 중심(구심력)과 주변(원심력)을 시대와 장소에 따라, 분야에 따라 달리 표현하는 것에 불과하다. 그런 점에서 진리는 일종의 유행(流行)이고 풍류도(風流道)이다. 이런 유행과 풍류도는 일종의 문화적 궤도이다. 새로운 궤도의 행성은 얼마든지 가능한 것이다. 절대 진리는 주장되는 것이 아니다. 그런 점에서 절대 진리라고 하는 것은 진리가 아니며 단지 그 말이 진리일 따름이다. 이제 서로 다른 것에 대한 이해와 허용과 즐김이 있어야 할 시대가 되었다. 그래서 예술인류학은 시대적 요청인 셈이다. 예술인류학이 궁극적으로 추구하는 것은 화(和)와 락(樂)이다. 화락(和樂)이다. 화락의 목표는 평등(平等)이다. 이때의 평등은 주장하는 평등이 아니라 결과로서의 평등이다. 다른 것들끼리의 화평(和平)이야말로 진정한 안식이다.

앞으로 예술인류학은 보다 더 정교화 작업을 남겨 놓고 있지만 일단 그 씨앗을 지상에 심은 셈이다. 완전한 우주적 소통은 언어(역사)가 아니라 서로가 서로를 상징하고 비추며 소통하는 것을 통해 이루어진다. 언어(역사)는 그 표층에 불과하다. 심층은 심정(心情)의 영역이다. 우리는 알고 행동하는 것이 아니라 행동하며 안다. 즉 살면서 아는 것이다. 이것을 알 때 불교적 무명(無明)은 암흑이나 악(惡)이 아니라 광명(光明)이요, 선(善)이 된다. 빛은 심정(心情)에 와 닿는다. 빛이 다가오기 전에 인간은 암중모색(暗中模索)을 할 수밖에 없다. 빛이 오기 전에 인간은 무(無)였으며 빛과 더불어 움직이기 시작했다. 따라서 빛은 인간의 본질이다. 빛이 다가옴은 본질의 다가옴이다.

지금까지는 인간이 신(神)이 되고자 했으나, 이제 신(神)이 인간이 되고자 하는 시대에 들어왔다. 심정문화, 그것은 인간이 되고자 하는 신(神)의 복음(福音)이다. 지금까지 한국문화는 지극히 극단적으로 억눌린 감정(정서)인 '한(恨)'과 정반대로 지극히 솟아오르는 감정인 흥(興), 그리고 그것을 통합한 감정인 '신명(神明)'으로 해석하는 경우가 많았다. 그러나 이제 그 중간의 멋(맛)으로 우리 문화를 해석할 때가 왔다. 멋과 신명이 만날 때 우리문화를 부흥할 것이다. 멋은 예술적으로 문화를 고양시키거나 해석할 때의 순수 우리말이다. 풍류도(風流道)를 알 때 이것이 실현될 것이다.

2009. 8. 석촌호 망호정에서
대박단군 朴正鎭

차 례

제3장 풍류문화(風流文化)와 예술인류학 /141

제1장 한국문화의 예술적 이해

- 예술인류학의 방법론 모색

1. 예술인류학의 의의

지금까지 철학이 미학 위에 군림해 왔다. 이는 언어가 이미지에 대해 전제나 독재를 행한 결과였다. 언어는 이제 비언어에 그 자리를 내주어야 한다. 언어와 이성은 권력과 밀접한 관련을 가지고 있다. 이것은 일종의 공모이다. 그 공모를 이제 문화에서 차단하여야 한다. 인간의 삶이 소박함을 잃지 않아야 하고 그 소박함이 왜 위대한 삶인지 알아야 한다. 우리가 위대하다고 역사에 남기고 화려한 찬사를 아끼지 않는 것들도 실은 긴 안목으로 보면 권력에 대한 아부일지 모른다. 보통 사람의 삶, 소시민적인 삶, 이것이 훨씬 위대할지도 모른다. 이름 모르는 필부필부의 삶, 갑돌이와 갑순이의 삶, 이것이 훨씬 위대한 것이다. 왜 철학이 미학의 부분으로 편입되어 보다 실천적 면모를 가져야 되고, 종교가 일종의 미학적 차원에서 해석되어야 하는가를 설명하여야 하는 것은 시대적 요청이다.

실지로 진선미(眞善美) 가운데 진(眞)은 '달아나는 신'과 같아서 보편성 혹은 보편적 진리라는 것은 항상 진화하게 되어 있다. 또 완전하게 표출될 수 없는 것이기도 하다. 그래서 단지 아쉬운 대로 특정시기에 특정의 말을 생산하여 보편성을 대신할 뿐이다. 선(善)은 일종의 도덕률로서 매우 관념적이고 시공간의 제약을 받는 것이다. 미(美)야말로 미추(美醜)라고 하지만 그래도 도덕률에 따른 편견이나 왜곡된 진리와는 달리 인간의 물질적 바탕(matrix)의 하부구조 위에 보편성을 가지는 것으로 보인다. 미는 쉽게 관념에 의해 왜곡되지는 않는다. 예컨대 낯선 이국의 예술품에 대해 선악을 따지듯이 대하지는 않는다. 예술은 그러한 점에서 진리나 도덕보다는 덜 관념적이다. 다시 말하면 작품 없이 관념만의 예술은 존재할 수 없다.

예술품에 대해서는, 선악보다는, 다른 것에 대한 이해를 바탕으로 바라보고자 한다. 이는 진선미를 거꾸로 보는 것이기도 하다. 이는 진리의 최소공배수를 찾는 것과 같다. 종전의 진리를 찾는 보편성의 방식이 최대공약수를 찾는 방식이라면 말이다. 이제 예술이야말로 진리이고 생활이야말로 예술이다. 결국 어떠한 생활도 진리라는 말이 된다. 예술인류학은 이런 화두를 가지고 있는 셈이다. 예컨대 생활 즉 예술(生活卽藝術), 예술 즉 진리(藝術卽眞理), 진리 즉 생활(眞理卽生活)이라는 말이다. 생활, 예술, 진리는 서로 순환관계에 있다. 이것은 평상심시도(平常心是道)라는 말과 통한다.

흔히 미학은 철학의 일부로 간주된다. 여전히 매우 관념적인, 형이상학적인 철학적 전통 앞에 미학은 부차적인 것으로 밀려난다. 이것은 서구의 전통적 관념론 철학이 갖는, 이성적(理性的) 특성 때문이다. 서구는 근대 세계질서를 그들의 원리대로 움직여 세계를 그들의 예속하에 두었다. 이것이 서구의 정치적 이데올로기 혹은 문화적 제국주의이다. 이성이라는 것이 예술을 위하여 얼마나 공헌한지를 알 수 없다. 도리어 이성은 예술을 계급화하고, 과거의 것으로 미래의 것을 가두고, 자연의 야성을 인간의 어설픈 기술로 빼앗으려고 발리케이트를 친 것은 아닌가. 그래서 몇몇 탁월한 예술가들만 자신의 인생이라는 것을 희생(犧牲)하여 그것을 넘어서 저항하거나 탈출한 것은 아닌가?

인류의 문화는 21세기를 맞이하여 종래의 분열과 팽창에서 반대로 통합되고 수렴되고 있다. 학문에 있어서 학제적인 연구는 물론,

그동안 과학, 예술, 종교라는 삼분법은 이제 불필요하게 되었다. 아직도 과학과 예술과 종교라는 것이 하나라는 것을 증명하기에는 빠르지만 적어도 예술과 종교라는 것은 거의 쌍둥이라는 것을 해석하기에 이르렀다. 과학이 아직도 통합에서 어색한 이유는 물리학 중심의 과학이 추구하는 객관적인 법칙이라는 것은 좀체 무너지지 않기 때문이다. 아니, 뉴턴의 물리학이 설사 아인슈타인의 상대성 원리에 의해 무너졌을지라도 적어도 그것이 적용되는 영역이 여전히 있기 때문이다.

인문학은 그동안 주로 해석학이었는데 이는 자연과학과 같은 법칙을 찾기 어려웠기 때문이다. 자연과학과 같은 수식을 인문학이 추구할 수 없었던 이유는 처음부터 추구하는 목적과 방법이 달랐기 때문이다. 인문학 혹은 사회학은 과학이라는 영역에서 열등적인 것이어서 그런 것이 아니라 처음부터 생명과 관련되는 것이고 그것의 특성은 적어도 인과적인 것이 아니고 그것이 설사 물질적인 것으로 구성되어 있다고 할지라도 매우 임의적인 것을 내포하고 있었기 때문이다. 이는 예컨대 건축학으로 잘 설명할 수 있다. 건축학은 디자인(design)과 공학(engineering)으로 구성된다. 디자인은 인문학(미학, 철학, 미술사, 예술학)이고 공학은 자연과학이다. 이 둘이 만나서 건축학이 된다.

인문학이 그래도 적어도 자연과학과 필적할 만한 이론무장을 할 수 있었던 것은 언어학의 힘이 컸다. 소위 구조언어학이다. 그렇더라도 구조언어학이 인과론을 밝혔기 때문이 아니라 도리어 처음부터 인문학은 인과론을 추구한 것이 아니라 임의적으로 구성된 일종의 구조(structure), 혹은 체계(system), 혹은 콤플렉스(complex)라는 것을 증명하였기 때문이다. 이것들은 필연적으로 해체(deconstruction)되거나 변형되거나 심하면 붕괴될 수 있는 성질을 가지고 있다. 그러니까 사물의 결정성과 절대론을 가지고 있지 않다. 매우 상대적인, 그야말로 구조물에 불과하다.

인간의 삶은 과학적인 것이 아니다. 다시 말하면 법칙을 발견하기 위해 사는 것이 아니다. 법칙에 봉사하는 것이 아니다. 삶은 이상하다. 법칙으로 질서를 잡아야 하지만 동시에 법칙에 얽매여 삶의 활성을 잊어버려서는 안 된다. 이것을 잘해야 한다. 삶의 활성을 잊어버리지 않기 위해서 종교와 예술은 얼마나 피눈물 나는 노력을 했는지 모른다. 과학은 또한 얼마나 자연으로부터 자연을 스스로 다스리도록 압력을 받았는지 모른다. 농업혁명, 산업혁명, 정보혁명은 모두 인구부양에서 출발하여 보다 윤택하고 행복한 삶을 영위하기 위한 자연의 압력(stress)에 대한 필요(need)의 소산이다. 결국 종교와 과학은 인간의 삶의 두 기둥이다. 그것을 통합하는 것으로서의 예술이 있었던 셈이다.

그러나 예술은 그 재료를 떠나면 종교와 거의 쌍둥이다. 예술인류학은 바로 예술이라는 것이 종교를 표방하지 않은 종교이며, 종교라는 것이 예술을 표방하지 않는 예술이라는 것을 말하려는 것이다. 종교는 인간의 삶을 희생으로 하여 인간의 삶을 더욱더 윤택하게 하려는 것이다. 예술은 인간의 삶에 아름다움을 입혀서 더욱 아름답게 하려는 것이다. 여기에 창조적 예술가들의 희생이 따른다. 그런 점에서 예술인류학은 종교인류학이다. 우리는 흔히 문화라고 하면 과학(학문)과 예술과 종교를 들지만 결국 나중에 남는 것은 예술뿐이다. 예술이야말로 인간이 창조한, 자연에 대응할 수 있는 순수한 것이다. 종교도 예술로서 남지 않으면 안 된다. 과학도 마찬가지이다. 미래의 인류는 예술을 통해서 우리의 과학과 종교를 인식할 뿐이다. 예술과 종교, 그리고 과학 사이의 특징은 <표 1>과 같다.

이 표는 예술인류학의 화두와 같은 것이다. 다시 말하면 예술인류학을 끝까지 읽고 다시 이 표를 보면서 음미하기를 바란다. 예술인류학의 탄생은 무엇보다도 현대의 과학과 역사학과 대결한 프랑스의 구조인류학자 레비스트로스의 업적을 바탕으로 이루어진 것이다. 철학이 이룬 업적은 많다. 무엇보다도 신화나 종교로부터 빠져나와 전혀 새로운 합리적인 사고를 하게 한 점이다. 오늘날 철학은 과학과 신학, 종교학, 예술학, 심리학 등 여러 분과학문에 자리를 내주고 왜소해졌다. 그럼에도 철학하는 인간으로서의 호모사피엔스 사피엔스의 특징은 저버리지 않았다. 이제 철학이라는 것도 어쩌면 언어를 재료로 하는 예술이 아닌가 싶다. 물론 기존의 언어의 예술인 문학과는 다른, 인과성(因果性)을 기초로 하는 '문장(文章)의 군(群)'과 같은 것인지도 모른다. 문학은 인과(因果)보다는 은유(隱喩)의 산물이다.

<표 1> 예술, 종교, 그리고 과학

인류문화	예술과 종교 (여성적 - 모계적)	과학(학문) (남성적 - 가부장적)
구조와 법칙	구조 혹은 체계 대칭적 구조(構造) 균형(均衡)과 조화(調和)	법칙 합리적 구문(構文) 문법(文法)과 권력(權力)
상징적 변수	상징 - 氣 무의식(無意識)	사물 - 理 의식(意識)
氣와 운동	氣에 의한 活性(力動, 逆動, 易動)	운동에 의한 질서(운동의 법칙)
해석과 증명	은유/해석/任意的/循環的/비선형적/수 평적/대칭적 불교적 세계관 인과응보적(因果應報的)	환유/증명/決定的/直線的 /선형적/수직적/비대칭적 기독교적 세계관 인과적(因果的)
존재의 특성	생명, 증식, 조합, 분류	지배, 계급, 순열, 차원
이데올로기	에콜로지/여성주의/모계사회/평화(平和)	권력체계/남성주의/가부장사회/폭력(暴力)
학문적 기초 패러다임	언어학, 생물학(한의학)	물리학(수학)

차라리 철학 속에 미학이 포함될 것이 아니라 미학 속에 철학이
포함되어야 한다. 왜냐하면 철학적 사유도 철학자를 둘러싸고 있는
자연적 문화적 환경과 인간의 대응(對應)에서 출발하고 있다는 점
에서 그 순수한 출발점은 일종의 창조적 비유(analogy)이기 때문이
다. 요컨대 주체와 객체(인간과 자연) 중 어느 것에 비중을 더 두느
냐는 별도의 문제이지만 ― 이것은 인류사의 수많은 철학적 미학적
문화 항목의 저장고를 만들었다. ― 양자의 설정 자체가 실은 매우
미학적인 출발의 한 예이다. 예술의 모방성이나 유희설도 이와 무
관하지는 않지만 특히 일반적으로 원시종교 형태로 통했던 토테미
즘(totemism)도 이와 맥락이 닿는다는 사실은 주목할 가치가 있다.
  사실 따지고 보면 토테미즘도 사물(자연)을 인식하고 표현하기
위한 인간의 원시적 인지수단의 하나이기도 했으며, 특히 인지·사

회인류학자들의 견해에 따르면 자연을 상징화(symbolize)하여 집단을 표현한 것이다.[1] 실제로 토템의 대상이 된 동물들이 그것을 상징으로 사용하고 숭배하는 인간집단의 주변에 생존했을 수도 있고, 또 그렇지 않을 수도 있지만 토템 동물과 인간집단의 대응관계에서 토테미즘이 발생했다는 점에서 토테미즘도 원시종교 형태라기보다는 일종의 '자연의 사회화'라는 지각의 긴장과정(평형상태)을 거친 인간의 보편적 인식방법 중 하나이다.

이런 점에서 토테미즘은 인간의 단순한 대뇌작용의 산물만도 아니고 처음부터 자연 속의 피조물을 그대로 표현한 것도 아닌, 일종의 가공과정을 거친 창조행위의 산물이다. 토테미즘은 에콜로지를 반영하고 있으며 서로 먹고 먹히는 먹이연쇄를 영혼의 교류로 승화시킴으로써 종교가 된다. 이는 단순한 상상이 아니라 인간의 발생학이나 유전학, 즉 개체발생의 계통발생과정에서도 친연성이 확인된다. 동물들은 인간의 먼 조상인 셈이다. 분류학은 이를 잘 말해 주고 있다. 고등종교, 특히 기독교 성경이 하나님이 인간을 만들었다고 아무리 주장하더라도 진화적 과정을 무시할 수 없다면 도리어 동물들이, 아니 생명의 기원에 해당하는 미생물, 바다의 해파리가 인간의 조상이 될 수도 있다. 인간은 결국 오늘의 자신을 있게 한 진화의 기나긴 과정의 원시 혹은 초기생물과, 또 그 이전의 무기물에게 빚을 지고 있는 셈이다. 무(無)나 공(空)이나 영원은 무기물을 고상하게 말하는 것인지 모른다.

무릇 주체와 대상 사이에서 창조된 것은 예술로 간주할 수 있다.

---

1) F. E. 존스톤, H. 셀비(1978), ≪Anthropology≫, Wm. c. Brown Company, 權彝九譯 (1981), ≪現代文化人類學≫, pp. 173～175, 探求堂, 서울.

인간은 어떤 명제를 떠올릴 때 느낌의 주체로서 스스로 엔터테인 먼트(entertainment: 즐거운 기분으로 迎入)하지 않으면 안 되고 우선 진위(眞僞)의 문제보다는 사적인 향유(private enjoyment: 예술하는 기분으로 즐김)를 하지 않으면 안 된다. 적어도 자신의 문화이든, 남의 문화이든 한 문화를 연구하는 인류학자는 우선 느끼는 인류학자가 되어야 하고 연구대상이 된 문화와 교감하지 않으면 안된다. 그러한 점에서 처음부터 객관적인 연구란 없는 것이다. 인류학적으로 기념비적인 민족지나 연구결과들은 모두 이러한 느끼는 인류학의, 예술적 인류학의 산물이라는 것을 말해 준다.

사물은 인간이 보는 대로 있는가, 아니면 인간은 사물이 있는 대로 보는가. 이 두 명제는 줄기차게 철학자들이나 다른 경험적 과학자들을 괴롭히는 문제였다. 그런데 최근의 답은 보는 대로 있는 것도 아니고 있는 대로 보는 것도 아닌, 둘의 복합체(complex entity)로 드러났다. 물론 공즉시색(空卽是色), 색즉시공(色卽是空), 우리에게 낯익은 이 명제는 일찍이 우리를 깨닫게 하였다. 그러나 그 과정을 현대 과학의 입장에서 해명하는 작업이 이루어졌다.

위대한 철학자 알프레드 노스 화이트헤드(Alfred North Whitehead)는 명제(proposition)의 일차적 역할이 존재의 자기구성과정에 던져지는 유혹(lure)이라고 함으로써 명제의 영역을 확대하였다. 정확하게 말하자면 우리의 지각과 정신 상태 속에 주어지는 여건(data)들을 지칭하는 것이 아니라 임의의 경험 주체에 유혹으로 주어지는 독특한 여건들을 지칭하는 집합명사라고 말하였다.[2] 화이트헤드는 명제를

---

2) Alfred North Whitehead, ≪Process and Reality: An Essay in Cosmology≫, pp. 22~25, 1929. Corrected edition. Edited by D. R. Griffin and D. W. Sherburne. New York: The Free Press, 1978. 문창옥, "화이트헤드 과정철학의 이해", pp. 250~251, 1999, 통나무.

불순한 가능태(impure potentiality)라고 하였다. 그는 명제를 현실태 (actual entity)와 순수한 가능태가 혼재되어 있는 성격이라는 점에서 불순한 것이요, 순수한 가능태도 순수한 현실태도 아니라는 점에서 '복합적인 존재'(complex entity)라고 하였다.[3]

사실상 인간의 경험들이라는 것은 경험주체인 인간이 그의 환경에 들어 있는 선택지들, 즉 실재적 가능태들을 선택적으로 취합하는 주체적 결단을 통해 출현하는 것이며 이러한 결단의 과정이 경험의 과정이요 존재의 자기구성과정이다. 이는 매우 선택적인 것이다. 명제는 느낌의 개별성이나 결합체의 실재성을 갖지 않는다. 그것은 자신을 느낄 주체를 기다리고 있는, 느낌을 위한 하나의 여건이다. 명제의 근본적인 역할은 '느낌에의 유혹(lure for feeling)이다.[4]

철학도 단순한 대뇌작용(관념)이나 피조된 것(사물)이 아닌 이상, 인간 특유의 창조적 예술이다. 따라서 철학은 형이상학적 언어의 예술로서 차라리 미학에 포함되어야 한다. 지금까지 미학이 철학의 일부로 간주된 것은 너무 사변적인 것에 대한 편중의 결과이다. 철학은 신학과 과학을 분가시켰다. 이제 나머지 인간생활 전체와 관련되는 문화, 즉 생활총체에 있어서도 문화인류학에 그 자리를 내주어야 한다. 요컨대 철학적 명제가 여러 분과학문에 의해 분가되는 마당에 명제의 거대한 결합체인 인류학적 민족지나 연구들은 당연히 '느끼는 주체'로서의 인류학자에 의해 이끌어지지 않으면 안 된다. 철학은 민속분류학(folk taxonomy)에 귀를 기울여야 한다. 이것이 바로 문화에 있어서 간주간성(inter-subjectivity)을 획득하

---

3) A. N. Whitehead, 위의 책, pp. 189~189, 문창옥 위의 책. pp. 251.
4) A. N. Whitehead, 위의 책 p. 184, 문창옥 위의 책 p. 253.

는 실질적인 연구인 것이다.

예컨대 말(개념)로 규정되지 않는 것은 존재하지 않는 것으로 본 서구문명의 오류는 곳곳에 있다. 그들에겐 존재(being)하는 것은 말로 표현되어야 했고 말로 표현된 것은 존재(being)하는 것으로 간주되었다. 이러한 서구문명의 '말(理性) 중심주의'는 인간의 신체나 자연의 물질적 속성이 갖는 상징성, 다시 말하면 우리가 만지고 보고 느끼는 재료들이 연출하는 상징적 효과를 경시하거나 도외시하는 결과를 초래했다(이것은 서구문명의 예술적 업적을 부정하는 것과는 다르다. 오히려 그들의 예술적 업적이나 예술사의 특성과 관련이 있다).

서구의 미학은 철학에 환원되고 철학은 정치적 이데올로기에 환원된, 그리고 그들의 정치적 이데올로기는 기독교의 절대적 신관에서 머문다. 이것이 그들의 문명적 순환이다. 그들에게 이러한 순환이 지금도 되풀이된다. 서구의 역사가 각 시대마다 어떤 특성으로 유형화되고 단계적 발전론을 띠는 것은 이 때문이다. 이것은 일종의 기호학적 역사이다. 그래서 서구의 역사 속엔 각 시대마다 고정된(정확한) 의미가 있다. 상징은 모든 언어적 요소들이 한곳에 수렴된 반면 기호는 언어적 요소들이 파편화되는 경향이 있다.

따라서 기호학은 인간의 진정한 의미의 세계를 '가두는 상징학(symbology)'이거나 '가두어진(고정된) 상징을 보는 상징학'이다. 기호학이 서양 역사에선 필연적 의미가 있을지 몰라도 동양(동아시아), 특히 한국에선 그 의미가 대폭 축소되거나 요컨대 '열린 상징학'으로 변형되지 않으면 안 된다. 한국문화는 특유의 '감성(感性) 중심주의'의 상징문화이고, 그 상징은 시공간에 따라 변화무쌍하게 생성되기 때문이다. 적어도 한국에선 다차원의 의미가 매우 상황적이고, 연극적으로 생성된다. 여기에 본고의 한국문화에 대한 예술적 이해가 당위성을 갖게 된다. 예술의 상징·메타포가 인식의 수단이 되고, 사물을 파악하는 방법론이 된다는 뜻이다.

문화에 대한 예술적 이해를 위해서는 우선 문화에 대한 제 개념 규정을 살펴볼 필요가 있다. 그다음에 문화를 상징체계로 보는 종류와 연구 영역, 그리고 예술인류학의 성격을 알아보는 것이 순서일 것이다. 미학의 중요성과 문화에 대한 예술적 이해에 선구적 역할을 한 서구의 학자들은 아도르노, 호르크하이머, 루카치 등 독일의 프랑크푸르트학파에 속하는 학자와 프랑스의 M. 메를로-퐁티나 폴 리꾀르, 롤랑 바르트 등을 꼽을 수 있을 것이다.

이 중 프랑크푸르트학파의 아도르노는 아리스토텔레스적인 형식논리적 사고보다는 예술·미적 지각이 오히려 포괄적인 합리성이요,[5] 진정한 의미에서의 균형 잡힌 합리성이라고 주장, 가장 주목된다. 물론 예술적·미적 합리성이 하나의 문법이나 관례, 고정된 의미체계를 강요하지 않는 것은 아니지만 그것은 적어도 상징적 균형 잡기를 위한 대립적 세계를 기본적으로 인정하고 있다는 점에서 도구적 합리성과는 다르다. 루카치도 '예술품은 현실과 자연의 미적인 물질세계, 그리고 사회의 구체적 구조를 반영한다. 그것은 주어진 역사적 시기에서 인간, 자연, 그리고 사회의 총체적인 관계를 표현하기 때문에 인간 중심적이다.'[6]라고 주장, 예술품이 사회·문화의 총체성을 반영한다고 한 점에서 눈여겨볼 만하다. 비단 예술품만이 아니라 생활상 그 자체도 사회·문화의 총체성을

---

5) 洪可異(1987), 《現代美術·文化批評》 p. 47, 미진사, 서울.
6) 金一柱 편저(1988), 《루카치思想研究》 p. 29, 고려원, 서울.

반영한다는 점에서는 다르지 않다.

그래서 나의 예술인류학은 예술적 대상과 함께 생활 그 자체를 똑같은 비중으로 삼게 된다. 왜 삼국시대의 필부필부가 가지고 생활하던 용품들이 오늘날 예술로 둔갑할까. 왜 그때의 생활이 지금은 아름답게 보일까. 그렇다면 지금의 생활이 먼 훗날 이름 모를 후손에 의해 아름답게 보이지 않는다고 누가 보장할 것인가. 이것은 시간적인 차원의 문제이지만 공간적 차원에서도 마찬가지이다. 왜 아프리카의 원주민의 생활용품이 우리에게 신기하고 아름답게 보일까. 예술을 예술이게 하는 것은 과연 그 대상에 있는가, 아니면 그것을 보는 자에게 있는가.

프랑스 학자 중 롤랑바르트는 후기구조주의(post – structuralism)의 기수라는 점에서 가장 눈에 띈다. 롤랑바르트는 그의 텍스트론에서 '텍스트를 해석한다는 것은 그것에 하나의 의미를 주는 것이 아니라, 반대로 어떠한 다원성으로 그것이 구성되어 있는지를 감정(appreciate)하는 일이다.'[7]라고 했다. 또 그는 '텍스트가 진리나 개연성이나 심지어 가능성의 다원성이 아닌, 다원성 바로 그것의 존재를 주장하는 것의 문제이다.'[8]라고 덧붙였다.

롤랑바르트는 결국 작자적 텍스트론에서 '생산물'이나 '구조'의 개념들을 '과정' 및 '분할'의 개념으로 대체한다."[9] 독일 학자들이 대체로 예술과 사회(문화)와의 관계에서 사회를 예술(미학)적으로 보거나 예술(작품) 속에서 사회(문화)의 총체성을 보는 경향이라면,

---

7) Barthes, Roland(1970), ≪S/Z≫, p. 5, Trans. Richard Miller(1974), Hill and Wang, New York. 문병호(1987), '후기 구조주의적 텍스트 개념', p. 35, 경희대학교 대학원 석사학위논문.

8) Barthes, Roland(1970), ≪S/Z≫, p. 6, 문병호(1987), '후기 구조주의적 텍스트개념' p. 35.

9) Barthes, Roland(1970), ≪S/Z≫. pp. 11~12. 문병호(1987), '후기 구조주의적 텍스트개념', p. 41.

프랑스 학자들은 작품 자체(텍스트)의 구조 혹은 탈구조에 관심이 많아 의미 또는 다층의 의미 파악에 주력하는 편이다.

전자는 확실히 사회에 비중을 많이 두고 있고, 후자는 작품에 비중을 많이 두고 있는 것이다. 양자를 통합하는 길은 없을까? 한 사회는 그 나름의 의미 체계를 갖고 있다. 또 한 사회의 의미체계는 변한다. 의미체계가 변할 수 있다는 것은 의미체계의 많은 가능성을 전제하는 것이다. 사회와 작품의 의미체계는 서로 가역반응을 하는 관계에 있다. 사회가 없으면 작품은 표현 대상이 되는 실체를 잃는다. 반대로 작품의 의미체계가 없으면 사회는 표현될 틀을 잃게 된다.

이 밖에도 위르겐 하버마스의 소통적 합리성이나 기호학자들의 노력은 의미체계를 고정화하려는 일환으로 볼 수 있을 것이다. 이 것은 서구문명의 언어중심주의·도구적 합리성 선호로 볼 수 있을 것이다. 미적·예술적 관심은 인간의 사회생활(특히 정치적인 분야) 에 예술을 확산시키는 노력으로 나타난다. 사회적 실천이나 사회적 소통을 예술적·미적으로 논하는 것은 나의 예술인류학과 기본적 인식을 같이하고 있다.

결국 상징은 인식수단 및 사회적 소통, 나아가서 인간사회를 하나의 공동체(communitas)로 만드는 가치를 지닌다. 상징은 언어보다는 매우 적응의 탄력성이 높다. '상징적 총체성'은 언어와 사회와 사물 간의 벽을 허물고 생명력을 불어넣는다. 이것은 일종의 상징의 애니 미즘(animism)이다. 상징은 언어(개념)보다 덜 정교한 인식수단인 것 처럼 일방적으로 매도되어 왔다. 이같이 상징이 서구의 자연과학주 의에 의해 평가절하당할 경우 우리나라와 같이 상징이 풍부한 문화 는 미신(迷信)이나 불합리 투성이의 덜 발전된(underdeveloped) 문화

(사회)로 치부되기 쉽다.

그러나 상징이야말로 또 다른 과학체계임을 알 필요가 있다. 예컨대 물(水)을 'H₂O'로 하지 않더라도 인간은 충분히 자연으로부터 버림받지 않으면서 적응하여 살 수 있었다. 물(水)이란 일(日), 월(月), 화(火), 목(木), 금(金), 토(土)와 함께 음양오행(陰陽五行)체계(음양과학 체계)의 하나였다. 이 음양오행은 원소주기율표의 원소들보다 덜 세분화된 상징이었지만 사물을 이해하고 이용하는 하나의 틀(과학)로 훌륭히 기능을 수행했다. 원소는 오늘날 더욱더 미세한 미립자로 쪼개지고 있지만 이들의 구조도 음양(+, −)을 벗어나지 못한다는 점에서 '음양'은 가장 미시적 인식단위이며 음양이 확대된 오행은 가장 거시적 인식단위로, 따라서 음양오행은 동시에 '미시 − 거시적' 인식방법론임을 알 수 있다.

20세기 후반, 혹은 21세기 예술의 특징은 특히 연행(performance)에 둘 수 있을 것이다. 회화는 캔버스를 탈출하려고 하고, 조각은 점점 설치로 변하였으며 소설 중심의 대중예술은 영화 중심으로 변모하였다. 이를 종합적으로 일관하면 연행이라는 말로 요약할 수 있다. 그런데 그 연행이라는 것이 일반인의 일상생활의 예술적 의미에 대해 관심을 기울이게 하였다. 예술은 나름대로의 문법과 규범을 가지고 있는데 이것에 대한 전면적인 저항이 소위 아방가르드라는 이름으로 진행되었다. 이러한 예술계의 움직임은 인류학 쪽에서는 원시미개인들의 생활에 대한 예술적 의미, 혹은 의식 혹은 무의식의 세계에 대한 관심을 불러일으켰다. 이는 인간의 보편적인 무의식의 세계에서의 대칭구조, 원시미개 사회의 예술, 그리고 각종 제의에 대한 이해를 넓혔다.

이러한 맥락에서 볼 때, 한국문화와 예술은 원시성(전근대성이라고도 한다)과 동시에 근대성을 동시에 포함하고 있어서 둘 사이에서 존재하는 대칭성 – 비선형성과 비대칭성 – 선형성, 그리고 둘의 겹치는 부분에 대한 연구가 중요한 과제로 떠올랐다. 한국문화와 예술을 이해하는 틀로서 음양상징법은 주목할 만하다. 음양상징법은 매우 역동적(力動的, 逆動的, 易動的)인 것으로 문화와 예술에 대한 예술적(창조적) 이해, 드라마적 이해, 연행적(performative) 이해의 틀이라 할 수 있다. 이 책은 음양상징법을 다원다층의 음양학이라는 이름으로 새롭게 조명하는 세계적 보편성과 만나게 할 목적으로 집필되었다.

이상의 이론적 배경을 근거로 문화에 대한 예술적 이해를 다음의 두 가지 차원에서 논하고자 한다.

첫째, 예술을 대상으로 한 인류학: 예술의 인류학(Anthropology of Art)과 민족예술학(Ethno – Aesthetics)이다.

둘째, 예술적 접근의 인류학: 예술인류학(Artistic Anthropology), 느낌의 인류학(Anthropology of Feeling)이 그것이다.

예술을 대상으로 한 인류학: 예술의 인류학

'예술을 대상으로 한 인류학'은 기존의 예술학(각 예술 장르를 연구대상으로 하는 학문 활동을 지칭)이 장르별로, 그것도 대체로 서구적 개념들을 근거로 보편성(일반성)을 추구하는 데 반해 원시·미개사회 혹은 동양사회의 예술작품을 포함하는 인류 전체의 예술을 비교문화적 관점에서 바라보는 것을 말한다. 이때 연구방법론은 물론 인류학의 현지조사(field work), 공시적(共時的) 방법, 그리고 문화총체성(cultural wholism)을 주축으로 한다. 따라서 기존의 미술사 혹은 예술학과는 일정한 거리를 둔다고 볼 수 있다. 대체로 탈장르 – 탈서구적 관점에서 새로운 보편성을 탐색한다.

한 사회와 국가의 문화를 파악하는 데는 생활의 총체를 보는 것도 중요하지만 그 사회와 국가의 예술을 보는 것이 훨씬 전략적으로 효과적일 때도 있다. 예술이란 물론 개인의 창작과 표현행위를 기초로 하는 것이지만 사회적이고 문화적인 특성이 무의식적으로 혹은 의식적으로 끼어들기 마련이다. 바로 예술도 사회의 산물이기 때문이다. 따라서 기존의 예술학은 장르적 폐쇄성과 서구적 기준으로 편향성을 띠는 반면 예술인류학은 이를 극복하고 예술을 사회(인간집단)와의 관련 속에서(그렇다고 예술사회학과 같은 것은 아니다), 인간생활(human life)과의 일체감 속에서 다루는 것이 특징이다. 이를 위해서는 서구적 잣대를 들이대거나 서구적 편견으로 대상을 보아서는 안 될 것이다. 어떤 경우에도 오픈마인드가 필요하다. 다시 말하면 서구적 잣대로 진위를 가리거나 선악을 따지거나 해서는 안 된다는 말이다. 마치 한 예술가의 예술작품을 대하듯이 다른 사회와 문화를 인정하고 이해하려는 자세가 필요하다. 조사자의 입장에서 규정하고 규명하는 것보다는 타문화의 내재적 원리, 내부적 메커니즘, 내부적 순환원리 같은 것에 관심을 기울이게 된다.

한편 민족 예술학은 예술 장르보다는 민족 단위로 인간의 기본 심성이 어떻게 특수한 문화 유형(양식)을 통해 표출되느냐를 연구한다. 또 서구적 보편성을 일방적으로 적용하는 것이 아니라 각 문화의 특수성을 토대로 보편성을 새로 구축하는 예술학이다. 이것은 민족적 폐쇄성(비교 문화적이라고 표현하는 것이 더 적합하다.)을 갖고 있지만 문화상대주의적 열린 시각을 갖고 있다. 그러기 위해 서는 바로 앞에서 언급한 철학과 미학의 위치전도가 전제되어야 한다. 이는 예술이 학문과 종교의 우위에 선다는 것과 통하고 진 (眞)이 선(善)이나 미(美)를 억압하는 것이 아니라 도리어 거꾸로 미(美)의 일부로 선과 진이 있게 되는 것이다.

이는 인류문화의 장기지속(長期持續)의 관점에서 볼 때 문자와 이미지의 우위경쟁에서 이미지의 혁명이 실현되는 것과 맥을 같이 한다. 인류의 문명은 문자 발명 이전의 이미지의 시대에서 문자의 시대로, 다시 이미지의 시대로 순환해 왔다. 이미지의 시대→문자 의 시대→이미지의 시대로 지금 넘어가고 있다. 이를 여성시대→ 남성시대→여성시대로 대응할 수 있을 것이다.

이미지의 입장에서 볼 때 문자도 이미지의 일부이다. 물론 문자 의 입장에서 보면 이미지도 문자의 일부가 될 수도 있겠지만(문자 도 그림은 그림이니까) 이미지는 포괄적이고 상징적 형태를 띠는 반면 문자는 규범적이고 엄정성을 기하게 된다. 문자는 정확한 것 을 추구하지 않으면 문자가 되지 못한다. 한 걸음 더 나아가서 문 자, 이미지에 소리 등을 더해서 멀티미디어가 된다면 복합예술에 대한 이해야말로 바로 한 사회와 문화를 이해하는 데에 필수불가 결한 것이 되고 말 것이다. 이제 예술을 이해하지 않고는 문화를 이해하였다고 말하지 못하게 될 것이다. 이는 문화의 연구에서도 <미(美) - 이미지 - 예술 - 감각>의 시퀀스가 <진(眞) - 문자 - 철학 (학문) - 관념>의 시퀀스를 압도하게 되는 것을 의미한다.

예술적 접근의 인류학: 예술인류학

둘째, 예술적 접근의 인류학: 예술인류학(Artistic Anthropology), 혹은 느낌의 인류학(Anthropology of Feeling)은 예술 장르나 민족 단위 등 어떠한 폐쇄성도 갖지 않는 상태에서 인간의 언어, 몸짓 등 행위 전반에서 열린 의미를 찾는 작업을 하는 인류학을 말한다. 예술인류학에서 예술적 접근의 인류학이 중심이 되는 것은 물론이다. 인류의 문화는 크게 보면 종교, 예술, 과학(학문)으로 요약할 수 있을 것이다. 그런데 종교와 예술은 실은 매우 통하는 데가 많다. 종교와 예술은 겉모양은 다르지만 실은 과학의 입장에서 보면 거의 같은 것이다. 이것은 다분히 에코-페미니즘(Eco-Feminism)적 시각이다. 그런 점에서 예술적 접근의 인류학은 '매트릭스(matrix) 인류학＝자궁인류학'이라고 할 수 있다.

이는 무엇보다도 조사자의 예술적 감수성을 토대로 한 사회와 문화를 그리고 묘사하는(표현하는) 것이 중요하다. 물론 훌륭한 민족지는 그 대표적인 것이 될 것이다. 민족지는 훌륭한 문학이고 개인의 일기는 훌륭한 문학적 일대기가 될 수 있다. 그러기 위해서는 무엇보다도 열린 마음의 자세가 필요하다. 조사자가 자신이 소속한 문화적 감수성을 고집하면 좋은 결과를 얻을 수 없다. 예술적 접근의 인류학에서 가장 훌륭한 인류학자는 아마도 '현지주민으로서의 예술가'가 될 수 있느냐의 유무와 정도에 달려 있을 것이다. 물론여기에도 간주관(inter-subjectivity), 상호 텍스트(inter-text)의 문제를 어떻게 자리매김하느냐에 성패가 달려 있다. 말하자면 거의 현지주민의 편이 되지 않으면 안 될 정도가 되어야 할 것이다.

예술적 접근의 인류학이야말로 이해의 인류학이고 인류학자가 조사지의 구성원이 되는, 다른 문화에의 참여자, 다른 문화에의 주체가 되는 경험을 하는 것이 된다. 여기에 이르면 사는 것과 아는 것의 구별도 없어지는 셈이다. 인류학자들은 때로는 자신의 조국의 매국노가 될 수도 있고 조사지의 새로운 애국적 구성원이 될 수도 있다. 이것은 한 인간이 어떻게 다른 사회와 문화의 인간이 될 수 있느냐의 실험이기도 하다. 그런 점에서 한 문화는 쉽게 드러내지 않는 의미의 층을 숨기고 있다고 보는 편이 옳다. 따라서 의미의 다원다층(多元多層)을 찾아내지 못하면 결코 연구를 잘하였다고 할 수 없다.

특히 예술적 접근의 인류학은 인간의 행위 속에 숨어 있는 의미(숨겨진 차원)를 찾아내고 어떻게 그 의미가 상호 교환되어 사회적 커뮤니케이션이 이루어지는가에 대해 연구한다. 다시 말하면 인간의 행위도 마치 예술의 상징처럼 메타포의 연속(조합)으로 보는 입장이라 할 수 있다. 따라서 예술인류학이 다루는 상징--코드(code), 메타포(metaphor)는 매우 역동적이다. 특히 코드 자체가 매우 은유적(metaphorical)이다. 인간의 사회적 행위는 매우 역설적인 의미, 이중적 가치를 지닌다. 결국 한 나라의 시(詩)나 예술을 이해하지 못하면 그 나라의 문화를 이해하지 못한 것이 되는 셈이다.

예술적 접근의 인류학은 또 사회의 구조(조직) 속에서도 균형론적 입장의 기능이나 의미를 찾는 것보다는 균형론과 갈등론적 입장을 조화하는 중용적(中庸的) 입장에 선다. 이것을 철학적으로 말한다면 존재(being)적 사고와 생성(becoming)적 사고를 동시에 포괄하는 '존재-생성적' 입장이라고 할 수 있을 것이다. 절대-상대론이다. 또 예술적 접근의 인류학은 다원다층의 의미를 찾는 한편 그러한 다원 다층의 의미들이 하나로 환원하는 신화적 원형을 탐색하는 작업을 벌인다. 예술적 접근의 인류학이 사실 본고에서 주목적으로 하는 부분이다. 인간의 사고는 반성적(反省的)인 데에 특징이 있다. 그러나 반성적인 것이 그야말로 반(反)운동에서 끝난다면 결코 생산적이라고 할 수 없다. 적어도 자연과 여성이 재생산하는 (reproduce) 것만큼 문화는 생산적이어야 한다.

인간의 문화는 그것의 내용이 어떠한 것이든 — 예컨대 개념이든, 물질(문화)이든, 사회구조든, 상징(의례)이든 — 결국 의미세계로 파악될 수밖에 없다. 그것이 역설적 의미(이중적 가치)일 때는 더욱 값진 것이고 역동적인 것이 된다. 이러한 상징(의미)이 가장 잘 확인되는 영역이 인간의 정치행위이다. 상징으로 사물을 이해한다는 것은 역설을 하나로 포용하는 것이면서 역설을 드러내는 것이고, 끝내 그것을 당연한 것으로 받아들이게 한다. 모든 것을 하나가 되게 한다. 이것을 역으로 말하면 하나 속에서 모든 것을 보도록 하는 것이다. 특정 시공간에서, 이원대립항의 끊임없이 새로운 의미, 다원다층의 의미를 찾는 작업이 예술 인류학의 목표이다. 이것이 '상징적 총체성'이다.

다원다층의 음양학 — 이원대립항은 결코 진화론이나 목적론에 입각한 하나의 역사적 진리나 텍스트를 강요하지 않는다. 일종의 음양의 퍼즐게임과 같이 문화와 역사와 우주를 바라본다. 이러한 퍼즐은 일찍이 동양의 주역에도 있었고 오늘날 유전공학에서 밝혀진 DNA 염기구조에도 적용된다. 물론 하나의 종교적 선이나 바이블을 강요하지 않는다. 단지 여러 차원의 이원대립항이 존재할 수 있으며 그것은 열려 있음을 전제한다.

예술인류학은 쉽게 말하면 무당을 인간의 원형으로 보는 것이다. 그러한 점에서 예술인류학은 무교인류학이다. 무당은 특별한 존재가 아니라 무당현상이 쉽게 드러나는 인물을 특수집단으로 만든 것이라고 본다. 무당은 인간의 일반적 현상이다. 단지 그것의 정도의 차이가 있을 뿐이다. 다시 말하면 그 정도가 심한 것을 우리는 무당이라고 하기도 하고, 때로는 예술가라고 한다. 예술인류학이 무교인류학이 되는 것은 주로 무당을 주체로 하는 인류학의 경우이다. 무교인류학도 예술인류학과 마찬가지로 먼저 '무당을 대상으로 하는 인류학'(Anthropology of Shaman)이 있고, 두 번째로 '무당을 주체로서 생각하는 인류학'((Anthropology of Shaman as Subject)이 있을 수 있다. 인간은 누구나 신(神)과 소통할 수 있고, 신이 될 수 있고, 영감에 가득 찰 수 있다.

무당은 특별한, 혹은 전문적 예술가는 아니다. 그러나 때로는 예술가에 못지않은 행위와 영감에 찬 말과 춤을 춘다. 그러니 결국 신과 통하면(신기가 내리면, 신이 집히면) 예술가가 되고 그렇지 못하면 생활인이 되는 것이다. 물론 전라도 당골의 경우, 오늘날 아트패밀리(Art Family)라고 부를 정도로 예능에도 탁월한 재주를 보이는 집단도 있지만 그렇다고 그들을 예술가라고 하지는 않는다. 말하자면 '접신을 잘하는 생활인'이거나 '접신을 도우는(바라지하는) 반주자'인 것이다. 신과의 소통을 하려는 의지 자체가 중요하다. 신은 부르면 있고 부르지 않으면 없는 이중적인 존재이다. 예컨대 '구하라. 얻을 것이다.', '하늘은 스스로 돕는 자를 돕는다.'라는 것과 같다.

〈표 2〉 무당, 인간의 원형

天(＋)	영매(靈媒)	영감(靈感)
人(0)	무당	예술가
地(－)	굿(행위)	작업(일)

예술인류학은 '기'(氣)철학을 토대로 이루어졌다는 점에서 '기(氣)의 인류학'이라고 할 수 있다. 나의 예술인류학은 백남준 예술의 등장과 긴밀한 관련이 있는 것 같다. 백남준의 비디오아트나 TV프로젝트에 크게 영향을 입은 것 같다. 백남준은 '기(氣)의 커뮤니케이션'을 주장하면서 전자기파, 혹은 전자기장 등 전자시대의 키워드를 직접적으로 사용하고 있다. '기'(氣)는 결코 말로 달성할 수 없는 것이기에 방편적으로 '기'(氣)라는 말을 사용한다. 또 구조(structure)보다는 기능(function)을, 정적(靜的)인 것보다는 동적(動的)인 것을 우선하는 것을 볼 수 있다.

예술인류학의 모델이 '역동적(力動的) 장(場)의 개폐이론'(DSCO)이라고 명명한 것도 멀티차원(multi－dimension)의 세계에 대응하기 위해서였다. 백남준에 이르러 영혼과 영매는 이제 '말'(言)이나 '귀신(혹은 신)'들이 아니고 전자기로 바뀌었고, 인간마저도 'TV인간'(TV와 같은 기통(氣通)의 인간을 말함)으로 변하고 있다. 이는 인간이 자연을 모방하고, 다시 TV가 인간을 모방하는 단계로 변해버린 듯하다. 우주적 증식(增殖)이라는 것은 매체가 다를 뿐이지, 크고 작은 것, 다시 말하면 소우주와 대우주라는 것이 실은 상동체인지도 모른다. 만약 그렇다면 물론, 예술의 기원을 모방이나 유희에서 찾는 것에 대해 새로운 의미를 부여하여야 할 것이다. 그러나 그 모방이나 유희의 과정이 프로그램 변형의 과정 없이 단박에 실현되는 것은 아니다. 예술이란 무엇일까. 과연 '모방본능(模倣本能)',10) '유희본능(遊戱本能)'11) 때문일까.

여기서 나는 예술의 원천, 근원에 대해서 말하려는 것이 아니다. 예술 자체가 다른 문화 장르에 비해 어떤 것인가를 말하고자 한다. 특히 학문(인문학적인)이나 과학(자연과학적인)에 비해 마이너스(-)적이라는 사실을 말하고자 한다. 여기서 마이너스적이라고 하는 것은 흔히 플러스(+)가 전기의 흐름에서 주도권을 잡은 것에 대해 그

---

10) Aristotle says, "Art is an imitation of nature" 모방본능설: 플라톤이나 아리스토텔레스는 예술을 모방으로 본다. 따라서 모방 충동성이란 모방 충동이 예술을 낳게 하는 원동력이 된다는 것으로 희랍시대 이래 칸트의 유희 충동설이 나오기까지 가장 권위 있는 견해로 인정되어 왔다. 아리스토텔레스는 「시학(Poetics)」 4장에서 다음과 같이 말하고 있다. "대체로 어떤 두 개의 원인이 시를 낳는데, 그 어느 원인도 사람의 성정(性情)에서 흘러나오고 있는 것 같다. 제일의 원인은 사람의 모방성이다. 왜냐하면 모방한다는 것은 사람에게 있어서는 어린애의 시절부터 본능적으로 갖추어져 있다. 그리고 사람이 다른 동물과 다른 점은, 사람은 가장 모방적인 동물이며 사람의 최초의 지식은 모방을 통하여 이루어진다는 데 있다. 그와 함께 사람은 모두 모방된 것에 기쁨을 느낀다는 것도 또한 사람의 본능이다. 이것이 제이의 원인이다."

11) 유희 본능설: 칸트(Immanuel. Kant)로부터 시작하여 쉴러(F. Schiller), 스펜서(H. Spencer) 등에 의하여 계승 발전 확대된다. "문자 그대로 그가 사람인 한, 그는 완전히 인간이다."의 유명한 쉴러의 명제는 예술을 인간의 유희 본능이라고 규정한다. "인간에게는 두 가지의 충동 ― 사태 충동과 형식 충동 ― 이 있다. 앞의 것은 인간의 육체적 성질에서 일어나 외계에서부터 여러 인상을 받아 끊임없이 변화를 추구한다. 뒤의 것은 인간의 자아의 활동에서 일어나 항상 휴식을 구한다. 이들은 상호 보족하면서 활동하는 것인데 상호 보족이 가장 조화가 잘되었을 때에 제3의 충동이 생긴다. 이 제3의 충동이, 즉 유희 본능이다." 이 밖에도 예술에는 '자기 과시설'이 있다. 자기 과시설은 허드슨(W. H. Hudson)이 주장한 학설로 "예술은 자기를 과시하려는 본능에 의하여 창작된다."는 것이다. 허드슨은 그의 저서 '문학 연구 서설'에서 문학을 만드는 인간의 심리적 동기로 네 가지를 들었다. ① 우리들 자신이 가지고 있는 자기표현의 욕구 ② 우리들이 인간과 그 활동에 흥미를 갖는 것 ③ 우리들의 현실의 세계 및 공상의 세계에 대한 흥미 ④ 우리들이 형식을 형성으로서 기뻐하는 마음. 끝으로 '발생론적 기원설'은 사회적인 요구에 기초한 것인데 유희충동설과 같은 자연발생설을 부정하고 삶과 관련된 실천의 동기, 현실성에서 비롯되었다는 소위 '실용도구 유래설'이다. 이 설은 고고학, 인류학적 성과에 크게 힘입고 있는데, 헌, 그로세 등에 의해 주장되었다. 유희설이 생활과 무관한 것을 비판하는 데서 출발한 이 이론은 실제 생활과 관련된 실용설, 노도 과정, 마술과의 관계 등을 통하여 예술의 발생 기원을 찾는다. 즉 실용적, 공리적 욕구가 먼저 있었고, 심미적 욕구는 그다음에 생긴 것이라는 것이다.

렇지 못하다는 말이다. 말하자면 예술은 주도권을 잡지 못하고 다른 학문이나 정치, 종교, 심지어 과학기술 등에 조종을 당하는 입장에 있다는 뜻이다. 그렇다고 예술의 힘이 부족하다는 뜻은 아니다.

인류의 권력자들은 예술로서 자신을 치장하고 자신의 권위를 드러내고 자신의 심미안이 탁월하였음을 과시하기 위해서 기꺼이 예술의 후원자(patron)가 되었기 때문이다. 예술가가 독자적으로 권력을 쌓은 경우는 거의 없다. 그런 점에서 예술가는 겉으로는 때로는 귀족처럼 사치스럽게 생활할 수도 있겠지만 결국 그들은 신(혹은 왕)의 심부름 - 직접 작업을 하여야 한다는 점에서 귀족이라기보다는 노동자에 가깝다. 미켈란젤로나 다빈치는 평생 심각한 노동(좋아하는 작업일 때도 있지만)을 면하지 못하였다. 무당도 마찬가지이다. 그래서 때로는 '신의 노예'로 저주받은 사람이라고 하지 않던가. 무당이 일상의 예술가라면 예술가는 특별한 무당이다.

일상이야 어떻든, 예술가의 정치적 위치가 어떻든 타고난 예술가들은 예술을 하지 않고는 못 배긴다. 그렇기 때문에 예술이 오늘날까지 버티고 있는지도 모른다. 인간의 신체가 총동원되는 예술이 다른 문화장르에 비해 최고의 권력자의 위치에 오르지 못하는 까닭은 바로 예술의 신체성에 있다. 이를 흔히 '몸'(mom, maum)이라고 한다. 몸이라고 하면 흔히 육체라고 생각하는데 이때의 몸은 정신과 육체라는 이분법의 육체가 아니다. 몸과 마음이 하나가 된 상태의 몸이다. 예술의 이러한 위치는 마치 남자와 여자가 함께 생활을 꾸려 가면서도 신체성에 더 밀접한 여자가 권력관계에서 불리한 것과 마찬가지이다. 여자는 아이를 낳아야 한다. 바로 그 여자의 특징이 나중에 사회적 권력의 배분에서 소외당하고 결국 한 남자에 소속되지 않으면 안 되는 입장에 서게 되는 것이다. 이는 정말 숙명적이다.

흔히 종교야말로 온몸을 바치는 헌신(獻身, sacrifice), 희생(犧牲), 순교(殉敎) 등으로 매우 신체적인 것으로 비친다. 물론 이때의 헌신은 명목상으로는 신체적인 것이 아니라 영혼적인(spiritual) 것으로 명명한다. 그러나 그러한 종교적 희생이나 순교를 일상의 관점에서 보면 몸을 바치는 것이다. 몇몇 순교자나 특별한 은총을 받은 사람들을 제외하고는 신앙이라는 것이 과연 예술보다 더 신체를 바치는 것이 될지에 대해서는 의문이다. 어떤 평범한 신앙인과 어떤 평범한 예술가를 두고 볼 때 과연 누가 더 자신의 '온몸'으로 자신이 숭배하는 대상에게 전심전력을 기울일 것인가. 적어도 예술가는 탁월한, 역사적인 예술가가 아닐지라도 처음부터 저절로 온몸으로 접근하는 것을 기본으로 한다. 예술이란 몸의 육화과정을 거치지 않고는 도대체 창작되지 않는 것이기 때문이다. 종교는 어떤 개인의 액세서리가 될 수 있지만 예술은 그렇기 어렵다. 물론 예술을 일종의 액세서리로 달고 다니는 예술가도 있다. 그러나 그들은 진정한 예술가는 아니다.

그러나 마이너스가 있어야 플러스가 힘을 쓴다는 것이 서서히 증명되고 있다. 그동안 전기(電氣)는 플러스에서 마이너스로 흐르는 것으로 알았다. 그렇다. 그런데 그 전기라는 것이 전자(電子)라는 미시세계의 뒷받침이 없으면 존재할 수 없다는 것이 증명되었다. 전자는 그런데 마이너스가 주도권을 잡고 있다. 전자는 마이너스가 중심이 되고 그동안 플러스는 일종의 비어 있음이 된다. 그래서 플러스가 형성되면 전류가 통하는 것이다. 물론 플러스와 마이너스라는 것이 물질과 마찬가지로 독립적으로 존재하는 것이 아니다. 동시에 존재하는 것이긴 하다. 그렇더라도 굳이 주도권을 따지자면 그렇다는 것이다. 플러스에 있던 남자, 권력, 학문 등은 단지 플러스라는 이유로 과도한 권세를 누렸다. 이제 마이너스인 여자, 비권력, 예술 등이 권세를 누릴 수 있는 전자적 근거가 마련되었다. 내가 이 말을 하는 것은 비디오아트라는 것이 바로 문명사적으로 전자적 세계의 등장과 궤를 같이하는, 예술적 신천지라는 점에서다.

> 과학이 태어나서 천지가 창조된 것이 아니다
> 천지가 창조되고 과학이 태어난 것이다
> 종교가 태어나서 천지가 창조된 것은 아니다
> 종교는 자연이 과학을 만나 태어난 것이다
> 천지가 창조되는 것은 자연의 예술이다
> 천지는 저절로 제 몸은 얻은 것이다

천지창조를 비롯하여 거대한 물리세계, 코스모스(Cosmos)의 형성은 그동안 흔히 종교적이고 신화적인 레벨에서 다루어 왔다. 이는 그동안 과학이라는 것이 우주의 신비를 밝히기에는 능력이 부족하였던 때문이다. 그러나 과학이 발달하였다고 해서 우주의 신비를 다 풀 수 있는 것은 아니다. 여전히 궁극적인 문제는 남겨 놓고 있다. 어쩌면 영원히 풀 수 없는 궁극은 남아 있을지도 모른다. 그러나 상당수 그 신비를 푼 것도 사실이다. 그렇지만 우주라는 것이 과학이라는 것 때문에 탄생한 것은 아니다. 과학이라는 것은 탄생 이후에 그것에 대해 설명하고 해명하는 후차적인 것이다.

종교도 그러한 후차적인 것이라는 점에서는 과학과 마찬가지이다. 종교는 흔히 경전이 성립되면 시간을 소급하여서 마치 본래부터 있었던 것처럼 수사학을 동원하는 것이 과학과 다르다. 종교는 본질적으로 유시유종(有始有終)이나 무시무종(無始無終)을 선택하지 않으면 안 된다. 어느 것을 선택하더라도 결과는 마찬가지이다. 종교는 결국 순환론에 의지하는 이데올로기이기 때문이다. 유시유종이든, 무시무종이든 처음과 끝이 만나면 마찬가지이다. 그래서 기독교와 불교가 마치 거대한 차이라도 있는 것처럼 말하지만 그것은 수사학의 차이에 불과하다. 종교라는 것은 이러한 순환론을 바탕으로 그것의 사이사이에 인과론이나 인과응보론을 삽입한 것에 불과하다. 종교는 자연이 과학을 만나 탄생한 것이다.

자연에서의 인간은 삶을 영위하면서 자신을 둘러싸고 있는 우주에 대해 어떤 설명을 가하지 않고는 살 수 없었다. 그것은 불안이었으며 그것보다는 틀려도 좋으니(진실이나 사실의 문제가 아니다) 어떤 설명을 하지 않으면 안 되는 실존적 한계상황에 부딪혔다. 그 가운데서도 특히 죽음의 문제는 인간의 인지능력의 발달과 더불어 해결하지 않고는 하루하루 살아갈 수 없었다. 무엇을 조금 안다는 것은 도리어 큰 부담이 되었던 셈이다. 그래서 자연은 과학의 힘을 빌려서 종교를 탄생케 했다. 신앙이란 본질적으로 믿으면 있고, 믿지 않으면 없는 것이다. 신앙은 스스로 일어나는, 기신(起信)하는 것이다. 신앙이 이렇게 지식과 다른 것임에도 경전(經典)이 필요한 것은 인간은 어떤 설명이든 설명을 요구하기 때문이다.

그런데 자연은 글자 그대로 제 몸을 제가 난 것이다. 자연에서 멀리 떨어진 객관적 존재로서 신(神)이 천지를 창조하였다는 것은 과학시대에는 설득력이 전혀 없다. 그것보다는 신이 주체적 존재로서 내재해 있다는 설이 훨씬 설득력이 있고 유효한 것이다. 객관적 존재로서의 신은 아무리 찾아도 끝이 없고 무한히 연장되는 객관적 세계에서 신을 찾는 것은 애초에 증명할 수 없는, 실현할 수 없는 도로(徒勞)이다. 신이 무소부재(無所不在)한 것이 아니라 무소부재한 것을 신이라고 하였다는 편이 훨씬 옳다. 이는 '변하는 것이 신'이라는 말과 같다.

어떻든 제 몸으로 태어났다는 점에서 굳이 말한다면 천지창조가 일어난 것은 자연의 예술이라고 하는 편이 옳다. 자연에 비해 신(神)은 훨씬 왜소해지게 된다. 심지어 신은 '인간이 발명한 것'이라는 주장도 있다. 인간은 자문자답하기 위해서 신을 만들어 놓고 신과의 대화를 통해 문제를 풀어 갔던 셈이다. 이는 과학이 가설을 설정해 놓는 이치와 같다. 인간은 연역의 동물이면서 귀납의 동물이다. 말하자면 쌍방향으로 문제를 풀어 가는 존재라는 뜻이다. 만약 천지창조가 자연의 예술이라고 한다면 학문, 예술, 종교 가운데 예술이 훨씬 더 높은 자리, 아니 높은 자리라는 위계적인 술어보다는 중심자리를 차지하게 된다고 하는 편이 옳다. 중심이라고 할 때는 이미 원(圓)을 가정하고 있다. 세계는 정태적으로 있는 것이 아니라, 혹은 삼각형의 위계로 있는 것이 아니라 동태적으로 돌고 있으며, 돌고 있다는 것은 일종의 개체의 스핀(spin)과 궤도(orbit)가 있다는 말이다.

천지창조가 자연의 예술이라면 남성보다는 여성이 더 중심이 된다. 여성이야말로 자신의 몸을 분화시켜 재생산(reproduction)을 담당하는 존재이기 때문이다. 우주천지는 바로 여성이라고 말할 수도 있다. 여성은 그러한 점에서 우주의 바탕(matrix, material)을 이루는 분모(分母)가 되고 남자는 분자(分子)가 되는 것이다. 남자의 아버지(父)로서의 위치는 매우 한시적이고 부차적인 일이 된다. 그러한 점에서 하나님 아버지보다는 하나님 어머니가 더 적합할 것 같다. 우주는 마치 흐르는 강과 같이 흐르는 흐름(stream, situation)이면서, 콘텍스트(context)이면서 그 가운데 간간히 거점(據點, station)으로서의 텍스트(text)를 생산하는 체계인지도 모른다.

예술인류학은 정치학에서 신화학(신학)으로 영역을 확대하면 초자연적 현상, 즉 세계를 움직이는 '비절대적 권능'(氣運)을 설명하면서 더욱 신비한 환상적인 분위기까지를 보여 준다. 예술인류학은 그런 점에서 상징의 숲이라고 할 수 있다. 그 숲에는 주술사가 있고 주문을 외우면 뜻밖의 의미가 쏟아지는 의미의 창고인지도 모른다. 예술인류학이 기(氣)철학을 토대로 하는 이유가 여기에 있다. 기(氣)는 항상 신(神)과 교통할 준비가 되어 있는 것이다. 미학이 사회학의 영역에 들어가면 정치학이 되고, 정치학이 종교학의 영역에 들어가면 신화학 혹은 신학이 된다. 다시 말하면 신화적 원형의 발견이야말로 예술인류학의 종착역이다.

신화적 원형은 언제나 대칭구조를 가지고 있으며 그 구조는 다른 것으로 대체될 수 있다. 다시 말하면 원형은 변형될 수 있는 것이다. 원형의 변형은 다원적이고 다층적으로 전개될 수 있다. 다원다층의 대칭구조는 언제라도 원형으로 다시 환원될 수 있다. 그래서 원형은 영원한 하나이다. 원형은 절대이론(법칙)과는 다르다. 원형은 대칭구조이고 절대이론은 비대칭구조이다. 따라서 대칭구조와 비대칭구조는 처음부터 종류가 다른 것이다. 따라서 대칭구조와 비대칭구조 자체도 실은 대칭구조의 좋은 예이다. 우리가 과학이라고 하는 것은 바로 비대칭구조의 산물이다. 과학은 비대칭의 선형적인 법칙을 찾지 않으면 그 목적을 달성하였다고 할 수 없다. 인간의 모든 문장이나 문화라고 하는 것은 결국 하나의 텍스트와 같은 것이다. 그 텍스트는 대칭구조로 분석될 수 있고, 비대칭구조의 하나의 메시지로 해석될 수도 있다.

다시 말하면 문화 ─ 관념, 물질문화, 사회구조, 상징(의례) 등 ─ 의 모든 영역에서 '신화적 원형을 발견하는 인류학적 도정'이 예술인류학의 목적이다. 주의할 점은 학문, 예술, 종교가 순환적이고 가역적인 관계의 입장에 있다는 데에 있다. 다시 말하면 예술인류학이란 결국 인간의 모든 행위, 즉 문화를 예술가의 입장에서, 미학적 입장에서 재배열하는 것이라고 볼 수 있다. 그런데 놀랍게도 전통적인 천지인 모델은 훌륭하게 그러한 관계를 설명하기에 부족함이 없다는 점이다. 결국 한 나라의 문화 혹은 예술은 지(地)와 기(氣)를 바탕으로 형성되며 이것은 무의식의 레벨과 관련이 있다. 또 한 나라의 문화 혹은 예술은 이것을 이화(理化)시키는데 이것이 바로 학문이다. 학문은 의식의 레벨에서 이루어진다. 그런데 또 학문은 끊임없이 종교적 초월을 요구받게 된다. 그런데 이러한 초월을 위해서는 이(理)와 기(氣)의 끊임없는 가역반응을 필요로 한다. 이때의 초월은 결코 정지하거나 완결되지 않는다. 다시 말하면 절대화를 허용하지 않는다. 끊임없는 도전을 받게 된다.

예술을 대상으로 한 인류학에서는 주체가 대상보다 중심이 되는 것이고, 예술적 접근의 인류학은 대상이 주체가 됨으로써 역동성을 추구하는 것이다. 특히 후자의 경우, 전자의 비대칭성에 대칭성으로 맞섬으로써 주체와 대상의 역동성과 물활성을 회복하는 것이다. 후자는 대칭성으로서 비대칭성을 극복하는 과정인 셈이다. 그럼으로써 결국 대칭성과 비대칭성을 동시에 가지게 되는 것이다. 예컨대 다음의 여러 대칭성이 좋은 예이다. 이성(理性)과 '기운생동(氣運生動)=생기론(生氣論)'은 대칭이다. 이성은 정반응을 함으로써 비대칭적이고, 기운생동은 역반응을 함으로써 대칭적이다. <(+)권력－이성의 계열>은 이성에 중심을 둠으로써 비대칭적이다. 이에 비해 역반응의 <(-)비권력－기운생동>의 입장에서는 대칭적이다(표 3).

　예술인류학의 입장에서 보면 비대칭성이란 바로 하나의 대칭성을 절대적인 지위에 올려놓고 그 아래에 수많은 대칭성을 배열하거나 쌓아 가는 것에 지나지 않는다. 바로 대칭성의 세계를 활성화하기 위해서 기(氣)라는 개념을 활용하는 것이다. 나의 예술인류학은 그래서 '기(氣)철학'을 바탕으로 써진 인류학이다. 여기서 '기철학'이라는 것은 동양적 전통의 기(氣)라는 개념을 기초로 한 것이다. '기(氣)'라는 개념이 단지 공기(空氣, atmosphere) 혹은 에테르(ether)와 같은 것은 아니다. '불교의 공(空)＋생기(生氣)=기운생동(氣運生動)'의 개념에 가깝다. 즉 공(空)의 개념이 없이 기(氣)의 개념도 제대로 정립되지 않는 것이다. 그러나 공(空)은 기(氣)가 아니다. 공(空)은 색(色)에서 기(氣)에 이르는 과정이다.

　예술인류학은 바로 대칭적 사고를 하는 것이다. 권력의 정반응이 아니라 비권력의 역반응에 있음으로 인해서 대칭적 사고를 전제하는 것이 되고 대칭적 사고를 통해서 비대칭적 사고의 권력적인 형태를 견제하고 새로운 비권력적인 형태를 도출하게 된다. 인류사회에서 언어의 발달은 불(火)의 발견보다도 강력한 도구이다. 언어에 의해서 현실계에 대한 과학적 인식이 가능하게 되고, 동시에 종교가 탄생하고 상상계가 발현되었다. 특히 상상계는 의식의 유동성의 증대는 물론, 인간에게 무궁무진한 의미의 세계를 선물하였다. 상상계에 의해서 상징이 가능하게 된 것이다. 언어에 의해서 인간은 사물과 사건에 의미를 부여하게 되었다. 인간은 자연의 위에 새로운 의미의 세계를 부가하여 삶을 더욱더 다양하고 풍부하게 하였다. 인간의 의식의 세계가 무한하게 커져 갔다.

〈표 3〉 대칭적 사고와 비대칭적 사고

(＋)＝권력 비대칭적/선형적 사고		(－)＝비권력 대칭적 사고/비선형적
이성(理性) 좌뇌(左腦) 우파(右派)		기운생동(氣運生動) 우뇌(右腦) 좌파(左派)
질서(Cosmos)		무질서(Chaos)
구조(Structure)		기능(Function)
랑그(language)		파롤(parole)
콤피턴스(competence)		퍼포먼스(performance)
이론(theoria)		실천(praxis)
작곡(compose)		연주(play)
송신(發信)		수신(受信)
협화음	⇄	불협화음
신(神)	⇆	인간(人間)
왕(治者)		백성(被治者)
문(文)		무(武)
유有)		무(無)
남자(男子)		여자(女子)
천지창조(天地創造)		천지개벽(天地開闢)
물리학(物理學)		주역(周易)
역학적(力學的)		역동적(易動的)
양음(陽陰)		음양(陰陽)
전력(電力: ＋→ －)		전자(電子: －→ ＋)
유교(儒敎) 기독교(基督敎)		무교(巫敎) 불교(佛敎)
그림		오브제

10만 년 전의 현생인류가 공통적으로 가지고 있는 것은 언어의 보편적인 모듈(module)이다. 언어는 합리성과 보편성을 인류에게 선물하였다고 해도 과언이 아니다. A. N. 촘스키(Chomsky, 1928~)[12]의 변형생성문법(變形生成文法)은 인류의 언어에 내재한 심층구조가 같다는 것을 말해 준다. 언어에도 심층구조가 같듯이, 인간의 무의식의 심층구조에는 현생인류의 탄생과 더불어 시작된 매우 유동적인 대칭적 사고라는 것이 숨어 있고, 그 위에 의식의 차원에서 비대칭적인 사고가 자리하고 있는 셈이다. 우리는 지금껏 의식의 차원의 비대칭적 사고에 대해 관심을 가졌을 뿐 무의식의 대칭적 사고에 대해서는 관심을 기울이지 않았다.

우리는 더욱이 대칭적 사고를 미개원시인의 사고쯤으로 치부해 왔다. 그러나 우리의 무의식에는 여전히 대칭적인 사고가 지배하고 있다. 대칭적 사고에도 약점이 없는 것은 아니다. 비대칭적 사고가 권력화되듯이 비대칭적 사고는 감정적 극단에 서기 쉽다는 점이다. 예컨대 비대칭적 사고의 권력과 대칭적 사고의 극단이 만나면 이는 가장 비극적인 결과가 나온다. 예컨대 상대방을 악마로 규정한

---

12) 촘스키는 유대계 러시아 이민자 가정의 2세로 태어났다. 그는 1956년 매사추세츠공과대학(MIT)의 교수가 되었고, 1966년 석좌교수, 1976년부터는 연구교수가 되었다. 그는 1951년부터 1955년까지 하버드대학교의 특별 연구원으로 선임되었다. 이 기간에 '변형 분석(Transformational Analysis)'이라는 제목의 박사 논문을 완성하였다. 이 과정에서 변형생성문법(transformational generative grammar) 이론의 기본 틀을 정립하였다. 언어학 이외에도 정치학, 철학, 심리학 등의 다양한 주제에 대해 80여 권의 저서와 1천여 편의 논문을 발표. <숙명의 트라이앵글 - 미국, 이스라엘, 팔레스타인 Fateful triangle: the United States, Israel and the Palestinians>(1983), <여론조작 - 매스미디어의 정치경제학 Manufacturing Consent: The Political Economy of the Mass Media>(1988, 에드워드 허먼과의 공저), <미국이 진정으로 원하는 것 What Uncle Sam Really Wants>(1996), <그들에게 국민은 없다 Profit over people: neoliberalism and global order>(1999), <507년, 정복은 계속 된다 Year 501, The Conquest Continues>(2000), <불량 국가 Rogue states>(2001) 등의 저작을 남겼다.

다든가, 마녀사냥을 한다든가, 하는 것이 그 좋은 예이다. 그 반대로 비대칭적 사고의 합리성과 대칭적 사고의 조화가 만난다면 이는 지속적이고 항구적인 평화를 마련할 수도 있다. 어쨌든 인류의 역사는 그 연속체상에서 어느 중간에 인류가 서 있다는 것을 발견한다는 점이다.

상대방을 친구로 규정하거나 적으로 규정하는 것, 그럼으로써 전쟁을 하거나 평화를 구축하는 것, 이것은 극단적인 예들이지만 이러한 극단적인 예들이 아니더라도 얼마든지 이들 두 사고와 논리의 조합이 만들어 내는 것은 다양할 것이다. 언어의 이러한 점에서 불교의 초월과 깨달음도 유래된다. 왜냐하면 초월과 깨달음이라는 것도 무의식과 의식의 만남에서, 그 만남의 어느 경계점에서 갑자기 출현하는 것이기 때문이다. 이 밖에 각종 종교에서 말하는 기적, 신비, 신탁, 성령 등 각종 성화현상(hierophany)도 마찬가지이다. 성인의 출현은 다름 아닌 바로 자아와 우주아의 일체, 부분과 전체의 일체, 그리고 모든 것의 일체에서 나타나는 현상으로 보인다. 절대와 상대라는 것도 실은 비대칭적 구조와 대칭적 구조의 산물로 보인다.

2. 문화의 예술적 이해

예술인류학으로 본 문화의 개념

인류학은 문화를 총체적인 것(wholism)으로 본다. 이것은 문화요소가 유기적인 관련성(organic relation)을 갖는 것을 의미하는데 이러한 맥락에서 문화를 문화복합(culture complex) 또는 문화체계(culture system)로 말하기도 한다. 문화에 대한 개념정의 중 인류학의 초창기에 많이 인용되고 준거가 된 것은 타일러(E. B. Tylor)의 정의이다.

"문화 또는 문명이란 지식, 신앙, 예술, 도덕, 법률, 관습, 기타 사회 구성원으로서의 인가에 의해 획득된 모든 능력이나 습성의 복합적 전체(complex whole)이다."

타일러의 정의는 문화의 내용들을 열거한 감이 있지만 가능한 한문화 전반을 포함하려는 노력을 보이고 있다. 이 같은 정의는 좀 더 단순화할 필요성을 그 후에 느끼게 했다. '문화란 이런저런 사람들의 생활방식(the mode of life)'이라는 위슬러(C. Wissler)의 정의, '문화란 어떤 사회의 전체 생활양식(total way of life)'이라는 린턴(R. Linton)의 정의가 그 같은 단순화의 대표적 예이다. 또 클라크혼(C. Kluckhohn)의 '생활의 설계(design for living)', 구디노프(W.H. Goodenough)의 '생활의 유형(pattern of life)'도 같은 것이라 볼 수 있다.

이들 정의의 공통점은 문화적 내용들이 어떤 형태, 형식, 양식(방식)을 갖는가에 초점을 두고 있다는 점이다. 이러한 형식은 가시적인 것이기도 하고, 비가시적인 것일 수도 있다. 예컨대 물질문화를 통해 볼 수 있는 문화의 형식 — 예술적 작품 또는 민예품 — 이 있을 수도 있고 인지구조·사회구조라든가 비물질적인 것도 있다. 어떻든 형식이라는 공통적 기반을 토대로 창출된 개념이다. 여기서 형식에 대해 생각해 볼 필요가 있다. 왜냐하면 형식이란 정신과 물질세계가 만나는 점에서 발생하고 그렇기 때문에 그것은 시대에 따라 변할 수도 있다는 점을 전제하고 있기 때문이다. 형식은 마치 물질처럼 굳어질 수도 있지만 새로운 형식이 형성될 때는 매우 창조적인 긴장을 요한다.

이원론의 대부분은 정신을 물질에서 분리하고부터이다. 인간은 왜 정신을 고상한 것으로 분류하였는가. 여기엔 언어의 정치적 의도가 깔려 있다. 긴장은 대립이 아니다. 상대는 대상이 아니다. 긴장과 상대는 존재의 본질이다. 그러나 이것이 형상과 역사의 전면에 나오면 쉽게 대립과 대상이 된다. 그래서 역동이라는 것이 역동(易動)이면서 역동(力動)인 것은 이것은 각 문화(민족문화)가 특수성을 갖지만 그 특수성은 각 시대마다 변화(변형)를 초래하게 되고 그러한 변화는 주로 창조적 개인에 의해 수행된다. 이때의 창조적 개인은 물론 집단적 무의식과 무관한 것은 아니다. 예술은 창조적 과정이야 어떻든 결국 형식의 창조로 귀결되는데 문화의 개념에 대한 '형식으로의 규정'은 문화와 예술과의 접목을 가능케 한다.

따라서 '형식의 창조'라는 관점에서 볼 때는 예술가의 창조 작업뿐 아니라 인간과 자연과의 관계 형식 — 예컨대 풍수지리학 — 이나 인간과 인간 간의 관계 형식 — 예컨대 예학(禮學) —, 그리고 관념과 사물의 관계 형식인 철학 등도 인간의 예술적 창조 작업의 산물임을 알 수 있다.

이러한 점에서 문화는 관념(체계) 혹은 상징물(symbolate) 또는 행동(유형, 양식)으로 모습은 다르지만 모두가 예술(품)이다. 문화의 개념을 어떻게 규정하느냐에 따라 연구영역이 달라지고 이에 대한 연구(접근)방법도 달라진다. 다시 말하면 '형식으로의 개념규정'이 문화를 예술적으로 이해하게 하는 길을 일차적으로 열어 놓은 셈이다. 한 걸음 더 나아가 형식은 다름 아닌 '구조'임을 감안하면 더욱더 예술적 이해의 지평은 활짝 열리게 된다.

문화에 대한 예술적 이해에 결정적인 계기를 마련해 준 문화 개념규정은 기어츠(C. Geertz)의 '상징체계'로서의 정의이다. 기어츠는 상징체계를 파악하는 매개로 상징형태(symbol form)를 들었다. 상징형태란 '공유된 의미를 전달하는 매체가 되는 모든 것'을 말한다. 예컨대 아프리카 원주민의 통과 의례, 최신의 과학이론, 혁명이념, 19세기의 영국 소설작품 등이 포함된다고 기어츠는 말한다.

상징형태의 폭이 매우 광범위함을 알 수 있다. 다시 말하면 인간을 둘러싸고 있는 모든 물질적, 비물질적인 것을 망라하는 느낌이다. 왜냐하면 이 지구상(우주상)의 모든 것은 의미를 전달할 가능성이 있고 의미가 붙어 다닐 수 있기 때문이다. 형식이란 그것이 사회적인 경우-제도나 관습-기능이 우선되기 마련이고 기능은 사회적인 맥락을 떠날 수 없기 때문에 의미를 가진다. 형식이 사회적인 것이 아닌 예술작품인 경우는 물론 의미를 내포하고 있다. 즉 개인적·사회적인 맥락에서-. 예술작품은 상징, 그 자체이고 그것의 사회적 기능은 부차적인 것이기 때문이다.

말하자면 기어츠에 이르러 결국 문화는 그 핵심 이 '의미(meaning)'임을 드러내게 된 셈이다. 의미가 형식(구조)이 되고 그 형식은 예술작품으로, 사회적인 행위로 나타나게 된다. 형식(구조)이란 다름 아닌 '의미의 조합의 방식'을 말한다.

　인간의 행위를 상징적 교섭론(symbolic Interaction)의 입장에서 본 부루머(H. Blumer)는 이 분야의 개척자이다. 문화를 상징(symbol)으로 보고 그 상징을 구체적으로 확인할 수 있는 것을 상징물(symbolate)이라고 한 최초의 인류학자는 레슬리 A. 화이트(Leslie A. White)이다. 그러나 그는 이 주장을 발전시키지 못하고 실질적인 연구활동은 신진화주의자(neo-evolutionist)로 마침으로써 상징의 진정한 면모를 해명하지 못했다. 화이트의 상징물이란 인간이 의미를 부여한 일체의 것을 말한다.

　기어츠의 경우는 상징이 경험적이긴 하지만 다소 관념적인 성격을 보이는 반면 화이트는 관념과 함께 '의미가 붙은 물질'을 상징으로 보고 있다. 결국 레슬리 화이트에겐 세계는 상징물(symbolate)로 가득 채워져 있는 셈이다. 이상의 논의에서 문화의 개념을 '의미체계'로 규정하는 것이 관념만을 나타내는 것이 아니고 예술품을 비롯한 물질문화, 인간행위 전반에 걸치는 것임을 알 수 있다. 즉 한국문화를 예술적으로 이해한다는 말은 위의 세 가지를 다 포함하는 것이다.

예술인류학의 연구대상

예술을 정의하기란 쉽지 않다. 넓은 의미의 예술은 어떤 재료를 가지고 양식과 기교를 통해 미적(美的) 혹은 예술적 가치를 창조하고 표현하는 인간의 모든 활동과 결과를 말한다. 예술적으로 성공한 작품들은 '아름답다', '보기 좋다', '진정성이 있다', '전율이 난다' 등 감동과 교감을 준다. 좁은 의미의 예술은 예술 전문가 집단에 의해 생산되는 작품을 말한다. 전문적인 예술작품은 아무래도 감상을 목적으로 제작되는 것이다. 기존의 예술학이 다루는 작품이 바로 여기에 포함된다. 예술적 가치와 실용적 가치를 구분하는 것도 용이하지 않다. 예술과 실용은 동시에 만족되기도 하지만 서로 충돌하고 갈등하기가 쉽다.

인류학적 관점에서의 예술은 아무래도 전문가보다는 일반인들의 생활 속에서 이루어진 것들을 대상으로 하기 쉽다. 고고미술품이라든가 민속공예품, 또는 무형문화재(민속공연예술·민속축제), 전통건축, 물질문화 등이 주요 대상이다. 근대 이전에 만들어진 예술작품들은 수공예품(artcraft), 전통예술(traditional art), 민속예술(folk-art)이라고 따로 구분하는 데서도 짐작할 수 있지만 생활인이 만든 것이다. 예술인류학자들도 현대 미술에 대해서 나름대로 비평과 연구를 할 수 있다. 통시적인, 혹은 공시적인 연구를 병행함으로써 인류학자가 아닌 학자나 비평가들이 결코 밝혀내지 못할 개념이나 안목을 통해 색다른 해석이나 흐름을 잡아낼 수도 있다. 특히 비교문화론적인 입장에서 새로운 보편성을 도출할 수도 있고, 때로는 지구적 의미와 과제를 제안할 수도 있다.

예술인류학의 등장으로 가장 주목을 받는 것은 종래의 전통적 예술 장르가 아닌 '퍼포먼스'(performance)에 대한 새롭게 접근하는 경향이다. 퍼포먼스는 흔히 생활에서 일어나는 일반적 행위, 혹은 예술적 연행(演行)에 붙인 이름이다. 그런데 미술 분야에서 퍼포먼스는 최근 파인아트(fine art)와 조각에서 오브제(objet)·콜라주(collage)·설치작업에 이은 새로운 장르로 자리매김을 하고 있다. 퍼포먼스의 새로운 의미는 공간적 구속-평면과 입체, 모두에 대한 미술의 반운동과 긴밀하게 결부되고 있다는 점에서 주목하지 않을 수 없다. 이는 서양의 근대미술이 피카소나 샤갈을 통해서 수혈을 받는 것으로는 해결될 수 없는 본질적인 문제에 직면하고 있다는 것과 관련이 있다. 아프리카 원시미술은 더 이상 참고사상에 그치는 것이 아니다.

서양미술은 이제 캔버스를 완전히 벗어나려고 하고 있다. 물론 일군의 작가들은 캔버스를 고수하겠지만, 그것도 매우 미술사적으로 나름대로 정당한 것이지만, 평면에 원근법의 도입, 평면의 평면화, 평면의 추상화, 평면의 입체화로는 도저히 만족할 수 없는 공간에의 탈출 같은 것을 음모하고 있는 셈이다. 그 탈출구로서 공간과 시각의 미술은 역설적으로 시간과 멀티미디어의 합작인 퍼포먼스를 선택하는 모험을 감행하게 된 셈이다. 제2차 세계대전 후 독일과 프랑스를 중심으로 벌어진 아방가르드 미술은 오브제(objet)를 실은 퍼포먼스로 나아가기 위한 반미술, 전통과의 단절의 가교로 사용한 흔적이 강하다. 이러한 미술의 퍼포먼스화는 비디오아트의 등장으로 속력을 더 붙였다.

미술의 이와 같은 크로스오버(cross over) 경향은 역으로 일상의 생활행위도 충분히 예술이 될 수 있다는 가능성을 열어 놓고 있다. 이러한 특별한 이벤트(event)들은 '행위예술＝일상행위'의 가역성에서 발생하는 일들이다. 여기서 우리는 아프리카 원주민들의 춤에 대한 생각을 이해하여야 할 필요가 있다. 왜 춤에 대해서 관심을 기울여야 하는가 하면 바로 춤이 예술장르 가운데 가장 원초적인 것이고 몸에서 비롯되는 직접적인 것이기 때문이다. 춤이야말로 가장 있는 그대로 행동＝생활＝예술이 될 수 있는 장르이다. 물론 춤 전문가들은 이에 대해 이의를 제기할지 모르지만 춤이야말로 도리어 모든 예술이 귀결할 수 있는, '예술의 굿으로 회귀'를 주도할 장르임에 틀림없다. 다른 예술은 굿의 들러리로 서도 좋은 만큼 되었다. 굿에는 음악도 필요하고, 미술도 필요하고, 문학도 필요하고, 연극도 필요하고, 도대체 필요하지 않는 예술이 없다.

굿에서 분화한 예술이 이제 다시 굿으로 원시반본(原始返本)을 하고 있는지도 모른다. 이는 동굴에서 시작한 미술이 건축의 일부로 들어가서 캔버스의 회화, 조각으로 변모했다가 다시 설치에서 건축으로 돌아 나오는 경과와 흡사하다. 예술과 미술의 이러한 회귀현상은 크게 보면 자연과 너무 멀어진 문명의 탓인 것 같다. 자연과 멀어진 인간은 너무 멀리 고향(본능)에서 멀어졌다고 판단하여 자신도 모르게 위기의식을 느끼고 다시 거리를 좁히려고 자연으로 돌아오고 있는지도 모른다. 바로 그 자연의 회복을 종합적으로 달성할 수 있는 것이 굿이고, 이 굿의 중심에 있는 춤이 있는 것이다. 굿을 미술에서 보면 퍼포먼스가 된다. 그런데 춤은 무용에서 하면 그만이지 왜 미술에서 그것을 거론하느냐고 반문할 수도 있다. 물론 무용에서도 시도할 수 있다. 그러나 무용은 미술이 가지고 있는 내용과 기술, 그리고 인간문명의 발달과정에서 일어난 언어적 집적을 모두 통섭할 용량이 부족하다.

미술이 오브제에서 퍼포먼스를 지향함에 따라 몸에 대한 인식의 제고가 요청된다. 춤만큼 몸과 밀접한 것은 없다. 인간주의 미학자 정해광이 아프리카 춤에 대해 설명한 대목은 그대로 퍼포먼스에 적용해도 큰 무리가 없을 것 같다.

"춤만 하더라도 그렇다. 어떤 사람들은 그 기원을 본능과 연결시키지만, 인간은 결코 본능 때문에 춤을 춘 것이 아니다. 그렇다고 종교적 의식 내지는 공동체의 유대성 혹은 심미성을 위해서 춤을 춘 것은 더더욱 아니다. 자기 몸을 도구삼아 춤을 춘 태초의 이유는 따로 있었다. 춤의 원형이 잘 간직된 아프리카의 춤을 살펴보면 인간이 왜 춤을 추었는지 그 이유를 알 수 있다. 일정한 룰과 형식에 얽매이면서도 그것에 구애되지 않고 자기를 강력하게 표출하여 엑스터시(ecstasy)를 경험하는 행위, 그것이 바로 인간이 춤을 춘 진짜 이유이다."13)

춤은 이상하게도 나와 남을 동시에 느끼게 하고, 정체성과 공동체성을 동시에 실현하게 한다. 모든 예술이 직접, 간접으로 이에 관계를 하지만 춤만큼 그러한 것은 없다. 춤은 무엇보다도 대상과 하나가 되는 마력을 가지고 있다. 인류가 원시시대부터 굿과 축제를 모두 가졌던 것은 바로 춤의 매직(magic) 때문이 아닌가 싶다. 축제의 가장 주인은 역시 춤이다. 춤에는 으레 음악이 있기 마련이다. 인간은 일상에서 꾸준히 춤을 추고 있다.

---

13) 정해광은 정치철학자에서 미학자로 변신 중이다. 《아프리카: 미완의 미학 다빈치기프트》 등 아프리카 미술에 관한 저서를 꾸준히 내고 있다. 현재 아프리카 박물관 관장으로 재직 중이다.

인류문명은 자연을 대상으로 보고 대상을 비대칭적으로 배열했다. 그래서 자연에서 자유는 없어지고 인간은 자연으로부터 소외되는 역사를 걸어왔다. 이는 인간과 인간의 계급화를 불러오고 심지어 그 심각성은 유물론(唯物論)이라는 과학과 종교의 얼치기를 만들어 냈다. 유물론은 과학과 종교가 잘못 만난, 유전적으로 최악의 조합이 만들어 낸 열등아이다. 무의식의 대칭의 공간에서 발생한 것을 의식의 비대칭의 공간에 내놓고, 계급투쟁으로 문제해결하려고 하니, 결코 해결될 리 만무하였다.

구조적인 문제를 역사적으로 해결하려는 것은 처음부터 성공할 수 없는 것이다. 성공했는가 싶으면 다른 구조가 대두된다. 이것은 해결이 아니다. 구조적인 인간은 구조적인 문제를 항상 역사에서, 시간에서 해결하려고 했다. 그러나 구조적인 세계를 언제나 해결(resolution)이라기보다는 해소(dissolution)에 그치고 다른 구조의 문제를 곧바로 야기하였다. 구조의 문제는 처음부터 해결할 수 있는 것이 아니고 역사 속에서는 동시적인 것이고 모순관계에 있는 문제였다. 예컨대 생(生)과 사(死)의 문제가 어떻게 역사 속에서 해결되겠는가. 생노병사(生老病死)가 어떻게 역사 속에서 해결되겠는가. 이것은 돌고 도는 순환의 것이지, 결코 해결될 수 있는 문제가 아니다.

종교는 흔히 구조의 문제를 해결하려고 초월적인, 초시간적이거나 초공간적인 것을 상정한다. 그래서 역사의 문제를 그곳으로 피신시킨다. 종종 그러한 피신은 한계상황 속에서 인간을 위로하고 구원한다. 자연에서의 인간은 결코 죽음을 면할 수 없지만 내면으로 들어간 인간은 초자연적인 신성과 만나고 영혼의 영생과 부활을 약속받는 것이다. 이것은 일종의 트릭(trick)이거나 자기최면(自

己催眠)이다. 죽음 앞에서는 다른 도리가 없다. 자연적인 것은 초자연적인 것에서 해결될 수 있는 것은 아니지만 잠시 매직(magic)을 동원하는 셈이다. 초자연이라는 것이 있는지 아무도 모른다. 단지 믿을 따름이다. 그래서 종교는 이데올로기 체계를 갖지만 신앙의 핵심은 이성과 지식이 아니라 우상과 믿음이다. 인간은 아이콘(icon)을 가져야만 하는 존재이다. 성상(聖像)이 아무리 훌륭하다고 해도 아이콘이다.

초자연이란 자연을 초월하는 것이 아니라 자연과 자연 사이에 빈틈을 메우는 인간의 지혜인지도 모른다. 그 매직이 바로 기적(miracle)이나 신비(神秘) 혹은 신성(神聖)이 된다. 자연적인 문제가 초자연적으로 해결된 적은 없다. 자연은 자연적으로 해결될 뿐이다. 그게 바로 생과 사이다. 종교가 아무리 많았어도 지금껏 죽지 않는 생명은 없다. 생명 자체가 죽도록 태어난 것이고 실은 도리어 죽어야 죽기 전까지 생명이었다는 것을 증명한다. 이성(理性)은 근대와 근대 이전을 나눌 만큼 합리성의 근거가 된다. 그러나 이성이라는 것도 자세히 보면 자기최면의 또 다른 종류이다. 다시 말하면 이성이라는 것은 최면과는 달리 냉철하게 객관성을 담보하는 것이라고 생각하기 쉬운데 자기 최면적 성격이 강하다는 것이 증명되었다.

예컨대 나치즘과 볼쉐이즘, 파시즘, 그리고 여러 급진사회주의는 결코 이성적이지 않기 때문에 발생한 것이 아니었다. 이성의 광기도 자기최면에서 벗어난 것이 아니었다. 인간의 뇌구조는 광기를 향하여 가는 그 무엇이 있는 듯하다. 말하자면 자기 내부에 도취되거나 마취되는, 마약과 같은 것을 요구하고 생산하는 '자기 마스터베이션의 장소와 기능'이 있는 듯하다. 경제적으로 어려운 사회나

국가에 전염병처럼 번지는 사회주의, 유물론이라는 사이비 종교는 생산성만 줄인 채 실패하고 말았지만 여전히 완전히 숨을 거둔 상태는 아니다. 새로운 변종을 만들어 내는 바이러스와 같다. 자본주의의 폐단이 나은 유물론은 평등을 슬로건으로 하는 사이비종교가 되고 말았다. 원래 독선(獨善)과 절대신(絶對神)은 위험한 것이다. 그것은 잘못하면 전체주의, 파시즘에 빠지기 쉬운 것이다.

구조적인 것은 인간의 내부에 있다. 이에 비해 인간의 삶을 영위하는 수단이 되는 전쟁과 과학과 제도는 외부에 있다. 인류의 역사는 '먹고 살며 자손을 번식시켜야 하는 생물 종으로서의 인간'이 머리에서 만들어지는 구조의 변종을 통해 삶의 조건에 대응하는 과정이다. 모든 인간의 문화와 제도는 열려 있지 않으면 결국 폐쇄적이 되고 폐쇄적이 되면 바로 문제를 일으키게 된다. 그것은 바로 그러한 닫힌 것들이 도그마이기 때문이다. 도그마는 자유와 평화의 적이다. 예술인류학은 바로 크게는 이러한 서양 중심적 문명에 대해 저항하는 것이고, 작게는 새로운 미술운동을 하는 것이다. 여기에 언어적, 양식적 소통보다는 몸의 소통, 직관적 소통을 필요로 한다. 인간은 몸으로 부딪히면 생각했던 것보다 훨씬 수월하게 다른 언어권과 소통하게 된다. 인간은 본능적으로 소통 지향적이다. 무도장에 가 보라. 그리고 나는 죽지 않고 살아 있다는 듯이 조금씩, 아무렇게나 움직여 보라. '인생은 행동이고'(life is action), '생활은 퍼포먼스이다'(life is performance). 생활은 생명이 있다는 증거이다.

인간은 자유롭기 위해 춤춘다. 슬프든, 기쁘든, 결국 그것을 발산하기 위해 춤을 춘다. 춤은 원초적 존재감이고 자유로움이다. 이것을 인간의 일상생활의 행위에 적용해 보면 그것은 설사 전문적인 춤 예술이 아니라고 할지라도 어떤 종류의 존재감의 표출이고 동시에 나름대로 존재의 자유를 향하는 움직임이다. 퍼포먼스는 오브제를 넘어서 오브제를 연극화(해프닝화)하는 것이고, 오브제화된 인간에게 오브제를 통해서 오브제를 극복하게 하는 마력이 있다. 몸 전체로 환경에 대해 대응하는 것은 언어나 이미지로 대응하는 것과는 다른 그 무엇이 있다. 그것이 바로 생명 그 자체, 생명 에너지라고 할 수 있는 기(氣)라는 것이다.

본래 예술은 감각적 형식과 관련된 것으로 구분하면 시각예술과 행위예술로 구분할 수 있다. 시각예술의 대표적인 것은 미술과 사진(영화)이다. 행위예술의 대표적인 것은 음악, 춤, 노래, 연극 등이다. 사진의 정화상(靜畫像)에서 동화상(動畫像)으로의 전환에서 비롯된 영화 혹은 비디오아트는 시각과 행위의 경계를 허물어트리고 있다. 비디오아트, 텔레비전의 등장은 종래의 분류를 무색하게 하고 있고, 동시에 '시각의 행위화, 행위의 시각화'를 통해 행위예술의 새로운 가능성을 열어 주고 있다. 이때 가장 주목되는 것은 '일상＝예술'이라는 인식의 확산이다. 이는 예술과 일상의 경계도 허물어트리고 있다. 예술은 이제 전반적으로 행위적(performative) 되는 것이다.

기존의 예술학이 서구의 학문적 전통에 크게 의존한다든가 역사적인 변천에 관심을 보이는 반면 예술인류학적 작업들은 그러한 서구 중심적 역사발전론보다는 예술품 자체의 구조라든가 모든 예술품 속에 공통적으로 해당되는 인간의 근원적인 심성에 초점을 맞춘다는 점이다. 예술학과 예술인류학적 작업들은 서로 공통분모를 가질 수 있고, 때로는 같은 주제에 같은 관심과 연구 결과를 내놓을 수도 있다. 그러나 오늘의 예술작품 속에 인간의 원시심성이 표현되어 있다거나, 인간의 심성이 변하지 않았다는 등의 인류학적 주장은 기존의 예술 장르의 연구가 흔히 논하지 않은 부분이다. 예컨대 인간의 무의식의 대칭성의 원리, 혹은 그것에 기인하는 화면 분할 기법과 입체적 표현 같은 것은 예술인류학적 작업이 아니고 서는 찾아내기 어려운 부분이다.

요컨대 기존의 예술학이 특정 장르, 특정 시대에서 일반화를 시도한다면, 혹은 이를 역사적으로 바라본다면 예술인류학은 상대적으로 탈장르, 탈시대적 맥락, 공시적(共時的) 맥락에서 일반화를 시도한다는 점이 특징이라고 할 수 있다. 공시적인 것은 예술인류학에 이르러 공간적(空間的)이 되고, 시간이라는 변수는 숨는다. 시간은 공간에 남아 있다. 혹은 공간은 그 자체가 시간이다. 시간적인 시계열은 공간의 이동(replacement)이나 재배열(rearrangement), 미분이나 적분으로 전환한다. 21세기는 공간의 시대이다. 공간의 시대란 차원(dimension)이 다른 공간, 다원다층의 공간을 인정하는 시대라는 말이다. 위성(衛星)의 출현이야말로 지구촌을 실감나게 하는 것이다.

예술인류학은 궁극적으로 예술작품 그 자체에 관심이 있기도 하지만, 궁극적으로는 작품 뒤에 숨어 있는 인간의 의식이나 대칭구조에 관심이 있다. 대칭구조의 한 대립항이 비대칭구조로 넘어가서 다른 대칭구조를 하위구조로 삼을 때에 역사적 텍스트가 성립된다. 이러한 특성은 인류학이 문화 전반(또는 문화 총체)의 양식이나 형식, 유형에 관심을 갖는 것에 기인한다. 흔히 예술인류학을 선사시대 또는 고대의 동굴벽화나 고미술품을 다루는 것처럼 느끼는 것은 상대적으로 오늘의 예술학이 역사시대나 근·현대에 관심이 많은 것에 비교된 때문이다.

실지로 인류학이 추구하는 인간의 기본 심성이나 미의식에 대한 연구가 효과적으로 수행되는 곳은 바로 선사나 고대의 예술에서다. 왜냐하면 원시예술은 장르 분화가 되지 않고 표현 자체가 총체적 (종합적)으로 나타나기 때문이다. 그러나 현대의 예술작품에 대해서, 혹은 미의식에 대해서 예술인류학이 분석과 평가, 통시적·공시적 평가를 하지 못하는 것은 아니다. 예술인류학이 인류학인 이상 문화의 '총체성(complex) – 체계(system)' 연구에 끊임없이 돌아오지 않으면 안 된다. 인류학의 학문적 특성으로 인해 구체적인 인류학적 작업은 대체로 민족예술학적으로 성취된다. 민족예술학은 예술의 장르나 역사적 변천이나 유형의 탐구라기보다는 민족(ethnos)을 단위로 한 문화의 예술적 특수성과 보편성을 동시에 탐구하는 것을 말한다.

예컨대 이 책이 예술인류학이면서도 한국문화를 연구대상으로 하는 경우가 많은 것은 바로 민족예술학적 태도를 가지고 있기 때문이다. 한국문화는 무엇인가, 한국예술은 무엇인가에 대해 끊임없이 반추하는 것은 섣불리 세계적 보편성에 편승하거나 안주하기보다는 한국의 풍토와 전통위에, 다시 말하면 한국의 '땅=몸'이라는 특수성위에 보편성이 어떻게 자리 잡는가를 연구하는 것을 일차적 목표로 하고 있기 때문이다. 다시 말하면 기존의 예술학은 예술작품 그 자체에서 보편성이나 보편적 원리를 찾고 그것을 서구역사의 전통에서 맥락을 찾거나 예술가 개인의 생애와 연결시키는 반면 민족 예술학은 일단 집단적 심성(의식 또는 무의식)과의 관련성을 추구함으로써 집단적 특수성을 통해 보편적인 것을 추구한다.

예술인류학: 느낌의 인류학, 기(氣)의 인류학

지금까지 직접적으로 예술작품을 대상으로 한 인류학과 예술작품이 민족 단위로 어떻게 특수성과 보편성을 나타내는가를 추구하는 인류학에 대해 논의해 왔다. 이제 보는 이에 따라서는 예술이라고 보기 힘든, 인간생활 그 자체를 예술적 과정으로 이해하는 인류학에 대한 논의를 할 차례이다. 이것은 예술인류학의 진정한, 고유의 영역이기도 하다. 예술적 접근의 인류학은 한 마디로 시인의 눈으로 사물을 보는 것을 말한다. 시인의 눈으로 바라본다는 것은 바로 '비유(比喩, metaphor)와 환유(換喩, metonymy)'의 틀로 바라본다는 뜻이다. 비유는 인간의 대칭적 사고에서 비롯되는 것이고 환유는 비대칭적 사고에서 비롯되는 것이다. 은유는 매우 범형적(paradigmatic)하고 환유는 매우 순차적(syntagmatic)하다. 은유는 매우 비선형적(非線形的)이고 환유는 선형적(線形的)이다. 은유와 환유를 과학의 입장에서 보면 환유는 과학이고 은유는 예술이나 종교이다. 예술적 접근의 인류학은 경우에 따라서는 '무당의 눈'으로 사물을 보는 것을 말한다. 무당은 사물을 정령(spirit)으로 본다. 굳이 이렇게 보는 것을 예술적 접근의 인류학은 '기(氣: 끼: 느낌)의 인류학'이고 '과정(process)의 인류학'이기 때문이다. 학문(과학)은 본래 이(理)의 산물이고 종교는 본래 기(氣)의 산물이지만 절대종교가 되면서 이(理)로 돌변한다. 요컨대 예술적 접근의 인류학으로서의 예술인류학은 예술작품과 종교제의들을 보이지 않는 기운, 즉 정령과 신(神)의 응집으로 보고, 영혼도 기운의 언어적 표상으로서 본다. 예술과 종교라는 것은 바로 기운의 집적을 나타내는 상징의 형식들이다.

예술적 접근의 인류학에 이르면 철학은 신화가 되어야 하고 철학은 미학에 환원되어야 한다. 신화는 진정한 철학이고 미학은 진정한 철학이다. 예술이야말로 인간의 본성을 그대로 유지하고 있는 원시인이다. 예술가는 살아 있는 원시인이다. 예술가에게 세계는 끝없이 열려 있는 장(場)이며 기운생동하고 천지신명을 하는 장이다. 동양에서는 일찍이 음양학이 발전하였다. 이는 우주를 음양체계로 바라보는 세계관의 집대성인데 이것은 오늘날 전자기(電磁氣) 혹은 전자기(電子氣)의 법칙과 거의 유사한 것이다. 현대 물리화학은 질량분변의 법칙, 에너지 불변의 법칙, 전자기 보존의 법칙 등이 발견되면서 우주의 전체, 본질은 변하지 않으면서 현상은 음양의 다원다층 구조처럼 변한다는 것을 입증하였다.

그 변화의 원동력은 바로 전자기의 원리이다. 전자기는 항상 플러스(+), 마이너스(−), 그리고 그 중간의 균형(평형) 상태인 제로(0), 이 세 가지 중에 있다. 그런데 이 균형상태가 깨어지면 플러스 혹은 마이너스가 되는데 플러스는 마이너스로 가고 마이너스는 플러스로 가서 균형을 유지하려고 한다. 중력이라는 것도 전자기의 현상이고 전자기의 팽창과 압축에 따라 중력은 변할 수 있으며 이에 따라 모든 현상이 소멸되는 블랙홀이 만들어지기도 하고 반대로 천지창조인 빅뱅이 이루어질 수도 있다. 그러니 블랙홀과 빅뱅이 한 우주의 정반대 측면인 셈이다. 우주는 다원다층의 음양적·전기적 프로그램이다. 음양적·전기적 프로그램은 실은 임의적이고 자의적이고 자연적인 것이다. 그 가운데는 문이 있어 열리고 닫히는 것이다.

이것은 시작도 끝도 없이 출렁이는 물결과 같다. 인과적이라고 하는 것은 그 속에서 일어나는 한 묶음에 불과한 것이다. 그러니 어떤 곳에서 시작이 있다고 해도 왜 시작이냐고 물어볼 수도 없고, 어떤 곳에서 끝이 있다고 해도 왜 끝이냐고 물어볼 수도 없다. 어떤 곳에서 죽음이 있다고 해도 왜 죽음이냐고 물어볼 수도 없고 어떤 곳에서 탄생이 있다고 해도 왜 탄생이냐고 물어볼 수도 없다. 단지 운동만이 일어나고 자아와 실체는 없으며 생장소멸만을 거듭할 뿐이다. 이 운동은 때로는 수직운동인가 싶다가 때로는 수평운동이며 때로는 수평운동인가 싶다가 때로는 수직운동이다. 큰 것 속에 작은 것이 있고 작은 것 속에 큰 것이 들어 있는 관계로 어느 것이 큰 것이고 어느 것이 작은 것인지 알 수 없다. 거대한 소용돌이인데 이것을 원방각(圓方角)으로 표현하고 원(圓)을 혼돈이라 하고 방(方)을 질서라고 하고 각(角)을 방향이라고 한다. 이것이 뒤에서 소개할 '다원다층(多元多層)의 음양학＝역동적 장(場)의 개폐이론(DSCO)＝역동장(力動場, 逆動場, 易動場)이론(Dynamic Field)'이다.

예술인류학에서 역동성은 가역반응(⇌, ↕)으로 표현한다. 가역반응은 즉(卽), 반(反), 반(半), 비(非), 중(中), 화(和), 형평(衡平), 제로(0)의 뜻이 있다. 예컨대 A(⇌, ↕)B는 A(卽, 反, 半, 非, 中, 和, 衡平, 0)B이다. 이것은 가역운동이면서 동시에 애매모호함과 이중성을 나타낸다. 물론 이러한 가역반응이 일어나는 장소를 장(場)이라고 한다. 장(場)은 물론 장소(場所)라는 고정된 공간으로서의 의미만이 아니라 일종의 전자기장과 같은 의미로 사용했다. 가역반응 자체 운동의 양면성과 이중성을 개폐(開閉)라는 용어로 표현한다. 이를 논리적으로 보면 복논리(複論理)가 전개되는 장이다. 다시 말하면 대칭적 원리와 비대칭적 원리가 동시에 작용하는 중간지역이다.

〈표 4〉 다원다층의 음양학의 특징

다원다층의 음양학=역동적 장(場)의 개폐이론(DSCO) =역동장(力動場, 逆動場, 易動場)이론=Dynamic Field=DF
역동성: 가역반응(⇄, ↧↥) * 역(力, 逆, 易)
가역반응: 즉(卽), 반(反), 반(半), 비(非), 중(中), 화(和), 형평(衡平), 제로(0)
A(⇄, ↧↥)B=A(卽, 反, 半, 非, 中, 和, 衡平, 0)B이다.
장(場): 공(空), 허(虛) 등 장소(場所)라는 고정된 공간만이 아니라 전자기장(電磁氣場)과 같은 의미, 시공을 초월하는 의미가 동시에 있다.
개폐(開閉): 운동의 양면성과 이중성을 표현한다.

　역동적 장에서는 언제나 음과 양, 양과 음을 뒤바꾸어도 된다. 이것 아니면 저것뿐이니까. 역동적 장에서는 천사가 악마가 되고 악마가 천사가 된다. 역동적 장은 기본적으로 자아와 실체를 인정하지 않는다. 음과 양은 기호에 지나지 않으면 교체될 수 있는 것이다. 이는 물론 전기적 상황과 같다. 소위 플러스(+)와 마이너스(-), 즉 음과 양은 하나이면서 둘이고 둘이면서 하나이다. 그러면서도 음과 양은 존재의 실체가 아니고 단지 일어나는 현상일 뿐이다. 플러스와 마이너스는 운동에 따라 얼마든지 바뀌며 그 바뀌는 현상을 이용한 것이 전기적 힘이라는 것이다.

　이 전기적 힘이 닫힌 것이 소위 물질이라는 것, 입자(粒子)라는 것이고 그것이 열린 것이 파동, 즉 기파(氣波)라는 것이다. 이 기파는 에너지의 파동, 전자기의 파동(-e, +e)이라고 할 수 있다. 자연과학은 물질 혹은 입자를 운동시켜 역으로 전기를 생산해 내지만 인문사회과학, 즉 인간의 뇌에서 발생하는 의미, 즉 언어는 여전히 플러스와 마이너스의 교체를 하고 있다. 왜 교체하는지는 모르지만 어떤 계기에 의해 양극의 교체가 일어나고 있는 것이다. 그 계기에 붙인 이름이 '역동적 장'이다. 역동성이 없는 것, 균형이 이루어진 상태를 제로(0)라고 표현한다. 그러나 역동적이라고 해도 우주가 하나인 것이 변한 적은 한 번도 없다. 이는 전기보존의 법칙과 같다.

이런 우주현상을 일찍이 언어의 상징세계로 표현한 것이 바로 동양의 음양론이다. 최초의 원인은 잘 알 수 없지만 운동이 일어나고 그 운동에 의해서 생성과 소멸을 거듭하는 것이 우주이고 그 우주 속에서 사는 인간의 뇌구조도 우주를 닮았고 그 뇌를 이용하여 사는 인간의 삶도 우주를 닮았다. 다원다층의 음양의 세계인 우주는 역동한다. 음(--)과 양(━)이 품고 품으면서 물고 물리면서 역동(力動, 逆動, 易動)한다. 음양은 대칭이다. 음양은 상징이고 상징은 무의식과 깊이 연관된다. 무의식은 대칭의 사고세계이다. 이에 비해 의식은 비대칭의 사고세계이고 합리성의 사고세계이다. 19세기 근대 자연과학 사상의 노입 이후 합리성의 신앙은 너무 지나친 감이 있고 그 폐단 또한 적지 않다. 무엇보다도 인간소외의 결정적 주범이 바로 합리성이라는 근대의 전가의 보도이다.

인간은 과학화되면 될수록 더욱더 소외된다. 이는 무의식의 영역을 점점 줄여나가기 때문이다. 과학화라는 것은 한마디로 대상화하고 객관화한다는 말에 다름 아닌데 그것은 인간의 편의성의 확보와 도구를 발달시키는 데는 중요한 역할을 하지만 동시에 인간이 세계로부터 외톨이가 되고 심지어 자살에 이르도록 하는 약점을 가지고 있다. 말하자면 병 주고 약주는 셈이다. 자살은 어쩌면 인간 개체의 무의식으로의 도피, 환원, 귀향이라고 할 수 있다. 이를 문명사로 보면 인구의 증가와 가부장제의 확산과 병행하고 있는데 적당한 스트레스(stress)는 자극이 되지만 심한 스트레스는 결국 사람들로 하여금 무의식, 자궁으로의 도피를 강요하게 된다. 의식, 이성보다는 훨씬 더 무의식, 감성은 인간으로 하여금 인간답게 한다. 신화와 무의식은 개통발생과 개체발생의 관계에 비할 수 있다.

대칭적 사고의 발견, 무의식의 부각은 구조인류학의 크나큰 공이지만 예술인류학은 대칭도 중요하지만 대칭의 역동성을 더 강조하게 된다. 다시 말하면 구조인류학의 대칭의 분석에 주력한다고 한다면 예술인류학은 구조의 분석을 무한대로 확산시키면서 우리가 파악하고 분석하는 구조라는 것은 수많은 보이지 않는 구조의 극히 일부분에 지나지 않는다는 것을 강조하게 된다. 예컨대 구조인류학자들은 대칭의 발견에 긍지를 갖겠지만 예술인류학자들은 대칭을 발견하고서도 결코 긍지를 갖는다기보다는 아직도 밝히지 않은 수많은 구조에 대해 겸손해하는 것에 비할 수 있다. 이러한 사상의 이면에는 결코 의미라는 것은 완전히 밝힐 수 없다는 한계에 대한 전제가 있다. 음양의 다원다층의 변증법을 전제하는 예술인류학은 구조의 분석보다는 어차피 역동적인 세계가 하나라는 것, 그 전체성에 대해 더 관심이 있다.

이런 것을 여성적이라고 표현하면 어떨까. 이미 기표(記標)로서 드러난 것을 이성으로 포장하기보다는 드러나지 않은 기의(記意)에 대해서 감성으로 접근하며 감싸 안는 것이 예술인류학이다. 그러한 점에서 음이 양을 포함하고 있는 것과 같다. 음과 양은 똑같은 비중을 가진 대칭이 아니라 마치 어머니와 자식과 같은 모양으로, 여자와 남자와 같은 모양으로 한쪽이 다른 쪽을 잉태하고 있고 포용하고 있다. 그런 점에서 예술인류학은 '음(--)의 인류학'이고 '어머니의 인류학'이다. 또 '땅(地)의 인류학'이고 '기의(記意)의 인류학'이다.

태극에서 음양으로 가는 것은 1에서 2로 가는 것이고 음양에서 태극으로 가는 것은 2에서 1로 가는 것이다. 태극에서 음양으로 가는 것은 이(理)이고 음양에서 태극으로 가는 것은 기(氣)이다. 1은 2가 되어야 하고 2는 1이 되어야 하고 음은 양이 되어야 하고 양은 음이 되어야 하고 이(理)는 기(氣)가 되어야 하고 기는 이가 되어야 한다. 이(理)는 기(氣)가 닫힌 상태의 것이다. 이를 전기에 비하면 태극은 균형점(0)이고 음은 마이너스 전기($-e$)이고 양은 플러스 전기($+e$)이다. 균형점 제로(0)가 가장 큰 하나, 태극(太極, 1)이다. 태극은 제로(0)이면서 하나(1)이다.

이들이 이렇게 상대가 되는 것은 본래 하나이기 때문이다. 그렇더라도 음양 중에서는 양에 비해서는 음이 중요하고 1에 비해서는 2가 중요하고 이(理)에 비해서는 기(氣)가 중요하다. 이는 하늘(天)에 비해서는 땅(地)이 중요한 것으로 집대성된다. 나타난 기표(記標)보다는 나타나지 않은 기의(記意)가 중요하다. 나타난 것만 가지고 말한다면 생명은 언어에 의해 구속되고 활기(活氣)와 의미(意味)는 없을 것이다. 양과 1과 이(理)와 하늘은 구조적이고 대칭적인 우주를 비대칭의 우주, 권력의 우주로 변화시키려 배열하려고 하기 때문이다. 이들은 자신이 태극인 줄 착각하고 횡포를 부린다. 이들이 착각하기 때문에 태극은 절대가 되고 균형점을 잃는다.

예술인류학에 이르러 철학이 개념의 예술로 미학에 환원되고, 미학은 예술품뿐만 아니라 이제 인간 활동·생활에 확대된 셈이다. 인간생활에서 예술을 제외하고 어느 분야에 예술성이 가장 잘 나타날까? 모르긴 해도 정치 분야일 것이다. 정치는 제정일치(祭政一

致)에서 시작하였고 정치의 프로그램은 제사에서 따온 것이고 변형된 것이다. 정치는 오늘의 살아 있는 원시축제이다. 정치가 인간의 예술이니 종합예술이니 하는 것도 이 때문일 것이다. 최고 권력자는 사회구조의 가장 높은 상징(권위)이다. 그린의 교체는 사회의 크고 작은 하위 상징들을 재편성하게 만든다. 그것은 한 편의 거대한 종합예술이고 지도자의 교체 시기는 매우 축제적인 시기이면서도 불확실성으로 긴장하는 시기이다. 예술작품이 그것을 참조하고 이해하는 사람에게 의미가 있는 것이라면 정치는 집단의 모든 구성원에게 예술적·상징적 의미를 갖는다.

이러한 정치행위는 반드시 정치가들에게만 해당될까? 그렇지 않다. 인간은 누구나 시시각각 여러 수준과 차원에서 정치를 하며 살아가고 있다. 또 사회적 상징을 높이기 위해서 다른 하위 상징들을 제물로 쓰고 있다. 정치는 따라서 사회적 상징의 은행(저장고)인 셈이다. 인간행위의 상징분야는 인류학 가운데서도 정치인류학과 겹치는 부분인데 예술인류학이 정치인류학과 다른 점은 그러한 사회적 상징을 정치과정으로 보는 것이 아니라 상징과정으로 보는 점이다. 이것은 매우 종교적인 과정과 유사성을 갖는다. 예술인류학은 사회적 시·공간에서, 다시 말하면 사회적인 기능이나 의미를 연구하는 것이 아니고 예컨대 지각과정에서의 상징이나 실천과정의 의례적 성격에 초침을 맞춘다. 예컨대 정치적으로 성공이냐, 실패냐는 별 관심이 없다. 그러나 지각과정이나 실천과정은 대체로 사회적 결과물을 산출하는 것이 상례이다. 상징은 인식의 조건이자 결과이다.

이러한 '상징-의례(연행)'과정을 연구하는 것이 예술인류학이다.

상징과 의례는 인간의 지각 및 실천 과정에선 매우 가역적이다. 따라서 상징은 의례를, 의례는 상징을 내포한다. 이는 이론(theoria)과 실천(praxis)에도 그대로 적용할 수 있다. 이론 속에는 실천이, 실천 속에는 이론이 내포되어 있다고……. 예술인류학적으로 볼 때 이론은 상징의 굳은(hard) 형태이고, 실천은 의례의 굳은(hard) 형태이기 때문이다. '상징 – 의례'과정을 나는 연행(performance)이라고 본다. 금세기 프랑스의 지성 미셸푸코는 '이론과 실천'을 '언설과 실제(discourse – practice)'로 발전시키면서 이들 사이의 관계를 상호침투로 파악했다. 또 변증법보다는 '계보학'이라는 새로운 역사적 논리학으로 관계를 추적했다. 그는 계보학은 개체성과 집단성을 동시에 충족시키지만 역사적 원형인 신화보다는 역사적 변형에 환심이 많다. 따라서 그에게 신화적 원형은 이미 권력이며 권력의 변형을 찾는 게 그의 주된 작업이다. 이에 비해 '상징 – 의례'는 권력보다는 여러 문화석 상징들에 더 관심이 많으며 권력의 역설적 상황, 드라마에 관심이 많은 점이 다르다.

예술인류학이라는 용어를 내가 쓰기 시작한 것은 1990년대 초이다. 정확하게 ≪한국문화와 예술인류학≫이라는 책이 나온 것은 1992년이다. 그런데 최근에 일본의 인류학자인 나카자와 신이찌 씨가 놀랍게도 예술인류학을 제안하였음을 간접적으로 접할 수 있었다. 그의 카이에 소바주 (Cahier Sauvage) 시리즈 5권 중 마지막 권인 "대칭성의 인류학"(2004년 講談社, 일본, 2005년 김옥희 역, 동아시아, 한국)을 번역한 김옥희는 역자 후기에서 나카자와 씨가 다마(多魔) 미술 대학 부설 예술인류학연구소 설립취지를 요미우리(讀賣)신문(2005년 7월 20일자)에 게재하였음을 소개했다.

"무의식 속에 잠재해 있는 감각과 사고의 야생을 잠에서 깨어나게 하고, 일어서게 하고, 그것에 표현을 부여할 수 있는 지성형태를 '예술'이라는 이름으로 부르려 한다. 아니, 그런 지성형태만이 예술이라는 이름에 어울린다. 그리고 그런 예술은 파인 아트(Fine Art)의 영역을 넘어서, 인간의 삶과 관련된 모든 영역에서 발견할 수가 있다. 지금도 우리의 무의식 속에 잠재해 있는 야생의 감각과 사고를 불러 깨우고 활용하는 것이 불가능하다면, 한계점에 다다른 오늘날의 인간세계에 미래의 바람이 들어올 창문을 절대로 열 수 없을 것이다. 바로 그렇기 때문에 '예술인류학'이 필요하다고 생각한다. 인류학과 고고학은 수만 년 동안 현생인류의 마음의 구조에는 아무런 변화도 없었다는 것을 밝혀 왔다. 인류의 마음 밑바닥에는 야생의 꽃이 피는 들판이 지금도 존재하는 것이다. 그 점을 기억 속에서 다시 떠올려, 그곳에서 '들판을 여는 열쇠'를 손에 넣어 젊은이들에게 건네주어야 한다. 그것이 바로 우리가 지금 최우선적으로 해야만 하는 일이다."

이 내용은 나의 예술인류학 제안과 매우 흡사하다. 우선 레비스트로스의 구조인류학의 지대한 영향과 대칭성에 대한 이해를 기조로 하는 것 등에서 비슷함을 알 수 있다. 나는 이 대칭성을 동양의 전통적인 음양사상으로 연결시키면서 '음양의 다원다층학'의 일종으로 예술인류학을 주창하였던 것이다. 무의식의 대칭성 혹은 의식의 대칭성을 발견하는 것은 법칙이나 절대신을 발견하는 것보다 훨씬 중요하다. 과학의 법칙이나 종교의 절대신은 바로 무의식의 대칭성을 이성으로 억압한 결과이기 때문이다. 이성은 정령(spirit)을 미신으로 취급하게 하였으며 압도적인 비대칭의 절대신을 신으로 신봉하게 하였으며 법칙이 아닌 것은 보편성이 아닌 것으로 치부하게 하여 무의식의 대칭적 사고를 원시적인 것으로 무시하게 하였다.

나의 예술인류학은 이성의 횡포를 비난하는 한편 대칭적 관점에서 사물을 배열함으로써 무의식의 철학인 대칭성을 옹호하거나 회복하는 편에 서 있다고 과언이 아니다. 나의 예술인류학은 대칭성을 발견하려는 현대적 노력의 산물이다. 대칭성은 그것 자체로 법칙은 아니지만 그것을 둘러싸고 신비한 힘과 에너지가 움직이면서 우주를 역동적으로 만드는 원천이다. 아마도 우주를 주체로 보면 결국 대칭적 구조의 역동으로 보지 않을 수 없으며 반면에 우주를 객체로 보면 결국 법칙을 발견하는 것을 목적으로 삼게 된다. 그런 점에서 과학과 예술과 종교의 삼각관계는 삼위일체이다. 이 세 가지의 조합이야말로 인간의 문화와 문명을 설명하는 온전한 틀이 된다. 삼위일체(三位一體), 천지인(天地人) 삼재(三才)사상의 변용과 변형은 무엇을 연구대상으로 하든지 간에 유용한 틀이다.

정치행위에 대한 예술인류학

정치, 종교, 신화는 인류의 생활에서 떼려야 뗄 수 없는 문화요소이다. 이에 대한 인류학적 연구는 주로 정치인류학, 종교인류학, 구조(상징)인류학에서 담당해 왔다.

정치인류학은 주로 사회제도적인 차원, 종교 인류학과 구조(상징)인류학은 상징체계와 사고구조(원형)의 차원에서 문화요소·현상을 다룬다. 이것은 크게 보면 사회(인류)학적, 문화(인류)학적 차원으로 양분할 수 있다. 또한 이들에 대한 연구는 심리학적인 연구 결과들과 매우 밀접한 상호 관련성을 갖고 있는 것으로 보인다.

정치, 종교, 신화는 매우 역동적인 상호관련성을 갖고 있다. 이 역동성은 이들의 특성이 매우 집단적이면서도 동시에 개인적이라는 데서 기인한다. 예컨대 정치적인 권력을 획득하는 데는 사회제도적인 정치과정을 거쳐야 되지만 또한 개인적인(인간들 사이의) 상징조작과 권력을 부여하는 집단의 구성원들의 인지(구조)적 동의가 전제되어야 한다. 마찬가지로 종교행위(믿음)는 정치적인 위계질서를 수반하지 않으면 안 되고 신학(교리)에 대한 이해가 뒤따라야 한다.

신화도 종교적·정치적 속성을 필연적으로 지니고 있다. 신화는 집단 속에서 종교라는 형태로 제도화되고 집단을 이끌어 가는 문화구조(원형) — 영원성 — 를 제공함으로써 집단적 정체감 형성을 통한 높은 정치성을 내포하고 있다.

이러한 삼 자 간의 관계는 이들에 대한 연구가 보다 역동적(동태적)으로, 다시 말하면 개인과 집단, 사고와 행위, 역사와 신화 사이를 넘나들면서 이루어져야 함을 말해 준다. 이 같은 역동적 분석은 퍼스(Firth)가 지적하듯이[14] 기술적인 측면에서는 '미시사회학적(micro-sociological)'이지만 그 공식에 있어서는 '거시사회학적(macro-sociological)'인 것을 추구하는 동시에 정치적인 맥락에서 이데올로기와 의례(ritual)가 매우 상호 의존적이며 어느 하나도 다른 하나가 없이는 작용할 수 없다는 것을 확인하는 것이 된다.

예술인류학적 연구는 정치행위를 권력관계의 맥락, 즉 정치적인 것을 떠난 상징이나 집합 표상의 차원에서 연구하며 신화의 구조

---

14) Firth. R(1951), ≪Elements of Social Organization≫, p. 18, London: Watts.)

(언어)를 밝히는 작업이다. 또 신화의 구조가 어떻게 역사적 현재로 새롭게 나타나는지를 파악하게 된다. 이와 아울러 종교의 상징체계와 집단적 행위는 정치와 신화에서 발견할 수 있는 '사고와 행위'라는 인간의 본질적 문화 패턴(구조)을 공유하고 있음을 알게 된다.

이상을 종합해 볼 때 인간들 사이의 상호작용의 패턴은 상징적인 것에 의해 제한되면서도 표현되고 변화되는 것으로 판단할 수 있다. 정치·종교·신화는 실질적으로 서로 떨어져 있는 것이 아니라 삼 자 중 어느 하나에는 반드시 나머지 두 개의 기능과 의미가 그림자처럼 붙어 있는 것을 알 수 있다. 예컨대 정치행위에는 반드시 종교적·신화적 의미가 함께 내포되어 있다.

이러한 특성은 이들 사이의 관계가 바로 상징적 관계임을 반증하는 것이기도 하다. 또한 상징에 대한 연구야말로 인류학이 추구하는 총체성(wholism)의 실현에 더욱 가까이 가는 것임을 알 수 있다. 왜냐하면 상징이야말로 구조화·체계화된 것과 그것의 상호작용, 변화, 나아가서 닫힌 체계(closed system)에서 열린 체계(open system)의 가능성을 보여 주기 때문이다.

예컨대 신화의 구조는 정치적 현실과 만나면 그 폐쇄적 구조를 열지 않으면 안 되고, 마찬가지로 정치는 안정을 얻기 위해서 신화의 닫힌 체계(이데올로기) ─ 정당화(legitimation) ─ 를 이룩하지 않으면 안 된다. 한편 종교는 역사적으로 신화를 재구성(재생산)하지 않으면 현실세계에서 존재가치를 잃게 되고 그 때문에 부단히 상징 ─ 의례(ritual) ─ 집단예배─를 계속하지 않으면 안 된다. 문화요소는 떼려야 뗄 수 없는 상호작용 속에 있다. 우리는 단지 그것을 자기 나름대로 끊어서 단편(particle, section)과 단편 사이의 관계와 상호작용을 항상 존재론(being)의 관점에서 보았기 때문에 인간사고 - 행위의 역동적 메커니즘을 파악하는 데 미진했다.

따라서 인류의 상징연구는 이제 (사고)구조주의자와 행위이론가의 연구 경향을 통합하지 않으면 안 된다. 다시 말하면 상징은 어떻게 생성되어 구조화되며 구조화된 상징은 왜 또 다른 상징을 재생산하느냐는 가역반응에 관심을 기울여야 한다. 문화복합(culture Complex)은 그 이론에서도 알 수 있듯이 단편으로 떼어서 보면 이미 그 본래적인 살아 있는 모습을 잃고 만다. 따라서 문화의 생리학이 필요한 것이다. 문화의 생리학은 분명 생성론(becoming)의 관점에서 문화를 보는 것이다. 존재론적 관점은 '집단 중심'이고 생성론적인 관점은 '개인 중심'이다. 다시 말하면 존재론은 '집단→개인'이라는 연구 방향을 갖지만 생성론은 '개인→집단'이라는 연구 방향을 갖는다. 즉 인간의 개체성을 통해 집단성을 파악하는 방법을 취함으로써 매우 신체 중심적이다.

문화의 생리학이 '개인 중심'이라고 해서 그것이 심리학적이라는 말은 아니다. 대부분의 심리학적인 연구 결과들은 결정론(determinism)에 바탕하고 있기 때문이다. 문화의 생리학은 또한 생물학적인 개인을 다루는 것이 아니다. 왜냐하면 문화의 생리학이 다루는 것은 개인의 물질적인 체계가 아니라 상징체계를 다루기 때문이다. 인간은 사회 속에서 태어나는데 그 사회의 문화와 구조가 인간을 형성한다. 이러한 사회·문화적 현실은 외부로부터 그에게 직면된 객관적 사실인 것이다. 이러한 점에서 집단은 개인에 앞선다.

반면에 인간은 자아(self)의 자율성을 발전시킨다. 이처럼 인간과 사회와의 관계는 변증법적인 것이다.[15] 따라서 인간은 현실에 의해서 왜소화되거나 인간의 본질과 의지가 현실에 의해 기계적으로 결정되지도 않지만 인간의 자유는 집단으로부터 무한정 자유로운 것도 아니다. 변증법적 관계라는 것은 개인과 집단이 부단히 영향을 주고 영향을 받는다는 것을 말하는데, 이는 또한 한 차원에서의 관계는 보다 많은 가능성(possibility)의 한 가지 표현임을 가리킨다.

이 같은 변증법을 '개인 중심'에서 바라본다면 개인은 기존의 사고(구조)체계를 인정하든가, 반대해야만 한다. 그리고 새로운 사고(구조)체계를 만들어야 한다. 이러한 사고(구조)체계의 '파괴 – 생성 과정'은 매우 상징 의례적(ritual)인 특성을 가진다. 이것은 사고(구조)체계가 존재(being)적이지 않은 데서 비롯된다.

이러한 사정은 정치적인 영역에서 흔히 기존 정치체계(이데올로기)의 강요와 이에 대한 반체제운동으로 나타난다. 또한 이러한 반체제운동은 비공식적인(informal) 집단(조직)에 의해 주도된다. 그리고 형식(상징적)과 기능(상징적)의 차이에 의해 기존의 형식들에게서 새로운 기능을 수행하도록 허용한다.

사고구조(체계)와 행위는 그것이 생성(becoming)의 관계에 있기 때문에 의례적(ritual) 과정으로 파악할 수 있고 이는 사회구조 속에서 흔히 정치성을 갖는다. 또 이러한 정치성은 흔히 그 집합 표상(collective representation) 때문에 신화적 원형(원천, 힘)을 갖는다. 바이텔만이 V. W. 터너(Turner)와 레비스트로스를 비판하면서 보여준 '터너와 레비스트로스는 상징들의 명목상 성질을 강조한다…….'16)

---

15) Radcliff – Brown A.R(1952), ≪Structure and function in primitive society)≫, Cohen & west, London. Burger peter and L. T. Luckman(1967), ≪The Social Construction of Reality≫, Allen Lane, The Penguin press, London.

16) Beidellman T.0.(1968), ≪Review of V. Turner≫, ≪The Forest of symbol≫, ≪Africa≫,

에서 알 수 있듯이 상징에는 또 다른 신화적 힘이 있다.

상징이 '힘'과 '명목'의 통합을 이를 수 있는 까닭은 상징이 본래적으로 내포하고 있는 이중성, 양가성 때문이다. 상징은 사물을 규정하는 언어적 측면도 있지만 사물에서 원천적인 힘을 떠올리게 하는 작용을 하기 때문이다. 다시 말하면 이중성, 그 자체가 이 같은 '사고 – 행위'의 상징 – 의례적 통합을 이루게 하는 원천인 것이다.

에반스 프리차드의 고전적 저작인 ≪누어족(1940)≫에서는 누어족의 정치체계의 작동방식을 너무 정체적으로 보았다.[17] '표범가죽 추장(Leopard – skin chief)의 권력이 없다.'는 에반스 프리차드의 주장에 반대한다.

그루얼 하이트는 표범가죽 추장이 어떤 결정을 강제할 수 있는 직접적인 권력을 가진 것은 아니지만 암묵적으로 정치적 영향력을 행사했다고 보고 있다.[18] 하이트는 표범가죽 추장이 주도적인 세력을 가진 인물은 아니지만 개인적인 능력을 통해 정치력을 행사했다면서 그의 권력은 정치적보다 종교적이라고 주장했다.

어떻든 정치적인 것을 역동적으로 분석·기술할 때는 매우 상징적인 것으로 나타나고, 그것은 종교적인 의식과 유사한 형태로 나타난다. 그 의식은 또한 신화 재창조로 승화된다. '결혼의 정치학'이라든지 '의식의 정치학(the politics of ceremonial)'은 이를 두고 말하는 것이다. 이것은 또한 '놀이의 신학'이라고도 말한다.

---

p. 38, pp. 483~484.

17) Evans – pritchad E. E.(1940), ≪The Nuer≫, (Clarendon press, Oxford, England.)

18) Greuel, P. J. (1971), 'The Leopard – Skin Chief', American Anthropologist73, pp. 111
5~1120 · Haight, B.(1972), 'A Note on the leopard – skin Chief', American
Anthropologist 74, pp. 13~18.

지금까지 인류학은 미개사회(primitive society)나 복합사회(complex society)를 연구하면서 집단 중심으로 정태적인 분석·기술을 해 왔다. 그리고 그것도 주로 타민족 연구에 열중해 왔다. 이러한 경향을 예컨대 '개인 중심의 동태적(역동적) 분석·기술'을 할 경우 종전과는 또 다른 해석을 가할 수 있게 된다.

그리고 인류학이 복합사회로 시야를 옮기고 자민족의 일상생활에 대한 해석으로 관심의 초점을 맞출 때 '개인 중심 - 동태적 분석·기술'은 앞에서 얘기한 상징 - 의례(symbol - ritual)적 접근방법으로 소기의 목적을 달성할 수 있다. 이것은 '일상 속으로의 축제'이면서 '축제로서의 일상'으로 비유할 수 있다. 이는 또한 미적 - 정치적 활동이기도 하다.

상징 - 의례의 메커니즘

그렇다면 이러한 상징 - 의례(symbol - ritual)의 지각 메커니즘은 어떤 것인가?

인간의 사고는 코드(code)에 의해 비롯된다. 코드는 마치 소리의 변별적 차이(difference) 때문에 음운구조(phonemics)가 생기듯이 개념작용에 의해 사고를 가능하게 하는 것이다. 이러한 코드가 사회적으로 결정화될 때 개념(concept)이 된다. 따라서 우리가 한 문장을 만들 때 그 개념을 연결시키는 것이며 그 연결을 위해 문법을 필요로 한다.

코드는 이분법에 의해 생성되며 그것은 나선적 모양을 나타낸다. 그렇다면 코드가 계속 생성되는 원천은 무엇인가. 코드와 코드의 사이는 왜 분절적(segmentary)이고 불연속적(discontinuiity)인가.

인간의 지각 이미지(sense‒image)는 인간의 신체에서 통합 메커니즘을 갖고 있다. 인간의 신체의 신경조직은 전기적 전도(+, ‒)에 의해 지각된 이미지를 두뇌에 전달하는데, 전기적 전도는 다름 아닌 리듬(파장)의 전기적 전환이라고 여겨진다(표 5).

수많은 전기적 전도는 코드(code)의 창고와 같다. 코드가 개념으로 전환하는 것은 이데올로기적 체계를 이룩하기 위함이다. 그런데 그 코드가 이데올로기를 지향하지 않고 감정의 캡슐 역할을 하는 경우도 있다. 다시 말하면 인간은 감정, 그 자체를 위해 살아갈 사회적 장치도 필요한 것이다. 또 사회 속에서는 거대한 이데올로기적 체계에 순응하는 것이 아니라 감정의 해소(만족)를 수시로 해야 하고 이때는 오히려 이데올로기를 감정 해소의 제물로 사용하기도 한다. 이것은 지각 이미지를 개념화하는 과정과 정반대이다.

〈표 5〉 기(氣)에서 기(氣)로의 순환

기(氣)·음양(陰陽)→기파(氣波)·리듬(rhythm)→지각이미지(sense‒image)→전기전도(+, ‒)→코드(code)→개념 (concept)→이데올로기적 체계(ideological system)·이(理)→신화적 표상(representation)→음양(陰陽)·기(氣)

이것은 흔히 기존의 이데올로기 체계에 반운동을 하는 것으로 극단화되기도 한다. 지각 이미지는 전기적 전도의 다발이며 분열(2)과 통합(1)을 계속한다. 인간의 신체적 의례(ritual)는 근본적으로 전기적으로 우리 몸에 숨어(쌓여) 있는 코드(code)를 리듬의 상태로 환원하는 것이다. 이것은 이데올로기적 체계가 신화적 표상을 통해 통합될 때(집단의 정체감을 형성할 때)와 유사한 상태라고 할 수

있다. 인간이 사고(신화)체계와 함께 반드시 (상징)의례(ritual)를 동시에 가지는 것은 이 같은 이치 때문이다.

나아가서 상징 – 의례(symbol – ritual)행위 자체가 이미 이데올로기의 반영이며 이데올로기 자체가 이미 상징 – 의례적 기능을 갖는, 넓은 의미의 양가성(bivocality), 애매모호성(ambiguity)은 이러한 인간의 지각 메커니즘의 가역성(⇌) 때문이다. 또한 (1)과 (2)의 불확실성 때문이다.

이상에서 볼 때 이데올로기와 상징 – 의례행위를 사회적으로 연결하는 것은 인간이 본래적으로 갖고 있는 정치행위(정치성)이다. 정치행위는 때로는 체계적 — 이것은 사교적(sociable)이라는 말로 대신할 수 있지만 — 또는 반체제적 — 이것은 혁명적·개혁적이라고 할 수 있지만 — 으로 나타난다. 또는 체제와 반체제 사이를 오갈 수도 있다. 그러나 어쨌든 정치적인 행위에서는 이데올로기와 상징 – 의례행위를 가장 쉽게 발견할 수 있다. 이데올로기는 역설적으로 상징 – 의례행위의 뒷받침이 없으면 존재하기 어렵고 상징 – 의례행위 또한 이데올로기로 뒷받침되지 않으면 생성되기 어렵다. 이것은 인간이 사회적 동물로서 필연적으로 정치적이 되지 않을 수 없는 사정(事情)을 말해 준다.

이것은 물신숭배(fetishism)를 피할 수 없는 상황에서 인간이 사물과 신(神)을 동시에 두지 않을 수 없는 것과 통한다. 단지 '사물＝신'이라는 도식을 이해하는 데 있어서도 두 대립항 가운데 무수한 과정이 있다는 것을 전제하지 않으면 안 되는 것과 같은 이치이다. 문제는 '이데올로기(理)＝상징 – 의례행위(氣)'라는 도식이 잘못된 게 아니라 그것을 이해하는 데 있어 단순논리, 즉 이분법에 빠지고 그것을(그 모순을) 해결하기 위해 대립항을 이분법을 발생시킨 차원과 동일한 차원에서 일원화하려는 데 문제가 있다. 해결은 다른 차원에서 이루어지는 것이다. 심층심리학이 의식과 무의식의 다른 차원의 해결을 하는 것은 매우 현명한 것이다. 그러나 심층심리학도 다른 차원(의식과 무의식이라는 두 가지 차원)에 구속된다는 점에 있어서는 역시 성급한 것(해결)이다. 인간의 삶의 차원은 보다 다원다층적이다. 그리고 다원다층적일 뿐만 아니라 순환적이다. 마치 뱀이 자기의 꼬리를 물고 있는 형상이나 뫼비우스의 띠와 같은 것이다.

궁극적으로 인간은 사회 속에서 정치성(사교성, 혁명성), 자연 속에서 물신숭배(fetishism)로 살아가지만 이러한 도식의 이해에는 대립항, 즉 양자 사이에 수많은 과정 — 대립항의 변증법적·역동적(음양적) 과정 — 이 개입되어 있음을 상기할 필요가 있다. 이것은 바로 정치학과 신화학이며 기본적으로 미학(美學)인 것이다. 종합적으로 말하면 상징학(symbology)이다. 예술인류학(상징학)의 기본 모델은 '종교의례＝샤머니즘'이다. 과학의 이면에도 이데올로기가 깔려 있고 신학에도 의례(ritual)가 있다. 상징(언어) - 의례(실천)의 역설이다. 따라서 '상징 - 의례'는 문화의 총체성에 대한 총체적 연구가 된다.

상징 - 의례는 실지로 이론(theoria)과 실천(praxis) — 다시 말하면 컴피턴스(competence)와 퍼포먼스(performance), 랑그(langue)와 파롤(parole), 코드(code)와 연주(play) — 사이에 있으며 그것의 존재방식은 정적(static)으로 있는 것이 아니라 역동적(dynamic)이다. 그 역동적이라는 말은 이론과 실천의 끊임없는 긴장(균형 잡기)이다. 이것은 인류학에서 에틱(etic: 조사자의 눈: 객관적인 입장)과 에믹(emic: 현지민의 눈: 주체적인 입장)의 관계에도 적용할 수 있다.

여기서 우리는 중요한 문제를 제기할 수 있다. 지금까지 주관이라든가, 객체라든가 하는 것을 인정해 왔는데 실은 이 둘은— 다시 말하면 주관은 객관에 대응·반사된 것이고 객체는 주체에 대응·반사된 것일 뿐, 실지로 주관과 객체는 없는 것이다. 주관이라고 표현되는 많은 것은 주체가 되어야 하고 객체라고 표현되는 많은 것은 객관이 되어야 한다. 주관은 오히려 주체를 객관화시키는 것이고 객체는 객관을 주체화시킨 것이다. 객관화시키고 주체화시키는 역할을 하는 것이 바로 이(理)이다. 이를 달리 표현하면 이(理)는 기(氣)를 객관화시키려는 성질이다. 우주는 주체와 객관, 기(氣)와 이(理)의 영원한 긴장관계이고 갈등이고 싸움이다. 이때 이(理)는 창조적이 되지 않으면 안 된다.

우주 삼라만상은 몸 안에서 주체적으로 보면 절대적이고 몸 밖에서 객관적으로 보면 상대적이다. 객체적인 입장에 설 수는 없다. 단지 객체라고 생각하는 형식만 있을 따름이다. 그 객체적인 형식 중 많은 사람들의 인정을 받은 것이 객관이다. 또 객관이라고 하는 중에서 영원성을 얻은 것이 영원한 객체가 된다. 주체, 주관, 객체, 객관은 서로 매우 역동적인 관계에 있다. 따지고 보면 주체라는 것도 형식에 불과하다. 몸체라고 하는 것은 삼라만상과 느낌을 위한 형식에 불과하다. 그렇다면 주체이든, 객체이든 몸체(體)는 우주와 일순간이라도 떼어 낼 수 없는 것이다. 단지 떼어 내는 형식을 가지고 우리는 몸체라고 생각한다. 우주와 분리된 몸체는 없고 우주라는 몸체는 영원히 하나인데도 말이다. 그렇다면 우리가 영원한 객체라고 하는 것 중 상당수는 거짓말일지 모른다. 또 우리가 초월적 주체라고 하는 것 중 상당수는 거짓말일지 모른다. 그러한 점에서 가장 중요한 것은 주체와 객관이다.

다시 말하면 에틱과 에믹은 고정되어 있는 것이 아니고 변증법적 상호 관계(역동적 긴장)에 있다. 대부분의 인류학적 연구가 에틱적 입장에서 어떻게 에믹적 입장으로 파고들어 갈 수 있느냐에 고민하던 것과는 반대로, 어떻게 에믹적 입장에서 에틱적 입장으로 빠져나올 수 있느냐도 정치행위에 대한 예술인류학의 성공 여부가 달려 있다. 결국 에틱과 에믹을 근본적으로 연결하는 끈은 없는 셈이며 양자의 관계야말로 변증법적인 관계로 한쪽은 다른 한쪽을 존재케 하는 근본 원인이며 만나고 헤어지는 무한대의 욕구(성질)를 갖고 있을 따름이다.

따라서 에틱이 에믹이고, 에믹이 에틱이 되는 경지가 가장 큰 연구의 진폭을 가지는 인류학적 연구가 될 것이다. 상징 – 의례연구는 심층심리학이 꿈과 현실 사이의 구분(이분법)에 의해 인간과 우주의 본질적인 모순을 해결하는 — 현실과 다른 꿈의 세계의 욕구해결, 연상, 도착, 해방 — 것과는 달리 인간의 마음(mind)에서 실천(praxis)에 이르는 이분법을 일원화함으로써 모순을 해결하려는 것이라 볼 수 있다. 다시 말하면 이것은 서양학자들이 이론과 실천을 존재(being)로 보고 그것을 나누는 영역(기준 · 수준)을 무시한 것과는 달리 이론과 실천을 생성(becoming)으로 보고 오히려 두 세계를 나누는 영역(기준 · 수준)을 다양하게 하여 오히려 풍성하게 보는 입장이다. 다시 말하면 훌륭한 상징인류학자는 어디서나 상징 – 의례를 찾아낼 수 있다.(이러한 점에서 나는 상징인류학을 예술인류학이라 명명한다.) 이렇게 볼 때 인간과 우주는 실로 과정(process) 중에 있다. 그 과정의 표현형이 이론이나 실천으로 나타나고 있다.

서양학자들은 이러한 표현형에 우선한 나머지, 존재(being)의 모순에 빠져 끊임없이 그곳을 빠져나가기 위해 애를 쓰고 있고 그것의 마지막 단계가 유심론적·유물론적 변증법이다. 이에 반해 동양은 과정에 충실했기 때문에 그 과정을 존재적으로 드러내는 데 소홀했다. 이러한 맥락에서 볼 때 동·서양의 역사는 그 자체가 모순의 관계에 있으며 서양문화의 존재론적(수단적) 가치가 동양문화의 생성론적(본질적) 가치와 만나는 과정이라고 볼 수도 있다.

서양의 변증법은 비록 존재적 가치가 숨어 있지만 가장 동양적 사고·우주관에 근접한 것이라 할 수 있다. 그러나 변증법에서 존재론적 결함을 빼 버리면 동양의 생성론 — 즉 음양론, 기(氣)철학 — 에 이르게 된다. 내가 정치행위를 연구하면서 정치인류학이 아니라 예술(상징) 인류학이라고 한 까닭은 정치인류학이 일단 집단의 존재(사회적 실체)를 인정하면서 집단과 집단 간의 관계를 변증법적으로 보는 것인 데 반해 예술(상징)인류학은 집단을 생성(끊임없이 변하는 상징 또는 집합)으로 보고 개인과 집단 사이의 관계를 엄밀히 말하면 음양적 상징으로 보려는 입장에 있기 때문이다.

결국 예술(상징)인류학은 집단의 실체적 성격을 상징으로 환원시킴으로써 집단의 변화를 파악하려는 것으로 볼 수 있다. 상징은 어느 곳에나 숨어 있다. 단지 사람들이 보지 못할 따름이다. 예술(상징)인류학자는 숨어 있는 상징과 상징의 조합을 찾는 광부라 할 수 있다. 그것은 끊임없이 변하는 소립자의 세계와 같다. 그러나 상징인류학자가 인간과 우주의 본질을 깡그리 밝힐 수는 없다. 본질은 쉽게 드러나지 않기 때문이다.

예술(상징)인류학자는 인간의 마음(mind)에서부터 사회, 물질문화에 이르기까지 전 영역을 관장한다. 예술(상징)인류학자의 입장에서 본 정치인류학은 상징의 사회적인 차원에 불과하다. 즉 제도체내의 상징행위에 대한 탐구이다. 이에 비해 물질세계에서의 상징작용의 대표적인 과학체계가 한의학체계라고 말할 수 있다.

나의 예술(상징)인류학은 상징을 다루면서도 마음(mind), 사회, 물질세계를 총체적으로 보기 때문에 비언어적(non-verbal) 영역에까지 확대될 수 있는 길을 열어 놓고 있으며 이것은 흔히 말하는 자연적 상징(natural symbol)이 아니라 상징이 자연계의 물질운동을 직접적으로 설명할 수 있는 상징적 체계(symbolic system)라는 점에서 언어와 비언어를 통합하는 상징학(symbology)의 집대성으로 발전할 수 있다. 이것은 다름 아닌 '음양학'이나 '기(氣)학'으로 명명될 수도 있을 것이다. 자기(존재)에 걸리면서 자기를 벗어나는 것(생성)이 우주의 이중성(ambiguity), 표현형과 이면형이다.

따라서 나의 예술인류학은 생명의 본질에 대한 탐구의 학이며 사교성 (sociability)이나 물신숭배(fetishism)에 머무는 상징의 결론을 넘어 사교성에 내재한 본질적인 힘, 물신숭배에 내재한 '엄청난 상징의 층'을 밝히는 고된 작업이라 할 수 있다. 즉 사교성 그 자체, 물신숭배 그 자체의 한계를 뛰어넘어 그것을 마음(mind)의 본질, 자연의 본질(氣)로 확대·환원시키는 극단의 드라마이다. 이러한 배경을 바탕으로 나는 '구조의 즐김(performance)'이라는 차원에서 한국적 상징인류학으로 예술인류학을 제창한 것이다. 예술인류학은 '느낌의 인류학'이고 동시에 '기(氣)의 인류학'이다.

제2장 예술인류학의 신화적 원형

나는 예술인류학을 예술을 대상으로 한 인류학과 예술적 접근의 인류학으로 나누었다. 전자는 서구적 특수성의 보편성으로서가 아닌, 비서구민족의 민족예술의 특수성을 토대로 한 새로운 보편성의 추구를 목적으로 하고 있다. 후자는 인간의 생활이나 행위 자체를 예술로 이해하는 것을 추구하는 것이었다.

이것은 전자의 경우 민족적 상징(또는 신화적 원형), 나아가서 세계의 보편적 상징을 찾는 것이고, 후자의 경우 생활이나 행위를 '상징 – 의례'의 틀로 이해하는 것을 말한다. 한마디로 문화 속에서 상징(의례)을 발견하고 이해하는 것이 예술인류학인 셈이다.

여기서 예술작품을 대상으로 한 인류학의 한 예로 첫째, '커뮤니케이션 디자인의 신화학'을 논하는 한편, 인간의 생활이나 행위를 예술적으로 보는 인류학의 한 예로 둘째, '커뮤니케이션 인류학의 신화학'을 논하고자 한다.

결론부터 말하자면 위의 두 예는 모두 종국적으로 커뮤니케이션이 어떻게 이루어지는가를 보여 주는 것인데, 하나는 디자인의 상징(원형)을, 다른 하나는 행위의 상징(원형)을 탐색함으로써 그것을 달성한다.

1. 커뮤니케이션 디자인의 신화학

예술인류학은 '느낌의 인류학'(Anthropology of Feeling) 혹은 '소통의 인류학'(Anthropology of Communication)이다. 다시 말하면 소통이 존재보다 크다. 만약 어떤 예술이 존재는 하는데 소통되지 않았다면 이는 심지어 존재하지 않은 것이 된다. '소통>존재'라는 것이다. 이는 디자인에서도 마찬가지이다. 디자인도 우리가 그것을 알든 모르든 소통을 하고 있다. 디자인은 다른 창작 예술과 달리 그 단순함과 기하학적인 특성으로 인하여 판에 박힌 것처럼 인식하지만 그렇지 않다. 단순한 도상 속에서 문화의 복합성을 놀라울 정도로 잘 표현하고 있다.

문화는 프로그램(program)이다. 그 프로그램을 가장 시각적으로 확인할 수 있는 것이 디자인(design)이다. 물론 청각적으로 확인할 수 있는 것은 음악이다. 그래서 한 나라의 디자인을 보는 것은 그 문화적 특징을 간파할 수 있는 최단의 지름길이다. 한 나라의 디자인에는 그 나라의 신화가 숨어 있다. 디자인은 훌륭한 고급소통의 소재가 된다. 커뮤니케이션이라는 개념은 앞에서도 언급했지만 상징을 통해 의미를 교환하는 것이다. 나는 문화의 개념 논의에서 그것이 가시적이든 비가시적이든, 유형이든 무형이든 의미가 궁극적인 핵심임을 이야기한 바 있다. 결국 의미가 어떠한 상징으로 소통되는가를 따지는 것이 예술인류학의 목적이다.

한국 디자인에서 어떻게 신화적 상징을 추출해 낼 수 있을까? 그 신화적 상징은 무엇일까? 디자인은 시각예술이다. 그러나 인간의 지각 이미지(sense - image)는 몸속에서 하나로 통합되는 메커니즘을 갖고 있다. 따라서 디자인의 원형을 발견하는 것은 동시에 모든 시각예술 또는 예술의 원형을 발견하는 것이 될 수도 있다.

인간은 개인적이면서도 집단적이다. 다시 말하면 인간 개개인은 각기 개성과 유전의 혼합을 문명적인 경험으로 가지게 된다. 그러면서도 하나의 문화가 성장하는 전체 경험은 개인적으로 좌우된다. 인간은 문화를 창조하지만 똑같이 문화가 인간을 만들고 있다.[19] 인간과 문화는 변증법적인 역동관계에 있다.

이러한 변증법적인 역동관계의 한복판에 있는, 또는 그러한 역동관계의 한국적 원형이 바로 신화적 원형이다. 과연 한국의 예술적(미적) 원형은 무엇일까? 한국을 논하기 전에 나는 서구의 예술적 원형을 균형, 또는 대칭(대립)으로 보고 있다. 이탈리아 르네상스의 조각·회화의 균형감과 조형미(특히 리얼리즘의 조각)는 서구예술의 원형을 보여 준다. 기하학적 공간구성과 원근법은 그 대표적인 것이다.

양호일(梁浩一)은 그의 평론집 ≪커뮤니케이션 디자인의 신화학≫(1988)에서 한국의 원형적 심상을 한국의 옹기문양의 방사선형 만다라(mandalas)에서 찾았다.[20] 또 티벳의 얀트라(Yantra), 만다라((mandalas: Tantra, 즉 밀교의 상징)의 동심원과 방사선 대칭이 동질적인 것으로 보았다. 양호일은 또 결론적으로 "인간과 사회는 원이라는 시각적 개념의 자연 속에서 양 핵이 서로 독립·침투하고자 하는 태극의 회전 속에 진행된다."[21]라고 했다.

---

19) 梁浩一, ≪커뮤니케이션디자인의 신화학≫, p. 11, 1988, 유림문화사, 서울.
20) 梁浩一, 위의 책, p. 12.

나는 양호일의 원형적 심상의 일반화에 근본적으로 동의를 하지만 티베트(나는 티베트나 인도 등을 동양으로 보기보다는 동아시아를 기준으로 볼 때 서구적이라고 본다. 정확히 말하자면 동서문화의 접점이면서 동서의 중앙문화이다)의 만다라와 동양(동아시아)의 태극 사이에는 상당한 차이가 있다고 생각하고 그 차이를 밝히는 것이 만다라와 태극을 원 사상으로 일반화하는 것 못지않게 중요하다고 본다. 예술인류학은 민족 심성의 지역적 특수성을 우선하고 그다음 일반화를 시도하기 때문이다. 양호일은 동서양의 미적 원형의 차이점보다는 일반화에 더 치중한 탓으로 예컨대 만다라의 원(圓)과 태극(太極)의 원이 어떻게 다른가를 따지는 데 소홀한 감이 없지 않다.

나의 생각으로 동서양은 같은 원을 추구하지만 그 이면에는 차이가 있다고 보인다. 서구는 직선의 연장으로 원을 추구하는 데 반해 동양(동아시아)은 곡선의 표현으로 원을 추구하고 있다. 이 점이 중요하다.

이것은 만다라와 태극의 차이에서 극명하게 드러난다. <표 6>을 보자. 우리는 생활주변에서 태극무늬와 그것의 변형인 소용돌이 문양을 흔히 볼 수 있다. 이러한 태극은 우리 예술의 비기하학적 태도나 상징주의와 뿌리를 같이한다. 예컨대 미술에서 원근법의 생략과 과감한 이미지의 단순화, 특히 대상을 하나로 녹여 버리는 동적 표현력도 마찬가지다. 만다라는 동심원과 방사선 대칭(Concentric and Radial Symmetry)을 디자인의 기본 패턴으로 하고 있다.

---

21) 梁浩一, 위의 책, p. 37.

<표 6> 만다라와 태극

만다라와 태극 보편성과 특수성	만다라	태극
보편성	원(圓)	원(圓)
특수성	동심원 기하학적 공간 대칭 직선, 곡선	양극 소용돌이 공간 대칭의 비대칭 곡선, 괘

또 만다라의 원 속에는 기하학적인 수직·수평의 구도가 자리 잡고 있다. 다시 말하면 삼각·사각 등 각종 직선의 만남으로 이루어지는 구도를 포함하고 있다. 이 밖에도 만다라의 동심원은 계속적으로 같은 모양의 기하학적구도로 세분(미분)된다. 한마디로 말하면 만다라에서는 서구의 기하학적 심상(직선)과 동양의 원형적 심상(곡선)이 만나고 있음을 볼 수 있다.

이에 비해 태극은 어떤가? 태극은 원을 추구하지만 철저히 직선을 배제할 뿐 아니라 원의 중심보다는 양극과 대칭의 비대칭을, 그리고 방사선과 같이 외부로 확대되는 것이라기보다는 소용돌이와 같이 안으로 감싸는 모양을 보인다. 직선이라는 것은 괘에서 찾아볼 수밖에 없다.

한마디로 말하면 태극은 철저히 곡선으로 이루어져 있다. 만다라와 태극의 차이는, 만다라에는 어딘가 서구적 냄새가 난다는 점이다. 서구의 원형적 심상은 하나(1)를 강조하고, 동양(동아시아)은 하나 속에 둘(2)을 내포하고 있는 점이 다르다. 하나를 결정론적으로 주장하는 입장에서의 둘은 매우 대립적 경향을 나타낸다. 그래서 오히려 하나(1)를 실현하지 못함으로써 하나(1)는 영원한 이상(理想)에 머물게 된다. 결국 그러한 문화(문명)의 인간은 끊임없이 새로운 하나를 찾아

나서는 불안정한 입장이 되지 않으면 안 된다. 그러나 하나(1) 속에
둘(2)을 포함하는 입장에서의 하나는 결정론적이 아니며 둘이 대립보
다는 상호 보완적인 경향을 나타내고 따라서 끊임없이 하나(1)를 찾
아 헤매기보다는 어떠한 도정(途程)에서도 쉽게 하나를 찾고 만족할
수 있다. 다시 말하면 이미 자족한 안정된 입장이라 할 수 있다.

이상을 우주관에 비교하면 서구의 경우 하늘과 땅을 대립적으로,
동양(한국)의 경우 하늘과 땅을 상호 보완적으로 보는 것에 견줄 수
있다. 태극은 대칭의 균형이면서 동시에 역동적 균형 잡기이다. 대
칭의 균형은 외부적으로 새로운 균형을 추구하지만 역동적 균형 잡
기는 내부적으로 이미 드러나지 않은 수많은 차원의 대칭적 균형을
이미 확보하고 있다. 이것은 동(動)과 정(靜)의 서로 다른 양상이다.

우리는 생활주변에서 태극무늬와 그것의 변형인 소용돌이 문양을 흔
히 볼 수 있다. 이러한 태극은 우리 예술의 비기하학적 태도나 상징주의
와 뿌리를 같이한다. 예컨대 미술에서 원근법의 생략과 과감한 이미지의
단순화, 특히 대상을 하나로 녹여 버리는 동적 표현력도 마찬가지다.

음악·무용에선 이러한 우리 민족의 미적 원형이 더욱 특징적으
로 나타난다. 우리의 전통 고전음악인 정악(正樂)에 나타난 장려미
(壯麗美), 정관미(靜觀美), 유장미(悠長美), 노련미(老練美), 한아미
(閑雅美), 순응미(順應美) 등은 바로 태극의 원형과 통한다.[22]

정악은 기교보다는 힘의 예술이고, 살아 움직이는 생명력의 자연
스런 분출이다. 또 공(空)이나 무(無)를 바탕으로 초세간적(超世間
的) 성격을 보인다.[23] 뵈티우스(Böthius)의 분류법[24]에 따르면 우주

---

22) 한명희(1985), '정악에 나타난 한국인의 미의식', ≪한국전통예술의 미의식≫, pp. 1
    8~40, 한국정신문화연구원.

음악(Music of Universe, Musica mundana)에 가깝다.

정악은 코드(cord)라고 하는 수직적 균제를 통해서 표현하는 서구식 복선율이 아니고 제멋대로 개성을 최대한으로 인정하면서 단지 묵시적인 감정으로 협화경을 만들어 낸다. 전통음악의 선율의 특징이 강유(强柔)의 농담(dynamic shading 濃淡)[25]을 보이는 것도 태극의 원형(역동적 이분법)과 무관하지 않다.

우리의 전통음악은 호흡의 주기에, 서양의 음악은 심장의 박동에 기준을 두었다는 주장도 있다.[26] 정악에는 선(線)적인 의식이 저변에 깔려 있다. 또 공간개념까지 시간적으로 파악하려는 심층의식이 숨어 있다.

결론적으로 자연스럽게 우주 전체와 하나가 되는 경지, 자연에 순응하면서 초월하는 의식이 깔려 있다. 이 같은 우리 전통음악의 특징은 전통 가악(歌樂)에서도 그대로 드러난다.

더욱이 우리 민족의 예술적 특징을 가장 잘 보여 주는 판소리와 산조(散調)는 태극의 신화적 원형을 더욱 잘 증명해 주고 있다. 선(線), 역동성(力動性), 무한연속(無限連續), 멋으로 요약되는 판소리와 산조-. 판소리와 산조는 철저히 선의 미를 추구한다.[27] 일반적인 극가(劇歌)는 여러 사람의 배역과 기악반주로 입체성을 보이지만 판소리는 한 사람이 단순히 북 하나만을 반주로 일관한다.

산조도 화음은 없으며 전곡이 하나의 음선으로 이루어지고 있다.

23) 尹絲淳外(1982), ≪韓國思想의 深層硏究≫, 도서출판 宇石.

24) Oliver strunk(1981), ≪Source readings in music history(I)≫, p. 84. Faker and Faker limited, London.

25) 李惠求(1976), ≪韓國音樂論叢≫, p. 36, 秀文堂, 서울.

26) 한명희(1983), ≪하늘의 소리 민중의 소리≫, p. 277, 修書院, 서울.

27) 황병기(1985), '판소리와 산조(散調)에 나타난 한국인의 미의식', ≪한국 전통예술의 미의식≫, pp. 95~105, 한국정신문화연구원, 서울.

판소리가 '천구성'을, 산조가 '실한 소리'를 내는 것을 추구하는 것은, 역동(力動)의 미, 즉 힘을 추구하는 것을 말한다. 음악의 역동성은 '조이는 것'과 '푸는 것'의 대립, 즉 긴장과 이완의 반복에 의해 이루어진다. 이것은 하모니보다 리듬에 우선하는 우리 음악의 특징을 단적으로 나타낸다.

한편 굿 음악에서 보여 주는 현장성과 대동성(大同性), 그리고 신비성[28]은 자연스러움과 초월성을 극적으로 보여 준다. 이 밖에도 궁중무용이 입체적인 율동미가 아니라 평면적인 선에 치중하여 동(動) 속에서 정(靜), 정 속에서 동을 살려 내는 점이라든지 민속무용이 무진법으로 섬세한 발동작을 중심으로(손발의 입체성보다) 하고 있으며 집단무용의 경우 대체로 원형진행[29]을 하고 있음도 주의해 볼만하다.

우리 민족의 예술은 확실히 공간성(입체성)보다는 시간성, 기교보다는 힘의 자연스러운 표출, 그리고 미(美)의식의 표현뿐 아니라 윤리성(도덕성)과 종교성(초월성)을 동시에 추구하는 경향을 보여 주고 있다. 이것은 예술을 사회적인 차원 및 초자연적인 세계와 통합적으로 바라보는 것을 말해 주는 것이다.

이러한 우리 민족의 미학(美學)은 풍류도(風流道)에서 잘 드러난다. 풍류는 그 상위(上位)에 있어서는 윤리·종교와 연결되고, 하위(下位)에 있어서는 관능적인 육욕(肉欲)과 결부된다. 이것은 초월적 정관성과 동시에 유락향수(遊樂享受)의 이중적 태도를 동시에 가질 수 있음을 말한다.[30] 나아가서 풍류의 핵심은 양자를 중용적으로

---

28) 최종민(1985), '굿음악 및 시나위에 나타난 한국인의 미의식', ≪한국전통예술의 미의식≫, pp. 123~127, 한국정신문화연구원, 서울.

29) 정병호, '민속무용에 나타난 한국인의 미의식', ≪한국전통예술의 미의식≫, pp. 195~196, 한국정신문화연구원, 1985, 서울.

취하는 것인데 이것 자체가 이미 미적인 태도로 사물을 보는 우리 민족의 사고원형을 웅변하고 있다.

풍류는 미적·예술적 가치를 중심으로 한 전체적인 정신적 가치이다. 특히 이 같은 가치가 궁극적으로 이상적 인간과 국가의 수립을 위한 미적 실천(美的實踐)의 의지에 의해 뒷받침되고 있다는 사실은 매우 중요하다. 유·불·선(儒佛仙) 삼교를 근간으로 하는 풍류도는 한국, 중국, 일본 등 동아시아에서 공통적으로 찾아볼 수 있는 이념이면서도 세 나라가 각기 다른 특성을 보이고 있다.

중국은 은일(隱逸) 사상적 성격, 일본은 감각주의적 성격을 보이는데 반해 한국은 실천적 성격을 나타낸다.[31] 바로 수련에서 출발하는 미적 가치를 실현하는 것, 그것은 서양의 이성(理性)주의, 기하학 정신(입체주의, 형식주의, 자연과학주의)과 달리 감정(感情)을 중시하면서 영육(靈肉) 일체라는 전체미(全體美)를 추구하는 것으로 나타난다.

예술인류학이 서양학문의 '이론 – 실천(theoria – praxis)'의 이분법적 틀을 무시하고 '상징 – 의례'의 일원적 틀을 주장하는 것도 언어와 신체를 통합적으로 보는 위의 전체미(全體美)의 추구와 통한다. 서구예술의 이성 – 입체주의는 하나(oneness)를 추구하지만 유클리드 기하학적 공간개념(분할)에 의해 그것을 실현하려 한다. 그러나 그것은 언제나 하나(oneness)의 실현에 실패한다. 아마도 서구(서방)는 기하학적 문양(직선), 인도·티베트 등 중동(중방)은 만다라(직선과 곡선), 한국·중국·일본 등 동아시아(동방)는 태극(곡선)을 디자인(미술, 예술)의 신화적 원형으로 갖고 있는지 모른다.

---

30) 閔周植(1986), '風流道의 美學思想', ≪美學≫ 제11집, p. 20.
31) 閔周植(1986), '風流道의 美學思想', ≪美學≫ 제11집, p. 23.

2. 커뮤니케이션 인류학의 신화학

인간의 생활이나 행위를 미학이나 예술학의 대상으로 다루는 것은 예술사회학에서 많이 행해 왔다. 나는 앞에서 밝혔듯이 '상징 - 의례'의 틀로 인간의 행위를 분석·이해하는 것을 커뮤니케이션 인류학의 신화학이라 규정했다.

이것은 다름 아닌 축제를 보듯이 인간의 행위를 보는 것을 말한다. 사실 상징세계나 의례(ritual)·축제(festival)의 세계에 대한 연구는 지금까지 인류학을 비롯, 인문사회과학에서 폭넓게 다루어져 왔다. 민속·민족지나, 고대 역사문헌, 그리고 종교학이나 신학에서도 깊은 관심을 갖고 다루어 온 주제이기도 하다.

그러나 이러한 상징세계에 대한 철학적인 논의는 조사·연구보다는 등한시되어 온 감이 없지 않다. 이러한 사정 속에서도 미학이나 예술철학에 종사하는 쪽에서 이 분야에 대한 천착이 괄목할 만한 것이었다.

인류학 쪽에서는 주로 정치·사회인류학이나 신화학, 또는 심리인류학에서 원주민 사회(primitive society)의 현지·조사 연구를 통해 관심을 보였다. 프로이드, C. G. 융 등 정신분석학 쪽에서의 연구 성과도 빼놓을 수 없을 것이다. 하지만 상징을 연구하면서도 상징자체의 성격에 대한 철학적 논의는 상징이 내포하고 있는 양가성 또는 다가성(多價性), 애매모호함(ambiguity)으로 인해 논리적 설명의 어려움에 봉착해 왔다. 심지어 역설적인(paradoxical) 사항에 연구자들은 학문적인 노력을 회의하기도 했다.

이러한 연구현상들은 서양의 학문에 대한 근본적인 잘못된 개념 규정에도 문제가 있지만 그보다는 상징적 현상, 예컨대 의례, 축제 자체의 역동성(dynamics)에 기인한다. 쉽게 말하자면 도대체 종잡을 수가 없다는 것이다.

현재까지의 업적으로 볼 때는, 상징은 적어도 부분과 부분의 경계(境界)선상에 있거나 부분이 동시에 전체와 관련을 맺는 것으로 볼 수 있다. 따라서 전자는 경계가 분명하고 어느 쪽이냐가 분명해야 하는 언어적인 것, 예컨대 개념(concept)이나 계층·계급, 자연과 인간의 경계, 그리고 자연계 내부에서의 각종 분류체계에서 소속이 확실해야 하는 것 등, 보다 확실함이 요구되는 것과는 상반되는 위치에 있다. 후자는 또한 부분과 전체가 동시에 존재(being)하고 상호 작용해야 하는 말하자면 부분의 합이 전체가 아닌, 그러면서도 부분에 전체가 들어 있는 원천적으로 모순된 조건들에서 파생하는 문제이다. 이상을 좀 더 쉽게 말하면 하나(1)인가 둘(2)인가, 불투명한 상황에서 비롯된다.

이 같은 상황은 화엄경(華嚴經)에 나오는 '일체즉일(一切卽一) 일즉일체(一卽一切)'(전체는 부분이요, 부분은 전체다.)라는 구절에 비유할 수 있을 것이다. 다시 말하면 상징세계는 연역법이나 귀납법과 같은 논리에 의해서가 아니라, 더욱이 모순법에 의해 진리 여부(모순이기 때문에 진리가 아니다.)를 판단하는 게 아니라 모순·역설을 적극적으로 수용, 오히려 진리를 모순법으로 증명하는(모순이기 때문에 진리이다.)입장이 되지 않으면 그 면모를 밝힐 수 없는 것이 된다.

이것은 흔히 언설(discourse)의 세계와는 분명히 다른 차원의 세계에 대한 논의이다. 차원이 다른 세계의 논의를 위해(인과성을 찾는 것이 아닌) 서양철학의 경우 변증법을 내놓기도 했다. 그러나 서양의 변증법은 모순적 관계를 극복·해명하는 데는 커다란 도움이 못된다는 것이 이미 밝혀졌다. 변증법적 진화론의 경우도 진화(발전)의 과정에 대해서는 어느 정도의 설명력을 가졌지만 모순관계 자체가 세계의 무궁한 생성(becoming) 또는 끝없는 생산(일거리를 장만하는 것)의 근본이치, 밑바탕이 된다는 사실을 밝히지 못하고 있다.

다시 말하면 모순관계는 근본적으로 해결되는 것이 아니라는 사실 — 모순의 재생산 —, 역동적으로 상호 대립되는 것이 세계의 본래적인 모습이라는 것, 그리고 대립하면서도 하나라는 것, 이것이 다원다층적으로 있다는 것을 서양의 변증법은 너무 단순화시키거나 진화론으로 해결하려는 데에 한계가 있다.

변증법이나 변증법적 진화론은 이 다원다층적 구조를 마치 하나의 층계로 착각하여 열심히 오르내리는 것에 불과한 것이다. 나아가서 변증법은 그러한 세계의 구조 자체가 역동적으로 변하고 있는 것을 모른다. 단지 위에서 언급된 구조(층계)를 오르내린 흔적인 역사(시간)에 매여 있다. 심지어 유물사관(historical materialism)에서도 드러났듯이 구조를 시간 속에 속박하여 파악하고는 구조의 혁명(계급투쟁)을 주장하고 있을 정도로 한심하다(너무 결정론에 빠져 있다는 뜻이다.) 이것이 사회과학이라는 이름의 억지이다. 그러면서도 마르크시즘은 인간해방을 선언하는 자가당착에 빠져 있다.

확실히 인간은 사회라는 조건 속에 살아가지만 조건이 인간의 자유를 완전히 박탈하지는 못한다. 그래서 인간은 자유의 부르짖음을 통해 결정화되어 가는 사회조건(계층·계급·사회적 지위)을 타파하고 새로운 구조(구성물)를 만들며 해방감과 함께 끝내 신(神)의 세계에 도달하고자 한다.

상징은 굳어진 구조(hard structure)를 타파하고 본래의 역동적 구조(soft structure)로 돌려놓는 끝없는 '자유와 해방의 작업'이다. 논의가 잠시 다소 빗나갔지만 이 글은 인간의 '정치성이나 신화재생산'에 대한 논의를 서양의 구조주의와 동양의 음양사상(철학)을 토대로 비교적 관점에서 진행하면서 그 메커니즘을 밝히고자 하는 것이다.

인간은 왜 상징과 의례적 행위를 할까? 왜 그것을 하지 않으면 안 되는가? 앞에서도 잠깐 언급했지만 서양에서 이 분야에 대한 철학적 논의는 주로 미학이나 신학적인 범주·관점(분과학문의 의미에서가 아니라 전반적인 특성에서 볼 때)에서 이야기되어 왔고, 그것은 대칭적 사고 혹은 초월적인 범주로 취급되는 것이었다. 그리고 정치학 또는 정치인류학의 논의도 역시 사회적인 영역에 제한되는 것이었다. 그렇다면 사회적인, 신화적인 다시 말하면 현실적인, 내세적인 차원의 상징적 의례 속에 있는 메커니즘은 무엇일까?

나는 비대칭의 미학, 나아가서 나선형의 상징구조라고 할 수 있는 음양사상(철학), 결코 초월적이고 영원한 것만이 아닌, 더욱이 눈에 보이지 않지만 결코 추상적인 것만이 아닌 우주의 본질, 즉 기(氣)를 등장시킴으로써 추상적인 것과 구체적인 것, 사물과 신을 비롯, 이원대립적인 것(binary opposition)의 화해나 상호 공존을 보여 주고자 한다.

상징, 그것은 또 다른 사물처럼 구조와 사물 뒤에 그림자처럼 붙어 있는 것이면서 항상 본질적인 것 — 우주는 끊임없이 역동적으로 변하면서도 변하지 않는 것을 내포하고 있다. — 을 환기시키는 작용(기능)을 하는 것이다. 따라서 상징적 균형 잡기는 사물에서 신에 이르기까지 계속되는, 다차원의 균형 잡기이다. 음양사상은 상대적 두 범주 사이에 다른 한 범주가 내재되어 있다고 전제함으로써 항상 축소·확대 재생산 — 무(無) 또는 우주(宇宙) — 을 가능하게 하고 있는 점이 탁월하다고 느껴진다.

사람들은 누구나 법에 의해서 살지만 다른 한편으로 의례를 하며 산다. 더구나 법이 있기 때문에 더욱 의례적 삶을 살고 있다고도 할 수 있다. 다시 말하면 법과 의례의 연속체(continuum)선상의 어디엔가에 있다. 단지 그 지점은 매우 유동적이다. 이 같은 상황은 실질적으로 오히려 법과 의례가 뒤바뀌는 관점도 허용하는 역설적 세계이다.

법은 결국 반드시 준수되어야 할 까닭이 없다는 점에서 지극히 의례적인 것이며 의례는 반드시 행해져야 할 명분도 없는데 끊임없이 행해진다는 점에서 법과도 같은 것이다. 음양의 세계는 애당초 선후(先後), 상하(上下), 좌우(左右)가 결정되어 있지 않은 입체적인 것이기 때문에 중용(中庸)이라는 상징적 균형 잡기, 또는 자리 바꾸기(變換)를 해도 전혀 문제가 발생하지 않는 세계이다. 언제(when), 어느 곳(where)에서라도 한쪽이 다른 한쪽을 찾을 수 있는 — 누가(who), 어떻게(how), 왜(why)를 상관하지 않고 — 세계이다. 다시 말하면 언제나 애인을 부를 수 있는 요술지팡이와 같다. 그러나 음양의 세계에도 배우자를 선택하는 안목은 사람의 선택적 안목(차원)에 달려 있다. 배우자로 미인을 얻거나 배우자를 미인으로 만드는 것은 결코 쉽지만은 않은 것과 마찬가지이다.

법(현실)과 상징(의미)의 세계를 결혼에 비유하면 법은 결혼의 방식(절차)을 우선하고, 상징은 배우자를 찾는 행위를 우선한다. 따라서 전자는 사회적 보장이 뒤따르고, 후자는 '배우자를 찾는 연습'으로 끝나는 것이라 할 수 있다. 인간은 법 속에 살면서 끊임없이 배우자를 찾고 있다. 심지어 동일한 배우자에게서도 다른 배우자의 모습을 발견하려 한다. 끝내는 법을 바꾸거나 스스로 다른 지역으로 이주를 하는 경우도 있다.

상징은 '자유'와 '배우자 찾기'를 위해 영원히 하나(ㅁ) 혹은 둘(ㅁㅁ)의 빈칸을 비워 두는, 또는 채우고 비우는 행위이다. 상징은 비어 있는 의미이고 가능성의 의미이다. 상징은 의미의 고정화＝개념화를 싫어한다. 구조는 상징과 같이 의미의 음양론＝이원대립항을 가지지만 하나의 맥락에서 유지하려는 경향이 강하며 정태적인 체계를 보여 주려고 하는 반면 상징은 새로운 의미의 음양론＝이원대립항을 찾아 여행을 하는, 모험을 하는 동태적인 체계를 추구한다.

결혼과 혼인과 관련하여 재미있는 에피소드가 있다. 언제부터인지 혼인이라는 말 대신에 주로 결혼이라는 말을 사용하고 있다. 본래 결혼은 혼인(婚姻)이었다. 혼(婚)자는 남자에 해당하고, 인(姻)자는 여자에 해당한다. 남녀가 혼인을 하지만 글자가 다른 이유는 한자가 본래 음양사상에 의해 구축된 탓이다. '혼'이라는 글자는 남자, 이성, 보편, 절대, 현재라는 의미를 지닌다면, '인'이라는 글자는 여자, 감성, 특수, 상대, 과거라는 의미를 지니고 있다. 혼인이라는 말 자체에는 남자와 여자의 동권(同權)이나 이성과 감성의 균형 혹은 현재와 과거의 조화라는 평범한 비밀이 담겨져 있는 것이다. 혼인이라는 말 대신에 결혼이라는 말이 일반화된 것은 무의식적으로 이성과 절대논리를 강요하는 선형적 문명의 흐름이 있다.

음양사상이란 바로 무의식의 대칭구조를 기조로 하는 사상체계이다. 음양사상이 수식으로 구성된 어떤 과학적 법칙을 내놓을 수 없는 것은 이 때문이다. 음양사상은 자연과학과 달리 자연주의로서 자연의 순환을 상징적으로 표현하며 끝없는 대칭구조를 드러낼 뿐이다. 이는 근본적으로 과학과는 다르다. 음양사상의 백미, 집대성은 바로 주역(周易)이다. 이것은 차라리 근대적 자연과학이라기보다는 원시·미개사회(이를 선주민사회라고 할 수도 있다)에서 통용되는 주술이고 예술이고 종교에 흡사하다. 음양사상은 하나를 싫어하며 언제나 둘을 좋아한다.

음양사상은 그래서 비어 있는 두 개의 빈칸으로 구성되는 끝없는 우주관을 가지고 있는 것이다. 그래서 미개원시사회를 연구하는 인류학, 즉 구조인류학, 대칭의 인류학은 바로 예술인류학이며 종교인류학이다. 이들 사회는 하나의 법칙을 찾아야 하는 집단적 억압에 시달리기보다는 계속적으로 다른 차원의 이원대립항, 대구(對句)를 찾아간다. 자연과학의 법칙이 특정 시점에서 '닫힌 공간'의 산물이라면 다원다층의 음양학은 바로 '열린 공간', 끝없이 역동하고 순환하는 우주를 상정하고 있다.

다시 말하면 구조주의 인류학자는 역동적인 세계에서 정태적인, 불변적인 구조를 찾으려고 노력한다는 점에서 하나의 법칙을 추구하는 이성주의자(理性主義者)는 아니지만 여전히 이성주의의 계열에 포함할 수밖에 없다. 그런 점에서 구조주의자는 객관적이고 과학적이라고 할 수 있다. 그런 반면 상징주의자들은 그러한 객관적이고 방관적인 입장보다는 주체적이고 참여적인 입장에서 개입(entertainment, engagement)하고자 한다. 이 행동을 실천(praxis), 혹은 연행(performance) 혹은 의례

(儀禮)라고 할 수 있을 것이다. 상징은 기(氣)에 의해 부단히 촉발되고 유혹되는 것이다. 이제 각설하고 이 빈칸이 무엇인지를 알기 위해 서양의 구조주의에 대한 논의에 들어가자.

구조주의와 상징주의

구조주의 또는 구조주의철학은 구조언어학에서 태동했다. 구조주의의 등장은 독선적이고 결정론적이기만 한 서양사람들에게 적어도 동양을 알아볼 수 있는 눈을 제공해 주었다는 점에서 서양 철학사의 일대 전환(이것이야말로 서양 철학사에서 가장 코페르니쿠스적 전환이라 해도 손색이 없다.)점을 마련한 획기적인 사건이었다.

비록 정태적이기는 하지만 우주는 스스로의 체계(self-system)에 의해 존재한다는 것을 알게 되었고, 그 체계 속에서 체계를 지탱하는 요소(element)의 관계망(relation 혹은 network)이 있다는 것을 발견한다. 비로소 자연과학에서 인문과학의 독립과 사회과학의 해석학에 길을 터 주게 된다. 이것은 한편 자연과학에서도 물리학보다는 생물학, 심리학보다는 정신분석학의 비중을 높이는 것과도 관련을 맺는다. 유기체(organism)의 심층적 기능(function)을 이해하도록 하는데는 자기 완결적 체계(self-complete system)에 대한 이해가 결정적 역할을 했다. 언어야말로 자기 완결적 체계의 대표적인 것이었다.

구조언어학의 용어와 분석들, 예컨대 시니피앙(能記, signifiant), 시니피에(所記, signifie'), 랑그(言語, Langue), 파롤(言辭, parole), 신태그마틱(順次的, sintagmatic), 패러디그마틱(範型的, paradigmatic)

－등은 인문과학의 수학으로 통할 정도로 인문과학적 대상을 설명·분석하는 데 빛나는 공헌을 세웠다.

구조주의는 사회과학에서도 친족체계(kinship system) 연구를 통해 사회구조연구에 큰 공로를 세운다. 그러나 구조인류학의 사회구조연구는 변화가 거의 없는 원시사회(primitive society), 소위 차가운 사회(cold society)의 구조분석에는 적합했지만 현대복합사회(modern complex society), 소위 뜨거운 사회(hot society)에는 그 관점의 정태성으로 인해 설명력이 부족하다는 주장이 제기되어 논쟁이 있었다. 사르트르와 레비스트로스의 논쟁이 그 대표적인 것이다. 여기서 사르트르는 역사적인 입장, 레비스트로스는 구조적(신화적)인 입장으로 맞서 논쟁은 '역사적 타성태(惰性態)'와 '친족과 신화의 기본구조'의 대결양상을 보였다.

오늘날 상징－의례(symbol－ritual)의 관점에서 볼 때는 사르트르나 레비스트로스, 둘 다 결국 서양적 결정론이나 진화론, 정태적 구조분석의 차원에 머무르는 것이었지만 레비스트로스의 경우 훨씬 동양적 발상에 가까웠다고 평가할 수 있다. 레비스트로스의 신화분석은 매우 관념적인 것으로 증명이 불가능 또는 무의미했기 때문에 보다 경험적이고 역동적인 구조분석을 기다리지 않으면 안 되었다. 구조의 동태적 측면을 해석하는 상징인류학(구조인류학도 상징인류학의 일종이다.)의 등장이 그것이다.

상징인류학은 기본구조보다는 그 구조를 인간의 마음(psycho－mental)이 어떻게 재구성하는가를 경험적인 차원에서 보여 주는 인류학 분야이다. 여기에 보다 폭넓은 의미의 의례(ritual) 연구가 주 대상이 된다. 예컨대 사회과학의 분야에선 정치행위의 의례적인 연구, 신화학에선 신화의 원형이 어떻게 변환되어 역사적으로 나타나는가를 연구한다.

축제는 확실히 역사와는 상반되는 입장이 있다. 그것이 기독교의 형태로 나타나 하나의 훌륭한 축제의 모범이 된 것, 그리고 그것이 서구의 세계제패라는 역사적 맥락(근·현대사적)에서 여타지역에 매우 강력하게 독선적으로 전파되었다는 것을 제외하면 확실히 비역사적(非歷史的)·무역사적(無歷史的)·전역사적(前歷史的)이다. 그것은 또한 기독교적 신학이 아니라 범세계적인 신화(神話)로서, 나아가서 신화의 부활(재생산)로서 특별히 의미와 가치가 있다. 축제는 비역사적이며 신화적이라는 점에서 매우 구조적이고 또한 그것이 자유와 해방, 구원을 추구한다는 점에서 매우 탈구조적이다. 따라서 축제는 다분히 구조적인 차원에서 출발하는 연구보다는 구조를 능가하는 철학개념에서 출발할 때 제대로 논의될 수 있다.

그 구조를 배제하는 철학개념, 바로 그것이 우리의 전통 철학개념인 '기(氣)' 개념임을 독자들은 차차 알게 될 것이다. 우리 조상들은 수천 년 전부터 구조적 개념인 '이(理)'와 비구조적 개념인 '기(氣)'를 설정함으로써 축제에 관한 한 가장 앞서가는 이론 구축의 기틀을 마련했다고 평가할 수 있다. 이를 바꾸어 말하면 서양이 절대적으로 신봉하고 있는 '이(理)' 개념 외에 우리는 '기(氣)' 개념을 더 가졌던 것이고, '기(氣)'라는 개념은 '이(理)' 개념에도 영향을 미쳐 양자(理와 氣)가 매우 역동적으로 상호 작용하는 것을 이미 오래전에 가정하고 격렬한 논쟁을 벌였던 것이다. 이것이 바로 그 유명한 조선조 중기의 '이(理)·기(氣)논쟁', '사단칠정(四端七情) 논쟁'인 것이다.

한국인은 오래전에 세상을 하나의 축제 - 의례로 보려는 쪽과 이를 합리적으로 조절하려는 말하자면 '미학(美學)'파와 '윤리학(倫理學)'파로 갈라져 논쟁을 벌인 경험이 있다. 나는 종래 구조적 관점에서 축제를 논하던 '구조학파'를 준수하면서도 이제 의례(축제)에서 일상을 보는 '상징학파'의 한 사람으로서(좀 더 구체적으로 말하면 예술인류학자) 새로운 사회학적 해석학, 나아가서 '구원의 신화학'을 제시하는 것이 이 글의 최대 목적이다.

정(情)의 사회, 상징의 사회, 한국

한국사회의 특징을 '정(情)의 사회'로 이야기한 학자는 많다.[32] 정(情)은 사회적으로 순기능을 할 때는 협동으로 나타났고, 역기능을 할 때는 파당(派黨)으로 나타나기도 했다. 전자는 집단을 결속하고 정체성을 확인하는 역할을 했고 후자는 집단을 분열시켜 끝없는 당쟁(黨爭)을 불러일으키기도 했다. 이러한 정(情)을 기조로 한 사회는 논리나 이데올로기가 정(情)을 표현하는 수단이나 방편이 되기 쉽고 논리적 일관성이나 이데올로기에 대한 토론보다는 그것에 대한 찬반(贊反)논쟁, 또는 체제·반체제 등으로 집단적 대립형태를 취하기 쉽다. 다시 말하면 쉽게 사회적 언어들은 집단적 상징(깃발)화된다.

정(情)은 이성적 언어보다는 사람과 사람의 직접적인 만남을 통해

---

32) 金周姬(1982), '품앗이와 情 ― 한국농촌 인간관계의 기본유형' 韓相福編, ≪한국인과 한국문화 ― 인류학적 접근≫, pp. 126~142, 심설당, 서울.

교감(交感)을 추구한다. 만나지 않으면 잘 통하지 않는 것이 된다. 그래서 부단히 만나는 일 ― 이것은 크고 작은 축제라고 말할 수 있을 것이다 ― 을 만든다. 이 과정에서 각종 언어들은 그것 자체의 결정성보다는 단지 상황을 표현하는 상징에 불과한 것이 된다.

이 같은 사정은 문화적으로는 상징이 풍부하게 되는 배경이 되고 사회적으로는 매우 정치 지향적인 특성을 드러낸다. 즉 파당성(派黨性)은 흔히 실천적으로 당파성(黨派性)으로 나타나고 당파가 흔히 한국정치 또는 정당의 기초가 되는 것도 이 때문이다. 당파성은 사회적 차별성(difference)의 기본이 된다. 그런 점에서 한국 사람은 당파(黨派)가 없이는 사회적 활동을 하지 못한다고 말할 수 있다. 문제는 당파의 기준이 상황에 따라 어떻게 변화되느냐가 문제이다. 그것은 한 국가일 수도 있고 마을일 수도 있고 가족일 수도 있고 극단적으로는 개인일 수도 있다.

국가가 기준이 되었을 때는 국가 대 외국이 되기 때문에 매우 협동·단결의 양상을 나타내고 마을과 가족(가문) 개인이 기준이 되었을 때는 점점 분열·대립적 양상을 띤다. 한국 사람의 당파성, 파당성은 정치라는 예술, '정치의 예술'('예술의 정치'가 아니라)을 한다고 말할 수 있다. 그래서 한국 사람은 집단이나 단체를 만들면 쉽게 이러한 성격이 국가를 유지하는 데 긍정적일지, 부정적일지 모르지만 그러한 성격임에는 틀림없다. 이런 것은 진위나 가부의 문제가 아니라 실존의 문제이다. 실존의 문제라는 것은 실은 문제를 알아도 그 문제를 해결할 수 없다는 뜻이 되기도 하고, 거꾸로 말하면 문제해결도 문제야기의 경우와 같이 그렇게 한다는 뜻도 된다. 말하자면 문제야기도 당파성에 있고 문제해결도 당파성에 있다는 뜻이다. 이것이 한국 사람은 '한국 사람의 생활방식'으로 살아간다고 말할 수 있을 것이다. 극단적인 것을 좋아하고 당파하는 것을 좋아한다. 이는 술을 좋아하고 가무를 좋아하고 굿판을 좋아하고 미치는 것을 좋아하는 것과 무관하지 않을 것이다.

당파싸움에는 흔히 외국의 이론이 이용된다. 이런 경우 흔히 사대적 양상을 보이는데 예컨대 최근세사에서 급진적 민주주의 운동이나 사회주의 운동 같은 것이 여기에 해당한다. 물론 조선조의 주자학의 도입과 불교의 배척도 그런 경우라고 할 수 있을 것이다. 때로는 고금(古今)이, 때로는 신구(新舊)가, 때로는 좌우(左右)가, 그리고 동서(東西)가 대립할 수도 있다. 이들이 다시 자체 양분하여 사색(四色)이 되고 팔색(八色)이 된다. 이는 매우 역동적이다. 말하자면 한국 문화에 젖어 보지 못한 사람은 결코 이 미묘한 갈등과 운동의 메커니즘을 알기 힘들 것이다. 외국 이데올로기의 급진적 도입은 언제나 극심한 사회혼란과 무질서를 초래한다. 외래 이데올로기에 약한 점, 또한 경우에 따라서는 매우 배타적인 점도 이와 무관하지 않다. 이런 과정은 국제적인 문화교류의 차원이기도 하고 세계 문화의 보편성의 과정의 일환이기도 하다. 문제는 한국 사람의 경우 주체성이 없이 외래문화를 전적으로 수용한다는 점이다. 다시 말하면 외래문화에 의해 외래문화가 대체되는 형상을 어떻게 설명할 수 있을까. 한국은 단지 그 판을 벌이는 형국이 된다.

이런 '외래문화의 판'이 되는 형국은 어디서 기원하는 것일까. 그것이 샤머니즘의 굿판에 기원하는 것일까. 아니면 단군의 한울(하늘, 하느님, 하나님)사상이나 홍익인간사상에 기인하는 것일까. 본래 판이 되는 것은 어떤 것이라도 수용할 수 있는 그릇, 매트릭스, 모체를 가지고 있을 때에 가능하다. 여기서도 한국 문화의 여성성에 대한 주장이 설득력을 갖게 된다. 외래문화는 남성의 씨앗이고 한국문화는 여성의 자궁이다. 그 자궁은 어떠한 문화라도 받아들일 준비가 되어 있다. 짐짓 처음에는 외래사상을 거부하지만 그 까닭은 기존의 다른 외래사상이 있기 때문인데 그 같은 거부의 몸짓은 실은 언젠가는 적극적으로 수태하겠다고 하는 부정의 긍정이다. 그러나 중국처럼 진정한 커다란 자궁, 중화(中華)가 되지 못하는 것은 바로 반도적 특성 때문이다. 반도는 사방에서 문화적 침투를 받게 되는 위치에 있다. 그래서 여성성 중에서도 양성적 특성을 나타낸다. 여성성은 남성성에 비해서는 본래 양성적이다. 그런데 그 양성적 특성이 더 드러나는 셈이다.

이런 성격의 경우 강대국을 만들지 못한다는 결정적 결함이 있다. 이는 규모의 면에서 대국이나 제국을 만들기에는 이성이 부족하고 남성성이 부족하다고 말할 수 있다. 말하자면 어느 정도의 집단의 규모가 되면 더 이상 규모를 키우려고 하지 않고 안으로 분열하면서 소모적 정쟁에 빠지기 쉽기 때문이다. 그러나 반대로 이런 성격의 경우 완전히 패망하지는 않는다. 작은 규모, 다시 말하면 가족이나 친족, 마을사회의 단위로 들어가 더 이상 물러설 곳이 없으면 어떠한 경우에도 저항하기 때문이다.

한국 역사와 문화의 저항적 성격은 여기에서 기인한다. 이런 성격을 종합적으로 '여성적 특성'이라고 하면 어떨까. 한국 사람은 처음부터 남성적이고 공격적이지 않았기 때문에 실은 완전한 항복을 모른다고 할 수 있다. 이성보다는 감성에 호소하는, 매우 종교적이고 예술적인 한국 사람은 누구나 정치라는 대중예술, 국민예술에 관심이 많다. 그래서 한국의 정치판은 일종의 열린, 매우 상황적인(Contextual) 포커게임과 같은 것이다. 그래서 헌법이라는 텍스트(Text)에 따르는 법치국가가 되기 어렵다.

법의 사이사이에 감정이 끼어들고 인정이 끼어들어서 그것이 종래에는 사회적으로 '집단적 죄의식' '범죄 신드롬'에 빠지는 것이다. 이는 원죄와 죄의 사함을 전제로 하는 기독교가 성행하는 것과도 무관하지 않다. 다시 말하면 한국 사람은 죄의 사함을 받고 다시 죄를 저지르고 하는 악순환의 양상을 보인다. 이는 정치인이나 정치판을 누구보다 비판하던 사람들이 자신들이 정권을 잡으면 똑같이 부정부패를 일삼는 악순환에 빠지게 되는 현상에서 잘 증명된다. 말하자면 입장과 상황에 따라 얼마든지 달라질 수 있는 것이 한국인이다. 이것을 적응력이라고 해야 할지, 믿을 수 없는 것이라고 해야 할지, 의문이다. 분명한 것은 그러한 점에서 매우 정치적이라는 것이다. 한국 사람만큼 정치에 관심이 많은 국민은 드물다. 이 같은 성격의 형성에는 다른 요인도 많았겠지만 종합적으로 '여성적 특성'에 기인한다.

참고로 동서양을 음양론으로 보면 동양은 물론 음이고 서양은 양이다. 또한 동양에서 가장 음은 중국이고 서양에서 가장 양은 영국과 미국이다. 그런데 최근세사에서 동양에서 양은 일본이고 서양에서 음은 프랑스이다. 그렇다면 한국은 어디에 위치하는가. 음양이 번갈아 움직인다고 할 수 있다. 마치 태극의 문양과도 같다. 역동하는 것은 자연의 이치로는 좋은지 모르지만 국가의 경영이라는 측면에서는 파란과 곡절이 많다.

다시 한국 사람의 당파적 성격에 대한 논의로 돌아가자. 4색 당쟁은 분열의 예이고, 의병운동은 협동의 좋은 예이다. 결국 당파(黨派)의 기준이 매우 역동적이다. 따라서 당파성은 반드시 사회 분열적으로 작용하는 것이 아니고 사회 협동적으로 나타날 수도 있는 이중성(二重性)을 갖고 있으며 매우 상대적(relative) 또는 상황적(contextual)이다. 이 같은 특성 때문에 정(情)을 기조로 한 한국사회는 사회 운동으로 역사를 풀어나가거나 행위가 동반될 때 흔히 의례(ritual)적으로 되기 쉽다.

의례는 과거적인 것에 대해 '푸는' 형태가 있고, 미래적인 것에 대해 '바라는' 형태가 있다. 전자는 농업사회의 제의적(祭儀的) 의례에서 잘 볼 수 있고, 후자는 생산적(生産的) 의례에서 찾아볼 수 있다.[33] 전자는 매우 '고백성사적(告白聖事的)' 측면이 있고, 후자는 '생산예축적(生産預祝的)' 측면이 있다. 둘 중 어느 것이 생산적이고 발전적이냐를 나누기는 어렵다. 그러나 상호 보완적이며 상호 가역 반응적이긴 하지만 후자가 좀 더 발전적이라고 할 수 있을 것이다.

그러나 고백성사도 그것을 함으로써 미래에 보다 자신 있게 나설 수 있다는 점에서 반드시 그렇지는 않다. 더욱이 생산 예축의 경우도 실질적이고, 현실적인 성취가 따르지 않을 수도 있기 때문이다. 문제는 한국인은 정(情)으로 과거와 미래에 대(對)한다는 사실이다. 정(情)은 그것을 묶을, 담아 줄 언어 ― 사회적 언어 ― 를 요구한다.

그래서 한국사회는 철학의 창립보다는 기존의 철학을 어떻게 요리하느냐에 관심이 많고 (그 철학을 식사하느냐, 못하느냐는 별개의 문제이다.) 그래서 과학적이기보다는 기술적이다. 또 사회적으로

---

33) 金宅圭는 '한국농경 세시의 연구'에서 한국의 농경의례를 '제의력(祭儀曆)'과 '생산력(生産曆)'으로 나누었다. 나는 이것을 농업사회에서 산업사회로 확대 적용해 보았다.

도 결합의 방법보다는 유대·동맹(alliance) 그 자체에 관심이 많다. 그래서 사회조직이 계약적이라기보다 연줄적이다. 비록 전근대적이라고 비난을 받을지도 모르지만 혈연·지연·학연을 중시한다. 연(緣)이란 무엇인가. 바로 정(情)을 사회적 관계로 표현한 말이다.

정(情)을 기조로 한 한국사회(문화)가 보다 드라마틱하고 가족적인 것은 이 때문이다. 정(情)은 '붙는 것', '통하는 것' 자체가 목적이지 '어떻게(how)'라는 것은 그리 중요하지 않다. 그런 점에서 한국사회에서 언어는 철저하게 정(情)의 수단이 된다. 정(情)의 수단이 된 언어를 일종의 다의미를 가진 상징(symbol)이라고 할 수 있고, 그것이 실천적으로 될 때 극적인 의례(ritual)가 되는 것이다. 한국인은 비대칭적-선형적 사고를 잘하지 못한다. 대칭적-비선형적 사고를 잘한다는 뜻이다. 그렇다고 어느 한쪽만을 고집하는 것은 아니다. 굳이 위의 개념으로 분류하면 그렇다는 것이다. 인간의 뇌는 둘 다 할 수 있게 만들어져 있다. 좌뇌는 논리적-선형적-비대칭적, 우뇌는 직관적-비선형적-대칭적 사고를 담당하고 있다. 그런 점에서 한국인은 우뇌형이라고 말할 수 있다.

한국인은 머리로는 우뇌형이지만 역사적으로는 좌파형에 속한다. 우뇌형-좌파형 인간에 속한다. 우뇌-좌파형은 직관적이고 합리적이기 때문에 처음부터 합리적이 아니라 남이 이룩해 놓은 합리성을 이데올로기로 만드는 데에 민감하다. 이는 외래 이데올로기에 취약함을 보인다. 그래서 자신과 인연이 있는 장소(국가)와 그곳의 이데올로기와 문화에 대한 신봉자가 되기 쉽다. 그래서 학문이든 예술이든 종교이든 이데올로기화가 되기 쉽고 심지어 도그마화가 심한 편이다.

그런 점에서 한국사회는 매우 상징적이고 축제적인 분위기가 된다. 여기서 축제라는 것은 드라마틱한 사회가 된다는 말이고, 그것에는 반드시 축적(祝的)인 것이 아니라 제적(祭的)인 것도 공존한다는 말이다. 이것은 한국사회의 발전이나 생존력에 긍정적인 것이 되기도 하고 부정적인 것이 되기도 한다. 말하자면 토론적인 분위기는 되기 어렵다는 뜻이다. 밖으로 선진문화에 대한 사대주의는 안으로 당파주의로 돌변한다. 심리적 — 무의식적 대칭주의는 역사적 — 의식적 대립주의로 돌변하게 되고 이것이 당파주의가 된다.

한국인은 정(情)을 기조로 살기 때문에 역사적 전개에서 이성적으로 합의를 만들어 내는 데에 취약하다. 왜냐하면 정은 흐르는 것이고 매우 상황적(contextual)이기 때문에 하나의 텍스트(text)인, 사회적 원리나 법칙을 만들어 내는 데에 불리하다. 그래서 하나의 원리를 통해서 사회를 운영하는 것이 아니라 자신의 정체성을 확인하기 위해서 파당(派黨)을 만들기 때문이다. 한국인이 왜 '기(氣)싸움'을 잘하고 결국 토론을 하기보다 하나의 이데올로기의 깃발 아래 모여서 시위를 벌이고 좋은 의미에서든, 나쁜 의미에서든 축제(祝祭)를 벌이는 것은 이 때문이다. 어떤 토론장에 가 보더라도 결국 논리와 합의는 없고 편을 갈라서 싸우는 것으로 끝나는 경우가 많다.

한국인은 사물을 매우 대칭적으로 본다. 이것은 전통적인 음양사상의 영향도 크게 작용했을 것으로 보인다. 대칭의 원리로 살아간다는 것은 소위, '차가운 사회'(cold society), '자연친화적인 사회'에서는 통하지만 '뜨거운 사회'(hot society), '경쟁적인 사회'에서는 불리하다. 대칭적으로 사물을 본다는 것은 의식적인 레벨보다는 무의식적인 레벨에서 살아가는, 좋게 말하면 시골사람들처럼 순박하게 살아가는 것이다. 그러나 나쁘게 말하면 역사적 어떤 맥락에서 주도적인 구문(構文) 혹은 텍스트(text)를 만들어 내지 못하는 것이 된다. 이 말은 역사적 주어와 술어를 만들어 내지 못한다는 것이 된다. 누가 주인이 되고, 누가 따라가야 하는지 혼란에 빠진다는 뜻이다.

그래서 수많은 대칭만 만들어 내고 기싸움만 하다가 남의 나라로부터 침략을 받아 최악의 경우에는 식민지가 된다. 그저 돌고 도는 역사가 되고 만다. 여기서 역사적으로 당대에 필요한 구문을 만들어 낸다는 것은 합리성이기도 하고 합리화이기도 하지만 결국 비대칭적인 권력의 구조를 만들어 내는 것이다. 권력의 구조를 만들어 내지 못하면 결국 혼란에 빠질 수밖에 없다. 자신의 권력의 구조가 없으면 결코 다른 나라와 경쟁할 수가 없다.

무의식적인 혹은 자연친화적인 공간의 대칭은 의식적인 혹은 역사적인 공간으로 넘어오면 변질되어 대칭은 대립이 된다. 그래서 크고 작은 혹은 높고 낮은 여러 차원의 집단소속을 만들어 낼 뿐 주도적인 집단을 만들어 내지 못하고 역사에서 승자나 지배자가 되기 어렵다. 한국인은 승자와 지배자를 인정하기 어렵다. 이 때문에 물론 역사에서 지배자로 군림하지는 못하지만 완전히 패배자가 되는 일도 없다. 한국사회에서는 패자가 승자에게 패배를 승인하는 경우는 드물다. 그래서 승자도 패자도 없이 역사는 혼란스럽게 흘러가는 것이다. 그래서 남은 것이 한(恨)이다.

한국사회에서 엄정한 언어는 없다. 모든 언어는 표류하고 있다. 외국에서 들어온 언어 혹은 이데올로기들은 표류하다가 간혹 정박하기도 하지만 결국 표류하고 만다. 역사전개의 합의(consensus)나 엄정한 룰(rule)을 만들어 내지 못하고 대체로 역사가 지나고 난 뒤에 역사정리사업, 예컨대 친일파를 운운하거나 과거청산 등을 외치면서 현재의 역사를 갑자기 과거의 귀신(鬼神)에게 맡긴다. 아니면 역사는 항상 미래에 미리 가서 신(神)에게 기원하는 것이 된다. 현재에서 이성적인 판단은 없다. 그래서 한국에는 자신의 텍스트(text)는 없고, 항상 컨텍스트(context)만 있다. 물론 외국에서 들어온, 대체로 짜깁기해서 만든 사이비 텍스트는 있다. 한국인은 그 사이비 텍스트를 자신의 텍스트라고 인정하면서 살아간다.

문제는 자신이 만든 텍스트가 없다는 점이다. 이러한 한국사회를 '상징 – 의례'(symbol – ritual) 사회라고 규정할 수 있을 것이다.

한국사회의 이러한 특성은 '상징 – 의례'(symbol – ritual)의 틀에 의해서 문제의 제기와 문제의 해결을 할 수 있다는 전제가 된다 (표 7).

〈표7〉 상징 – 의례로 본 한국사회

기본구조	氣)情)理		
조직적 특징	가족·연줄→당파(정치지향성)		
의례적 특징	제의적 (告白聖事的)		생산적 (生産豫祝的)
	과거지향적 (鬼)		미래지향적 (神)
역사적 구조	신라	고려	조선
	멋(신)	신(한)	한(신)
미래적 구조	한(恨)→멋←신(神) (예술)		

K결사체에 대한 '상징 - 의례'적 연구

이 글은 한국 사회집단(조직)의 대표적인 애로 K결사체에 대한 정치인류학적 연구의 축약이다. 먼저 K결사체에 대한 최소한의 정보제공이 필요할 것 같다. K결사체는 해방 후 1946년 10월 6일 창간된 중「중앙일간신문사」이다. 창간 당시에는 가톨릭재단의 것이었다.

자유당 정권 때인 1959년 4월 30일 폐간당했다가 4 · 19학생혁명 후인 1960년 4월 27일 복간되었다. 5 · 16군사혁명 후 5 · 16장학회(재단)에 의해 1974년 11월 1일 문화방송과 함께 종합매스컴센터로 합병됐다. 자유당 때는 야권지(野圈紙) - 친야지(親野紙) - 였으나 그 후 공화당 때는 점차 여권지(與圈紙) - 친여지(親與紙) - 로 탈바꿈했다. 10 · 26 후인 1986년 4월1일 다시 사단법인으로 독립한 후 극우적인 여권지로 줄달음쳤다. (그러나 다시 새천년 민주당의 '국민의 정부'에 들어서는 철저한 좌파적인 친여지로 둔갑했다. 여기에서는 이 시기에 대해서는 제외하였다.)

이와 같은 변천과정에서 특히 사단법인으로 출발한 시점부터 제5공화국 말기까지 여권지가 아니라 정권지로 나서면서 내부적 갈등과 진통이 심화되었다.

이것이 1988년 3월 18일 노동조합의 발족과 더불어 노동운동이 시작되면서 상하 간의 쟁점으로 표면화되었다.

노동운동은 회사정관개정 및 회사 형태전환 작업(법적인)으로 구체화되었다. 나는 이 노동운동 과정을 '상징 - 의례'의 틀로 분석하고자 한다. 한국인이 축제적으로 삶을 풀어 간다고 볼 때 어쩔 수 없이 제의적(祭儀的)이 아니면 생산적(生産的) 의례의 양상을 띤다.

K결사체의 경우 정권유착의 과정에서 매우 권위주의적인 경영형태를 띠고 조직 구성원들은 경영층에 복종적 태도를 취했다. 이 경우 조직 내부가 외부적 영향에 민감하기 때문에 매우 정치지향성을 나타냈다. 극단적인 정치적 도박심리까지도 조직의 지배적인 분위기로 나타났다. 이것은 '언론의 정도(正道)'와 마찰을 일으키면서 반경영세력(반체제)을 일부 태동시켰다.

K결사체의 경우 이 같은 과거의 짐 때문에 노동운동이 미래지향적이라기보다는(미래지향적 청사진을 제시했지만) 과거 지향적, 다시 말하면 고백성사적 모습을 띠었다. 현실을 직시하기에는 너무 해소해야 할, '풀어야 할' 심리적 압박이 많았기 때문이다. 물론 고백성사적 축제과정도 장기적으로는 발전에 도움을 주겠지만 단기적으로는 비현실적·이상적 공론(空論)에 머물러 K결사체의 노동운동은 극단적인 파행성을 노출했다.

K결사체의 노동운동이 파국을 면하고 생산적이 되기 위해서는 보다 현실적인 계획이 필요했다. 언제, 어디서, 무슨 일을 해야 할지를 정확히 알 필요가 있었다. 이러한 전제위에서 단순히 '푸는' 과거 지향적 축제가 아닌, '바라는' 미래지향적 축제가 가능하게 된다. 이 글은 왜 K결사체의 노동운동이라는 축제가 단기적으로 실패했으며 그러나 왜 상징적 의미가 있는지를 간추린 것이다. 상징은 현실적·역사적 성패(成敗)와 상관없이 존재하기 때문이다.

상징이 역사적·사회적 맥락에서 언어로 자리를 잡기 위해서는 보다 경제적·물질적(하부구조적) 기반이 필요하다. 그런데 K결사체는 이 같은 기반이 약했던 것이다. 이러한 K결사체의 역사와 노동운동과 직접·간접으로 영향(인과)관계에 있는 K결사체 구성원

의 행태가 내포하고 있는 상징적 의미(다원다층의 의미)를 '상징 −
의례'의 틀에 의해 밝히고자 한다. 특히 '상징 − 의례'의 부정적인
측면을 강조할 것이다.

한국인은 매우 정치지향적이라고 한다. 정치지향성은 사회생활에
서 파당성을 드러내게 한다. 한국인은 법보다는 정치적 술수에 의
해 사회생활을 영위한다고 한다. 이는 예부터 좁은 땅덩어리에다가
농업생산성이 떨어지는 곳에서 사는 사람들의 삶의 전략으로서 뿌
리내린 듯하다. 이는 밖으로 영토를 넓히는 정복전쟁을 하지 못하
고 도리어 피침을 당함으로써 절대부족인 식량과 생산성 부족에
따른 안에서의 내적 갈등에 기인한 것으로 보인다.

따라서 개인이 어떻게 자기에게 유리한 상징(사회적)을 생산하고
조작하는지를 모르면 한국사회를 동태적으로 이해했다고 할 수 없
다. 다시 말하면 개인(구성원)을 중심으로 집단적 상징이 어떻게 개
인의 인지과정에서 처리되어(이것은 일정한 수의 카드를 가지고 벌
이는 포커게임과 같다.) 구성원으로 하여금 자기에게 유리한 카드
(상징)를 쥐고 집단적 의례(게임)에 참가케 하고 그 의례에서 자신
의 정치적 입장을 강화하는지에 대한 전략 · 전술을 디테일하게 기
술할 수 있어야 한다는 이야기다. 개인이 어떻게 집단에 적응하기
위해, 상징적 행위를 하며 지위상승을 꾀하고 때로는 집단의 지도
자(leader)로 부상하며 나아가 집단 밖의 보다 강력한 정치적 집단
(주로 정당조직)과의 우호적 관계를 전략적으로 맺는지를 기술하는
'개인 − 집단' 간의 메커니즘을 밝히게 된다.

한편 정치행위 연구에서 집단 중심은 개인의 인지 · 상징조작 과
정에 대한 기술에 소홀하게 되는 반면 집단과 집단 간의 세력 다

툼·알력, 그에 따른 세력균형을 위한 노력, 극단적으로 반체제운동에 이르기까지 예컨대 파벌적 양상을 소상히 기술할 수 있게 된다. 다시 말하면 전자의 개인 중심은 행위가 포함되지 않은 상징(언어적 상징)에 초점을 두는 반면, 후자의 집단 중심은 행위가 수반되는 의례(실천적 상징) — 언어적 상징과 실천적 상징은 서로가 상대방의 상징을 촉발시키는 역동적 관계에 있기 때문에 나는 양자를 통합하여 '상징 – 의례'(연행적 상징)라고 부르고 있다 — 에 초점을 맞추고 있다.

나는 여기서 개인의 언어적 상징과정에 중점을 두고 그 과정의 사회적 확인과정으로 실천적 상징(의례)을 연구대상으로 하고자 한다. 따라서 한국인의 정치행위를 분석하지만 정치인류학적 성격보다는 문화(예술·상징)인류학적 성격이 강한 글이라 할 수 있다.

이러한 본고의 특성은 상징 – 의례행위가 집단을 확대·발전시킬 수도 있고 축소·붕괴시킬 수도 있다는, 흔히 사회인류학적 연구가 구조·기능주의적 균형론의 입장에 환원되기 쉬운 맹점을 극복하는 균형론과 갈등론의 통합에서 두드러진다. 앞에서도 언급되었지만 상징 – 의례는 집단의 체제유지적 보수기능과 함께 반체제적인 급진기능을 함께 수행한다. 또 급진기능 중에는 체제의 확대·발전뿐 아니라 축소·붕괴도 포함하고 있기 마련이다. 이것은 상징 – 의례가 본래적으로 갖고 있는 양가(兩價)적 기능(의미)에서 필연적으로 도출되는 것이다.

상징은 불연속적인 부분과 부분, 부분과 전체를 연결하는 윤활유 역할을 하면서도 또한 부분과 전체에 대한 실재(existence)의 그 어느 것도 아닌 속성을 가지고 있기 때문이다. 상징, 그것은 역동성 그 자체이다. 그것은 변화가 있다는 지표이며 반대로 변화가 있는 곳에는 항상 상징 - 의례행위가 있다는 것이 된다. 단지 상징과 의례의 내용이 바뀔 따름이다. 상징은 따라서 속이 텅 빈, 역동하는 상자(구조)와 같은 것이다. 그리고 그 상자에는 언제나 대립항(the opposite)이 존재하고 있다. 또한 부분과 전체의 붕괴는 단지 그 대립항의 상실에 지나지 않는다.

이 글은 다음과 같은 의의를 갖는다.

첫째, 종래 복합사회(complex society)에 관한 인류학적 연구가 주로 타민족의 도시사회 또는 소수민족(minority group)을 대상으로 이루어져 왔는데, 본고는 자민족연구이면서 지역사회가 아닌 특정 결사체(association) 연구라는 점에서 매우 미시적인 분석·기술을 한다는 점이 특징이다.

둘째, 심리학적, 사회학·정치학적인 연구가 아니라 상징(문화)인류학적 연구라는 점에서 개인(구성원)이 사회적인 실체를 어떻게 상징(symbol)으로 수용하며 또다시 사회적인 실체·제도(관습)에 적응하는 데 사용하느냐를 역동적(동태적)으로 보여 준다는 점이 두드러진다. 다시 말하면 개인과 사회와의 관계를 상징의 상호 교환(게임)으로 보면서 이 과정에서 왜 정치성을 나타내지 않을 수 없는가 하는 인간성(humanity)과 사회(society)와의 가장 보편적이고 본질적인 관계의 원형적 패턴 - 유형 - 을 추구한다는 점이다. 이러한 '인간 - 사회'의 메커니즘은 그것을 확대하면 어떠한 수준과 범위의 사회에도 적용할 수 있는 하나의 패러다임이 될 가능성이 있다. 이는 인간이 때로는 이데올로기로 살아가지만 때로는 상징 - 의례(symbol - ritual)로 살아가는 보편성을 뜻한다. 더욱이 이데올로기도 상징적 기능을 갖고 상징－의례도 이데올로기적 기능을 동시에 가지며 따라서 서로가 상호 보완적 기능을 내포하고 있음을 가리킨다. 이것은 언어(language)와 상징(symbol, nonverbal language)의 원천적인 불가해성(不可解性), 애매모호성(ambiguity)에 기인한다.

셋째, 상징－의례행위가 어떻게 집단의 유지·확대·붕괴에 영향을 미치는가를 따짐으로써 상징이 긍정적 환류작용(positive feedback), 부정적 환류작용(negative feedback)을 일으키는가를 실례로 보여 준다는 점이다. 즉 상징의 역동성이 사회적으로 어떻게 긍정·부정의 영향을 미치는가를 구명(究明)하고 있다는 점이다.

넷째, 종래의 구조·기능주의나 구조주의적 연구가 사회구조의 유지·균형에 초점을 맞추던 것이 상징이 어떻게 새로운 사회구조의 형성에 영향을 미치는가를, 즉 역(逆)으로 보여 주고 있다는 점이다. 상징이 기존의 구조에 순응하는 심리적 욕구·스트레스 해소가 아니라 구조를 변화·개조시키는 역할도 동시에 한다는 점을 강조하고 있다.

결국 인간은 상징의 상호 교환(교류)을 통해서 살아가고 있음을 알 수 있다. 그 상징은 사물의 바탕(조건) 위에서 재생산을 보장받으며 그것이 언어적이든, 비언어적이든 역사(시간)와 사회(공간)에 노출될 때 어떤 연속성(발전·진화)이나 법칙성(현실성)을 형성하게 된다. 그것은 인간이 집단적 삶을 영위하기 때문이다.

다섯째, 끝으로 상징세계를 어느 정도의 깊이에 이르기까지 논리적으로 분석·해명할 수 있느냐에 관심이 있다. 내가 보기에는 논리라는 것은 상징이라는 이분법을 하나의 결정화된 기준이나 체계로 ― 이것은 역사, 사회적 산물이다. ― 변화시키고 때로는 그것이 이분법 세계를 어느 한 쪽만 강조하는 것에 불과한 것으로 나타나기도 한다. 상징은 이러한 결정론이나 한 쪽만을 보는, '애꾸눈(one-eyed)'을 거부하고 이분법의 세계를 동시에 포용하는 것이라는 사실을 상징인류학적으로 — 이것은 사회학적도 아니고 심리학적도 아니다 — 증명하고자 하는 것이다. 상징인류학은 이데올로기와 상징행위를 동시에 일원적인 것으로 보는(동전의 양면과 같은 것으로) 입장을 취하고 있다. 이것은 우리의 전통철학으로 볼 때 '이(理)와 기(氣)'가 미시적인 영역에서는 구분이 곤란하다는 것과 통하고 서양철학에서 '주관-객관', '관념-경험'이라는 것이 실은 이원적인 것이 아니라 상징적(역동적) 대립항에 지나지 않는다는 것을 말해 주는 것이기도 하다. 이것은 '하나(1)이면서 둘(2)이고, 둘(2)이면서 하나(1)이다.'라는 명제의 확인이다.

'하나(1)이면서 둘(2)'이라는 것은 상징(symbol)을 필요로 하고 '둘(2)이면서 하나(1)'는 법칙(law)을 필요로 한다. 어떤 사회는 법칙에 의해서 운영되기보다는 상징에 의해서 운영될 수 있다. 이때 상징이라는 것은 일종의 카드게임과 같은 것이다. 한국사회가 그 대표적인 것이다. 물론 한국사회에도 사회적인 룰(rule)이라고 할 수 있는 법전체계가 있긴 있다. 그러나 그것은 형식적으로, 혹은 들러리로 모셔 놓은 것에 불과하다. 한국사회가 여전히 중세처럼 법전체계보다는 경전체계로 운영되고 있는 것은 바로 한국사회의 상징적 특성에서 기인한다.

에브너 코헨(1974)은 그의 《이차원적 인간-복합사회의 권력과 상징의 인류학》에서 다음과 같이 서술하고 있다.

"계급이라는 것은 사회학자의 상상력의 산물이다. 실제로 존재하는 것은 다양한 규모와 정치적인 중요성을 지닌 많은 이익 집단으로, 대부분 가장 형식적으로 조직된 것으로부터 가장 비형식적으로 조직된 것 사이의 연속선상에 분포되며 대부분의 집단은 부분적으로는 형식적이고 또 어떤 부분은 비형식적인 그 사이에 있다. 정치인류학이 전문적으로 연구하는 것은 명확하게 비정치적인 이익집단의 비형식적인 조직의 상징적 형성물과 상징적 활동 - 현대사회의 멈보점보(mumbo - Jumbo)가 지니는 정치적 의미를 확실하게 하는 것이다. 이렇게 하여 정치인류학은 권력관계의 제도화와 상징화를 포함하는 역동적인 여러 과정을 체계적으로 분석함으로써 사회과학에 커다란 공헌을 할 수 있는 것이다."[34]

에브너 코헨의 위와 같은 주장을 대신하여 나는 다음과 같이 말할 수 있다. 문화(상징)의 미시적인 분석(micro - analysis) — 개인 중심의 분석 — 을 위해서다.

"사회적 지위(직위)라는 것은 사회구조주의 학자의, 또는 사회의 타성적 상상력의 산물이다. 실제로 존재하는 것은 무한히 변화하는 과정 속의 다양한 차원과 정치적인 중요성을 지닌 많은 집단의 상징코드로, 대부분 가장 형식적으로 조직된 것으로부터 가장 비형식적으로 조직된 것 사이의 연속선상에 분포되며 형식적인 것에 대한 비형식적인 것의 부단한 도전이라는 역동적인 메커니즘을 갖고 있다. 상징인류학이 전문적으로 연구하는 것은 비정치적인 이익집단의 비형식적인 조직의 상징적 코드와 상징적 활동이 지니는 정치적 의미를 확실하게 하는 것이다."

---

34) Cohen Abner, 1974, 'The lesson of ethnicity', A. Cohen(ed.), ≪Urban Ethnicity≫, ASA monograph NO. 12, Tavistock, London.

이렇게 하여 상징인류학은 권력관계의 상징적 과정과 제도화에 포함되는 역동적인 여러 과정을 체계적으로 분석함으로써 개인과 집단 사이의 관계 구명(究明)에 커다란 공헌을 할 수 있다. 결국 법칙과 제도라는 구조의 결정성에 대해 개인은 어떻게 자유와 고유의 상징영역을 침해당하지 않고 오히려 상징을 생존의 하나의 전략으로 사용하는지를 알 수 있다. 상징, 그것은 사회 혹은 우주가 다차원의 구조를 가졌기 때문에 끊임없이 발생하는 것이다.

그것은 개방적·발생적 구조를 갖고 있다. 우리는 그것을 일시적으로 폐쇄적·결정적으로 볼 따름이다. 따라서 하나의 차원에서 본 폐쇄적·결정적 구조는 반드시 다른 차원에서 보면 상징의 여러 차원의 하나에 불과하다. 따라서 상징성은 열려 있는 세계이다.

내가 연구대상으로 한 K결사체에 대한 역사 등 보다 구체적인 민족지(ethnography)는 회사의 프라이버시를 존중하는 의미에서 생략한다. 또 필요할 때는 약호로 고유명사를 대신할 계획이다. 문제는 집단상징을 어떻게 구성하여 구성원들이 자신의 집을 짓는가를 보여 주면 되기 때문이다. 그 집이란 정치적 파워를 지탱하는 여러 크고 작은 가구와 장식물로 가득 채워져 있다.

K결사체는 물론 여타 결사체처럼 조직과 정관을 갖고 있다. 그러나 그 조직과 정관은 최고경영자의 의사에 따라 얼마든지 쉽게 바뀔 수 있는 메커니즘을 정관 속에 갖추고 있다. 그러한 점에서 최고 경영자의 정치적 권위는 거의 절대적이다.

하지만 K결사체의 정치적 독자성은 문제가 있다. 왜냐하면 최고경영자를 결사체 밖의 다른 권력기구가 임명하기 때문이다. 따라서 최고경영자의 권위는 안으로는 절대적이지만 밖으로는 매우 종속적이다. 이러한 권력의 안팎관계는 K결사체로 하여금 매우 권위주의적인 분위기에 젖게 한다.

따라서 의사소통이나 의사결정은 상의하달(上意下達)식의 경직성을 벗어나지 못하고 권위와 지도력의 과정이란 윗사람의 생각이 어떤가, 또는 이데올로기적 배경이 어떤가를 파악하고 대처하지 않으면 안 된다. 다시 말하면 매우 '눈치'가 발달하지 않으면 안 된다.

K결사체의 하루생활은 따라서 매우 드라마틱한 상황의 연속이다. 이것은 다시 말하면 윗사람이 어떤 집단적 상징을 갖고 있느냐를 아랫사람이 파악하고 어느 상징(카드)이 자기에게 유리한 — 상사와 근친한 관계를 유지하는 데 — 가를 따지는 게임과 같다.

구성원들은 사회관계를 하나의 전체적 체계보다는 사회관계를 집단적 상징(카드)으로 분절시키고 그것을 카드화하여 필요할 때면 언제나 내놓을 준비가 되어 있다.

카드의 종류는 다양하다. 먼저 혈연(血緣), 지연(地緣), 학연(學緣) 등 우리나라 연줄사회의 특징을 감안하여 구성원들은 서로 어떤 연줄(카드)을 가지고 있는가를 파악한다. 조직에서의 성공으로 볼 때 자기에게 불리한 카드는 숨기고 유리한 카드는 내놓는, 그래서 장소와 시간에 따라, 사람에 따라 그 카드가 달라진다. 그것이 생존전략이기도 하다. 상징이 바로 생태가 되는 것이다(symbol↔adaptation).

위의 세 가지 연줄은 입사 때부터 작용하기 시작해서 입사 후에도 계속 강력한 연줄로 작용하는 경향이 있다. 집단적 상징은 비공식적 조직에서 두드러지는데 입사과정이 시험을 치렀느냐, 그렇지 않느냐에 따라 'E'파 '비(非)E'파로 나뉜다. 이것은 도시화·산업화에 따라 사회적 이동이 심하고 촌락을 떠나 살기 때문에 전통적인 혈연관계가 생활에 직접적인 관련성을 맺기 어렵다는 점에서 발생한 의사(擬似) 혈연관계로 볼 수 있다. 선후배 간의 호칭이 '형님', '선배……' 등에서 전통적인 가족관계를 연상시킨다. 그들 사이에는 전반적으로 가족주의적 인간관계가 형성된다.

지연의 경우 출신도, 고향이 기준이 된다. 가장 눈에 띄는 것이 영남(경·남북)과 기호(충청·호남)이고 이것은 다시 하위기준으로 세분화된다. 마치 부족사회의 분절적 혈통(segmentary lineage)과 같은 유동적인 기준을 갖고 있다. 특히 고향이 같다는 것은 긴밀한 인간관계를 맺는 데 결정적 역할을 한다.

학연의 경우는 주로 S대파와 비S대파, 또는 일류대학(S대, Y대, K대)과 비 일류학교로 나뉜다. 어떤 경우에 있어서 특히 매우 합리적인 판단의 대상이 될 때는(실지로 합리적이지만은 않다.) 학연은 가장 큰 상징으로 통하기 일쑤다. (특히 S대파의 독점은 거의 절대적이다.)

이 밖에도 계속되어 온 경영진의 교체에 따른 인간관계 — 예컨대 개인적 네트워크에 의한 비밀스런 권력관계 — 도 상징적 카드가 됨은 물론이다. 이렇게 내놓을 카드, 즉 상징이 많다는 것은 결국 기(氣)싸움이 된다. 한국사회의 특징은 바로 기싸움에 있다. 기싸움에서 승패가 나지 않으면 결코 평화로울 수 없다. 한국사회는 공통의 룰(rule)에 의해서 살아가는 것이 아니라 기싸움에서 살아간다. 마치 싸움닭과 같은 것이다.

이러한 사회는 상징의 카드를 현실(reality)로 바라보는 도박사회, 게임의 사회이다. 이것은 운동경기의 승패와는 근본적으로 다르다. 이긴 자와 진 자 사이에 승복은 없고 단지 운이 나빠서 진 것일 뿐이다. 이런 사회에서 잘살아가려면 어느 카드, 어느 상징이 힘이 있는 것인지를 빨리 간파하여야 한다. 이상의 여러 카드는 구성원들 사이에 중복되는 경우가 많다. 예컨대, 혈연, 지연, 학연이 다 같을 수도 있다.

K결사체 내의 비공식적 조직들은 집단의 상징적 가치를 높이기 위해, 상징(카드)의 효능(힘)을 강화하는 축제를 벌이기 일쑤다. 그것은 주로 저녁을 겸한 술자리(만찬)나 점심 식사(오찬) 때에 이루어진다.

이런 비공식적 조직들은 눈에 보이지 않는(비밀스런) 커뮤니케이션 통로를 갖고 있다. 만찬이나 오찬 때를 보면 어떤 모임의 경우 어떤 카드(what card)의 모임인가를 알 수 있다. 이런 모임은 대개 자기의 구성원 자격(membership)을 확인하고 집단의 응집력을 높이는 기회가 된다. 따라서 친밀한 감정교류의 장이 된다. 이런 경우 대개집단 밖을 적(enemy)으로 규정하고 집단 안을 친구(friend)로 규정한다.

경조사(慶弔事)가 발생했을 때도 집단적 상징들은 잘 드러난다. 또 정기·부정기적 모임이 비공식적 집단에 있다. 내가 비공식적 집단을 통해서 집단의 정치행위를 서술했지만 물론 공식적 조직에서도 이런 것이 있다. 공식적·비공식적 집단의 여러 하위 그룹은 K결사체가 매우 외부권력에 종속적이라는 조건하에서 인간관계가 매우 정치성을 띠도록 작용하게 된다.

말하자면 어떻게 권력을 획득할 수 있는가, 즉 '정치적 힘'을 목적으로 한 카드(도박) 놀이 장으로 K결사체를 비유할 수 있게 된다. 구성원들은 저마다 카드를 갖고 있다. 어떻게 하면 그 카드를 갖고 정치적 힘을 많이 획득하느냐에 신경을 집중한다.

이러한 조직은 권력체계가 매우 유동적인 특징을 보인다. 왜냐하면 구성원들은 결사체의 룰(rule)에 따라 일(work)을 하기보다는 사교(sociality)를 통해 지위상승을 꾀하기 때문이다. 어떤 조직에도 정치행위(정치성)는 존재한다. 그러나 그러한 정치행위 — 집단의 상징행위 — 가 조직을 확대・발전시키느냐, 축소・붕괴시키느냐에 따라 정치행위의 순기능(＋)과 역기능(－)이 구별된다.

K결사체 정치행위는 경제적 기반(독자적 경영자립)을 상실하는 음(－)의 축제를 벌인 셈이다. 특히 노동운동 과정에서는 더욱 심했다. K결사체의 경우 룰(rule)의 준수와 일(work)보다는 소비적 축제에 더 매달렸기 때문에 결국 결사체가 붕괴할 위험에 처하게 되고 말았다. 축제는 필요하다. 그러나 축제는 일(work)과 균형을 견지해야 한다.

이러한 K결사체의 정치행위가 왜 예술인류학의 논의대상이 되느냐 하면 조직의 확대・발전・축소・붕괴라는 결과가 문제가 아니라 그 과정에서 구성원들은 카드(상징)를 조합하는 예술적 행위를 한다고 볼 수 있기 때문이다.

고프만(E. Goffman)은 그의 주저 ≪自我表現과 印象管理≫에서 인간의 사회생활을 하나의 무대 위의 연극에 비유하고, 개인이 어떻게 자기의 인상을 조정・관리하여 청중에게 가장 효과적인 자아표현을 하고 상황을 정의하여, 그 상황정의에서 내려진 의미를 어떻게 견지하는가의 문제를 분석하고자 했다.[35]

고프만은 그의 연극적 사회분석론의 개념으로 ① 인상관리(impression management) - 인상관리의 과정을 하나의 공연이라 보았다. ② 팀(team) - 인상관리에 있어서 상호 협력과 상호 지지를 통해 팀워크(team work)를 이루는 집단 ③ 전면영역(front region) - 공연

---

35) 김병세(1983), '연극적 분석론', 김동일편, ≪사회과학방법론≫, pp. 261~263, 청람, 서울.

이 이루어지는 장소, 후면영역(back region) - 공연을 준비하는 장소
④ 모순된 역할 — 상쇄되는 공연(countervailing performance)을 상연
한다 — 을 제시했다.36) 고프만은 이러한 공연 중 관찰자를 위해 공
연의 일반적이고 고정된 형태로, 규칙적으로 기능하는 부분인 전면
(front)을 무대장치(setting), 외모(appearance), 몸가짐(manner)으로 보
았다.

이것은 탈을 쓰는 것에 비유될 수 있다. 고프만에 따르면 인간은
또 정보를 통제함으로써 감춰져야 하는 사실을 은폐하는 데 따라
서 공연자에게 정보를 얻으려고 노력해야 한다. 정보를 얻는 두 가
지 의사소통, 즉 주는 표현(expression which he gives)과 던지는 표
현(expression given off)이 있다.37)

행위자는 청중 앞에서 자신에게 불리한 정보(destructive information)
는 숨기고 유리한 정보를 주고자 하는 하나의 정보 게임(Information
game)을 연출한다.38) 고프만의 연극사회학이 우리 사회의 분석에
얼마나 설득력이 있을지는 모르지만 적어도 우리 사회가 매우 정치
지향적인 하나의 훌륭한 준거가 될 것으로 본다. 연줄사회의 각종
상징(카드)들은 고프만의 연극사회에서 마치 무대장치나 외모, 몸가
짐에 해당되며 정보게임의 도구가 되는 경향이 있다.

왜냐하면 그러한 상징들은 연줄사회에서 대인관계의 지속적인
배경으로 따라다니며 때로는 한 인간을 외적으로 평가하는 기준이

36) Harre R. and p. Secord(1872), 'The Dramaturgical standpoint', ≪The Explanation of
    Social Behavior≫, pp. 206~207, Basil Blackwell, Oxford.

37) Goffman(1959), ≪The presentation of self in everyday Life≫, pp. 4~7, A Doubleday
    Anchor Original, New York.

38) Zeitlin(1973), ≪Rethinking Sociology: A Critique of Contemporary Theory≫, p. 191,
    Englewood Cliffs, N. J.: Prentice - Hall Inc..

되어 기대되는 몸가짐을 규정해 주게 되기 때문이다. 또 대인관계에서 유리한 상징들을 끄집어내게 하는 경향을 띠게 한다.

K결사체 구성원들은 인상관리에 있어 물론 고프만의 주장과 같이 ① 표정조정 ② 사실 은폐 ③ 의례적 표현 ④ 신비화 ⑤ 의도적인 거리유지 및 전략적 기지를 사용하지만 또 다른 연줄 관계에서 오는 상징들을 사용한다.

예컨대 K결사체 구성원들은 반갑지 않은 손님을 만났을 때 애써 웃음을 띰으로써(표정 조정) 자신의 솔직한 감정을 속이고(사실 은폐) 안부 인사를 정중히 하거나(의례적 표현) 자신의 어떤 특정 부분을 사실 이상으로 신비화시키거나 청중과 의도적으로 일정거리를 유지함으로써 본래의 자기보다 더욱 호의를 받기를 원한다.

이와 함께 K결사체 구성원들은 대인관계에서, 즉 다른 사람과 만날 때 항상 상대방이 어떤 연줄상징을 갖고 있는지를 계산한다. 또 그러한 기억을 토대로 자기의 입장을 정립하고 이야기를 나눈다. 예컨대 상대방에 대해 '그는 시험을 통해 입사했나, 일류학교 출신인가, 고향이 어딘가(어느 도 출신인가), 어떤 정치적 실력자와 친밀한가.'를 따진다.

또 대화의 주제에 대해 상대방은 어떤 입장에 있기 쉬운가를 점친다. 결국 어떤 일이 어떻게 진행되어야 한다는 논리나 법칙을 제시하기보다는 상대방의 비위를 맞추고(불리한 것을 거론하지 않고) 최소한 자기에게 불이익이 되게 하지 않는다. 즉 상대방과 자기에게 유리한 것은 드러내고, 불리한 것은 옹호하지 않더라도 최소한 드러내지 않는다. 자기에게 호의적인(유리한) 상징을 가진 사람(상대방)을 구태여 적으로 만들 필요가 없는 것이다.

과연 모든 행위자는 자신의 진정한 감정을 억제하고, 다른 사람들이 받아들일 수 있다고 여겨지는 방식으로 공연하며 사회는 이처럼 공연자의 진정한 감정을 감추고 가장된 동의(veneer of consensus)에 의해 매끄럽게 운영되어 나가는 것일까? 이런 공연을 위해 구성원들은 상대방이 받아들일 것이라고 느껴지는 상황 정의뿐 아니라 자기 자신의 상(image)도 투사한다.[39] K결사체로 대표되는 우리 사회가 매우 연극적 상황으로 전개되는 이유는 연줄을 상징으로 전환시키기 때문에 여타 사회보다 더욱 상징의 조합이 무성한 때문이다.

이러한 사회에 대한 분석은 구조나 구조의 갈등·균형과 같은 용어보다는 시적·예술적 은유로 공연을 분석하는 것이 옳을 것이다. 왜냐하면 이런 은유는 단 하나의 잘못된 음표(note off key)가 전체 공연을 망칠 수 있기 때문이다.[40] 개인 대 개인의 상징조작은 물론 팀 구성에도 드러난다. K결사체의 비공식적 조직은 그것을 잘 말해 준다. 이러한 비공식적 조직들은 가정을 강화하고 재생산하는 공장과 같은 역할을 한다. 비공식적 조직들은 회원의 구성에서 배타성을 보이는 한편 매우 비밀스런 회합을 갖는다.

이상에서 우리는 사회적 실체(reality)나 법규보다는 사회적·개인적 상징조작을 통해 인상(image)을 관리하는 사회가 왜 연극적 상황을 보이는가를 알 수 있을 것이다. 모든 사회는 연극적 요소를 갖고 있다. 이러한 점에서 우리 사회가 연극적이라고 특징지어지는

---

39) 송선화(1985), 'E. Goffman의 연극적 사회학에 대한 분석적 고찰', p. 30, 이화여자대학교 석사학위논문.

40) Zeitlin(1973), 《Rethinking Sociology:A Critique of Contemporary Theory》, pp. 192~193, Englewood Cliffs, N. J.: Prentice-Hall, Inc..

것은 그 정도가 심하다는 것을 말한다.

우리 사회도 법규에 따라 일정한 사회적 목표를 달성하는 기능이 있음은 물론이다. 그렇기 때문에 연극적인 상황 속에서도 집단은 유지되는 것이다. 상징이 엔트로피(entropy)를 증가시키는 것만이 아니기 때문이다. 상징은 때로는 매우 파편적인 것이 모여 어떤 전체적인 이미지를 형성하기 때문에 다소 분열적이긴 하지만 반대로 상징을 통해 하위단위의 집단적 귀속감을 강화하는 측면도 있기 때문에 집단적 결속을 유지하는 데 결코 부정적이지만은 않다. 단지 중간단계의 여러 상징들을 하나의 거대한 상징(이미지)으로 엮어 나가는 과정에서 통과의례가 수반된다. 우리 사회에 축제적 상황이 많은 것도 이 때문이다.

한국사회는 한마디로 연줄사회이다. 연(緣)이란 사회적 관계망을 형성하지만 그 관계는 체계적·조직적인 어떤 공통의 집단적 공간(사회적 공간)을 토대로 공통의 이익을 추구한다기보다는 매우 개인과 개인에 의해 이어지는, 다시 말하면 집단적으로 볼 때 매우 분절적인(segmentary) 사회현상을 보여 준다.

따라서 연줄사회의 사회적 관계망은 바로 사회적 실체성(reality)보다는 상징성(symbol)을 보여 주고 구성원들은 그 상징성(카드)을 사회적 맥락·상황에 따라 조합할 것을 요구받는다. 이러한 사회에는 법칙성보다는 조합의 유형이 발달하기 마련이다. 따라서 이러한 사회는 법칙사회가 아니라 확률사회이다. '불확정성 원리' 사회이다.

다시 말하면 그러한 사회적 현상이 일어날 수 있는 비율은 몇 퍼센트인가-가 관심의 초점이 된다.

아프리카의 원주민 누어(Nuer)인들의 분절적 리니지(segmentary

lineage)는 우리 사회를 바라보는 데 중대한 시사점을 준다. 어떤 점에서 이분법(dualism)에 의한 분류법과 그러한 분류의 수준에 따라 발생하는 대립과 동맹(alliance)이라는 원초적(primitive)인 심성을 보여 주는 것은 우리 사회와 누어인 사회를 구별하기 힘들게 한다.

단지 우리 사회는 복합사회(complex society)이고 누어인 사회는 단순사회(simple society)라는 차이가 있다. 이러한 차이에서 파생되는, 예컨대 누어인 사회가 고정된 지역(영토)과 부계혈통을 기준으로 분절하는 데 비해 오늘의 한국은 위와 같은 고정된 상징(실체)보다는 다양한 상징과 이해관계에 의해 움직이기 때문에 훨씬 분절과 통합이 다양하고 역동적이라는 점이 다르다.

3. 상징과 음양학

예술(작품)이든 행위(생활)이든 모두가 '상징 – 의례'의 산물이다. 그러나 문제는 그러한 상징(의례)의 형식이 어떤가, 무엇을 재료로 하는가가 중요하다. 한 문화는 그러한 형식과 재료 면에서 특수성을 나타낸다. 그 특수성은 결국 커뮤니케이션을 달성하는 데 있어 한 사회(문화)의 유·무형의 통로(channel)라 할 수 있다. 물론 그 통로는 정신적·물질적인 것을 모두 포함하고 있다.

이 글에서 나는 한국문화(사회)의 디자인과 행태에서 신화적 원형을 찾으려고 했다. <표 8>은 이를 잘 나타내 준다.

〈표 8〉 커뮤니케이션의 특징

커뮤니케이션의 종류	한국(동아시아)	서구
커뮤니케이션 디자인의 신화학	음양적 균형 (대칭 혹은 비대칭)	균형 (대칭)
커뮤니케이션 인류학의 신화학	다원다층의 음양 (연줄, 나선형 운동)	이분법 (대립과 조화)
음양학적 커뮤니케이션	음양학 (3.1체계, 혹은 2.1체계)	변증법 (正反合)

한국의 경우 디자인에 있어 신화적 원형은 태극이다. 태극은 비대칭의 동태적인 균형 잡기이다. 서구의 신화적 원형에 대칭적 균형인 것과 비교된다.

이것은 다시 말하면 '음양적 균형'이라 할 수 있을 것이다. 한편 행태에 있어 신화적 원형은 다원다층의 상징의 이분법이다. 다원다층은 각종 사회관계에 의해 발생하는 연줄관계이다. 서구의 경우 이분법이 정태적·계급적인 데 비해 한국의 이분법은 훨씬 역동적이다. 이것을 다시 말하면 '음양적 이분법'이라 할 수 있을 것이다.

결국 한국문화의 신화적 원형은 음양(陰陽)이며 한국인은 예술작품이나 행태에서 '음양'을 원형으로 삼고 있으며 음양을 통해서 자연과 인간, 인간과 인간, 자연과 자연의 관계를 이해한다. 이것을 '음양학적 커뮤니케이션'이라 할 수 있을 것이다.

상징문화는 언뜻 보면 서구의 유물주의(materialism)나 유심주의(idealism)에 비해 비과학적·비합리적으로 간주하기 쉽다. 그러나 상징주의 문화는 정신과 물질을 통합하는 힘을 갖고 있다. 왜냐하면 상징의 이면에는 우주의 가장 원초적 본질인 기(氣)가 있기 때문이다. 기(氣)는 상징(symbol)으로 나타나기도 하고 언어(language)나 사물(thing)로 나타나기도 한다.

한국문화의 정수는 그 자연주의(naturalism)에 있다. 자연주의는 매우 원초적인(primitive) 특성을 나타낸다. 자연주의 문화는 그 표현형이 매우 혼란스럽게 보이지만 그 이면형은 냉엄한 질서를 깔고 있다.

그 냉엄한 질서란 음양법이다. 음양의 질서란 인간으로서 어쩔 수 없는 커다란 법칙이며 또한 일상사에도 흔히 볼 수 있는 법칙이다.

음양은 무소부재의 법칙이다. 그것은 예술작품에도, 사회생활에도, 종교의례에도 적용될 수 있다. 미학, 정치학, 신학에서도 음양은 원형으로 작용한다. 그것을 이름하여 신화적 원형이라 한다.

음양학의 틀은 '상징 – 의례'이며 이 틀이 사람에게 나타난 좋은 예가 '무당(shaman)'이다. 모든 인간은 크고 작은 무당이다. 좀 더 비약하면 모든 사물도 무당이다. 그들은 저마다 신(神)과 통하는 주문을 하고 몸짓을 하고 신내림(降神)을 받는다.

제3장 풍류문화(風流文化)와 예술인류학

1. 무교문화·컨텍스트 문화

한국문화의 핵심은 풍류문화이다. 풍류(風流)라는 개념은 동아시아에서 공통적으로 발견되는 미학적 개념이다. 다시 말하면 서구에는 우리의 풍류에 해당하는 개념이 없다. 아쉬운 대로 비유되는 개념을 찾으면 예술이 된다. 그러나 풍류라는 개념은 정확하게 말하면 '풍류＝예술＋종교'라고 보는 편이 옳다. 동아시아에서 풍류라는 개념을 쓸 때는 신(神) 혹은 신선(神仙)이라는 개념이 내포되어 있기 때문이다. 특히 풍류에 도(道)를 붙여 풍류도(風流道)라고 할 때는 더더욱 위의 등식이 성립된다. 그런데 이 등식에서 종교라는 부분은 중국에서는 도교(道敎)가 해당되겠지만 한국에서는 무교(巫敎)가 해당된다. 한국문화에서 풍류는 구체적으로 무교문화와 맥을 닿게 된다. 또한 한국적 풍류는 무교적 전토에서 찾지 않으면 안 된다. 풍류도는 요즘으로 말하면 예술, 종교뿐만 아니라 학문까지 포함하는 종합적인 인간의 도(道)라고 할 수 있다. 이렇게 되면 진선미(眞善美)를 총괄하는 말하자면 한국문화의 총체성을 말하는 것이라고 할 수 있다. 예술과 종교는 공집합 부분이 많다. 마찬가지로 종교와 학문도 공집합부분이 많다. 그래서 도(道)는 학문, 예술, 종교에 두루 해당되는 개념이다.

신은경은 ≪풍류(風流)≫에서 풍류의 미적 구현으로 흥(興)과 한(恨)과 무심(無心)을 들었다.[41] "'흥'은 대상 및 현실과 적극적 관계를 맺고 긍정적 시선으로 이를 포착하는 데서 오는 밝은 느낌이 기

---

41) 辛恩卿, ≪풍류(風流)≫, 1999, p. 87쪽, 보고사, 서울.

반이 되는 풍류심 유형이고, '한'은 대상이나 현실 속에서 겪는 소외의 체험이 기반이 되므로 이에 대한 소극적, 부정적 시각이 내재되어 있고 '흥'과는 달리 유암성(幽暗性)을 띤 풍류심 유형이다. '무심'은 현실세계를 지배하는 긍정/부정, 선/악, 희/비 등의 이분적 분변작용을 넘어서려는 데서 오는 초월적 미감이다. '흥'의 미가 즐거움을, '한'이 비애의 정감을 주된 정조로 하는 것이라면 '무심'은 초탈의 태도가 주조를 이룬다.

풍류심에는 대상의 풍류적 속성을 향유, 감상한다는 개념이 내재해 있다고 하였는데 '흥'은 왕에서 천민까지, 지식층/무식층, 권력층/소외층, 할 것 없이 전 계층 모두에 걸쳐 향유될 수 있는 것이라면, '한'은 주로 어떤 이유로건 소외의 체험을 겪는 계층과 밀접한 연관을 지닌다. '무심'에는 분별의 경계를 넘어서고자 하는 지적 작용이 요구되므로 사고나 인식작용에 익숙해 있는 지식층과 친연성을 지닌다. 또 '무심'이 자연 중심적 풍류심 유형이라면 '한'은 철저하게 인간중심적 미유형이다. 이 점에서 '한'은 어떤 고통이나 좌절 없이 현실에 적극적으로 참여함으로써 조성되는 '흥'과도 다르고, 애초부터 현실에서 시선을 거두어 속의 티끌을 털어 내는 데서 오는 청정(淸淨)함을 추구하는 '무심'과도 다르다."[42]

여기서 '흥'은 그것이 극대화되면 신(神) 혹은 신명(神明)이라고 할 수 있지만 신에 도달하지 못하는 '흥'이 많은 것이라는 점을 감안하면 '흥'보다는 '신'이 더 한국문화에 적합한 개념이 아닐까 생각한다. 한국인은 '흥'에 그치지 않고 신명이 나야 직성이 풀리며 그 신명, 혹은 '신 끼'(神氣)는 흔히 난장판으로까지 가기 일쑤이기

42) 신은경, 위의 책, pp. 89~90.

때문이다. 이는 한국인이 고대에서부터 밤새도록 음주가무(飮酒歌舞)를 좋아하는 것과 내통한다. 또 '무심'이라는 용어는 나름대로 풍류인의 경지를 표현하는 개념이긴 하지만 그 용어가 미(美)의 정적인 형태를 표현한다는 점에서 한국과 같이 동적인 것을 추구하는 성향이 많다는 점에서 적합성이 떨어지는 것 같다. '무심'보다는 '멋'이라는 개념이 적당하다고 본다. 한국 풍류의 미적 구현으로 신(神)과 한(恨)과 멋(美, 味)을 드는 것은 새로운 것은 아니다. '신'은 위로 솟구치는 것이고 '한'은 아래로 쌓이는 것이라면 '멋'은 그것의 중도로서 양쪽을 통합하면서도 긍정적이고 미래지향적으로 이끌어 간다는 점에서 생산적이다. 멋은 예술인류학, 풍류인류학의 목표이기도 하다.

한국 풍류문화의 가장 고형(古形)은 신내림의 문화, 무교문화(巫敎文化)이다. 무교문화는 환단(桓檀) 문화의 핵심내용이기도 하지만 아직도 한국문화의 원형이면서 특징을 나타내는 용어로 사용된다. 풍류계통에서는 흔히 천지인(天地人), 삼재(三才), 사상·삼수(三數)의 버전(version)으로 '일풍(一風), 이수(二水), 삼화(三火)'라고 말한다. 이것은 음양오행 사상이 완성된 중국에서 '일수(一水), 이화(二火), 삼목(三木)'이라는 것과 대조된다. 전자는 풍(風)을 제일 앞세우고 후자는 풍(風) 대신에 목(木)을 대체했다. 전자는 우주의 거대한 흐름——결, 혹은 길을 나타내는 것으로 바람 풍(風)을 쓴 것 같다. 바람은 아마도 기(氣) 혹은 기운(氣運) 혹은 기운생동(氣運生動)의 흐름을 의미하는 말과 상통하는 것 같다. 목(木)은 생명을 나타낸다. 풍(風)의 1은 우주본체론의 것이고 수(水)의 1은 생성론의 것이다. 풍(風)은 수화(水火)를 마음대로 부리고 목(木 = 3 = 1 + 2)은 수(水 = 1)와 화(火 = 2)의 산물이니 풍류도가 훨씬 스케일이 크다.

풍류도는 '머후리'라고도 한다. '머'는 물의 흐름을 나타내고 '후리'는 바람을 나타낸다. 다시 말하면 '후리＝바람＝풍(風)'이고 '머＝물＝류(流)'가 된다. 결국 물과 바람의 흐름, 결, 길을 살필 줄 아는 것이 머후리하는 것이 된다. 풍류도이든, 풍월도이든 풍(風), 즉 바람을 내포하고 있다. 바람은 기운생동하는 것을 나타내는 키워드이다. 최치원(崔致遠)은 '난랑비서문(鸞郎碑序文)'에서 "국유현묘지도왈풍류(國有玄妙之道曰風流) 설교지원비상선사(說敎之源備詳仙史) 실내포함삼교(實乃包含三敎) 접화군생(接化群生)……"이라고 했다. 이것은 풀이하면 "나라에 현묘지도가 있는데 그 이름은 풍류이다. 그 원천에 대한 설명은 선사에 잘 준비되어 있다. 실지로 삼교가 그 속에 포함되어 있고 많은 민중과 접하여 교화하였다……"이다.

여기서 주목할 것은 풍(風)자, 혹은 풍류(風流)가 바로 유불선 삼교를 포함한다는 내용이다, 유(流)는 또한 유행(流行)을 말한다. 바람을 일으키고 유행을 하는 것이 문화이고 또한 인간의 삶이다. 소위 고등종교인 유교, 불교, 선교(도교), 기독교가 나오기 전까지 풍미하였던 원시종교는 무교(巫敎)이다. 그런데 풍류도는 바로 고등종교를 내포하고 있다고 하였으니 시간적으로 보면 토착종교인 무교가 고등종교를 받아들여 다시 새롭게 태어난 것이 풍류도가 되는 셈이다. 다시 말하면 풍류도는 토착 원시종교와 외래 고등종교가 고금소통을 하여 새롭게 주체적으로 통합된 종교가 된다. 풍류도, 화랑도라는 주체적인 종교를 만들어 냈으니 삼국통일의 정신적 지주, 통일철학이 된 것이다. 바람은 귀신(鬼神)이나 신(神), 부처

(佛)보다 먼저 생긴 신령스러운 힘을 상징한다.

바람은 오늘날 기(氣)에 가장 가까운 개념인 것 같다. 물과 불과 땅(흙)에 흐르는 기의 흐름을 살피는 것이 풍류도의 핵심인 것 같다. 여기서 땅(地)의 결을 토대로 바람(風)과 물불(水火)의 흐름을 관찰하는 것이 바로 풍수(風水)이다. 풍수지리학(風水地理學)은 실은 풍수화지리학(風水火地理學)에서 화(火)를 생략한 것이다. 화(火)란 바로 사람이기 때문이다. 사람은 바로 에너지를 태워서 살아가는 불(밝, 朴, 태양)의 존재로 결국 깨달음에 도달하는 존재이다. 결국 불을 어디에 놓을까 하는 것이 풍수지리학의 요체이다. 장풍득수(藏風得水)가 그것이다.

풍수학에서도 가장 큰 것은 바람이다. 바람이야말로 기(氣), 수기(水氣)및 화기(火氣)의 가장 큰 운반체이기 때문이다. 풍류도이든, 풍수학이든 종합적으로 바람이다. 바람(風＝氣), 물(水), 불(火), 흙(土)은 불교에서 말하는 사대(四大)이다. 그런데 머후리의 특징은 그 결을 관찰하고 느끼는 데에 있어서 다른 도구를 사용하기도 하지만 무엇보다도 사람의 몸을 도구로 사용한다는 점이다. 따라서 머후리는 도구이면서 동시에 목적이 된다. 풍류도하는 데는 도구와 목적이 분리되어 있지 않다. 이는 결국 심신일체, 지행합일이다. 더 확대하면 과학과 도덕의 일체를 말한다.

여기서 '머후리'에 대해 말하는 박현 박사(한국학 연구소장)의 주장을 살펴보자.

어울림의 또 다른 이름, '머후리'

오늘날의 천문학에는 많은 도구들이 있다. 이런저런 망원경들이 있고, 거리와 빛의 강도를 측정하는 도구들도 많이 있다. 지리학의 경우에도 마찬가지여서 지질을 분석하는 도구로부터 지층을 탐사하는 도구 등 너무나 많은 도구들이 있다.

그러면 옛 분들의 천문지리에서는 어떤 도구가 쓰였을까? 나름대로 중요한 도구들이 있었다. 천문대 격이라 할 수 있는 첨성대도 있었고, 땅의 좌향을 재는 도구들도 있었으며, 수맥을 알아내는 도구들도 있었다.

허나 가장 중요한 도구는 사람 자신의 몸이었다. 요컨대 우리 문화에서 천문지리는 바로 사람의 감각을 기준으로 하는 천문지리였던 것이다. 도구를 이용하더라도 사람의 감각을 보완하는 정도이지, 모든 것은 사람의 몸을 기준으로 측정되었다. 우리의 천문은 허블망원경으로 보는 섬세한 천문이 아니라 우리의 몸으로 보는 '주관적' 천문인 것이다.

따라서 하늘과 땅의 관찰자인 사람은 먼저 관찰의 바탕이 되는 도구인 자신의 몸을 가다듬어야 했다. 그렇게 몸을 가다듬어야만 올바른 관찰이 되고, 올바른 관찰을 통해서만 올바른 삶을 이룰 수 있기 때문이었다.

그렇다면 어떻게 그 몸을 가다듬을 것인가? 먼저 스스로를 하늘과 땅의 일부분으로 감각할 수 있도록 훈련이 되어야 했다. 산과 들을 다니고 물을 바라보고 바람을 느끼고 비를 맞으며, 달을 느끼고 별을 헤아리는 것이 몸에 익어야 했다. 그런 다음에야 체계적으로 천문과 지리를 배웠다. 즉 논리적 이성으로 배우기에 앞서 몸으로 배워 나가야 했던 것이다.

이런 것이 바로 천문지리를 배우는 우리 고유의 방법이며, 그것이 천문지리를 배우는 어울림의 예이기도 했다. 그것을 일러 '머후리'라고 불렀다. 머후리는 물 흐름을 가리키는 '머'와 바람을 가리키는 '후리'가 붙은 말로서, 한자어로는 '풍류'(風流)라고도 했다. 옛 신라 화랑들의 공부였던 풍류가 바로 이것이기도 하다.

풍류란 산천으로 유람이나 다니는 것이라고 보는 오해는 오늘날의 시각에서 비롯된 것이지만, 지난날 자신의 놀음을 풍류라고 우겨대던 겉멋 든 사람들이 그 말을 함부로 씀으로써 오해를 불러일으킨 측면도 없지는 않다.

지난 호부터 천문지리를 좀 체계적으로 밝히자니, 이처럼 그 관찰자의 문제를 먼저 말하지 않을 수 없다. 왜냐하면 우리의 천문지리는 관찰자로부터 비롯해서 관찰자로 되돌아오는 하나의 예, 즉 어울림의 예이기 때문이다. 그러므로 이성으로만 우리의 천문지리를 배우려는 분들은 자신을 다시 돌이키는 일부터 해야 한다. 어렵다면 나름대로 병행을 해야 한다. 그래야만 우리의 천문지리를 제대로 이해할 수 있기 때문이다. 사실 모울도뷔(모울＝열린 공동체, 도뷔＝밝음을 찾는 선비)나 바나리(빛의 나라, 하느님의 나라)의 답사도 그런 까닭에서 이루어지는 '머후리'의 하나라고 해야겠다.

한 가지만 더 붙이자. '머후리'를 나서는 이는 자유로움을 빼고는 어떠한 선입견과 목적의식을 가져서는 안 된다. 다만 하늘과 땅과 벗들에게 이끌려 갈 따름이다. 그것이 흐름이며, 땅 위에서 그 흐름은 늘 물과 함께 한다. 마치 우리들의 혈구들이 아무런 더러움 없이 깨끗할 때에만 핏줄을 따라 잘 흐르는 것처럼.

기수화토(氣水火土)

천문지리의 관찰자는 '머후리'를 하되, 모든 것을 최대한 줄여야 한다. 하늘이나 땅과의 어울림은 자신의 것을 최대한 줄이는 것이며, 그래야만 자기 속에 들어 있는 하늘과 땅의 힘이 가장 잘 드러나기 때문이다. 그것이 '머후리'의 시작이며, 그 머후리를 통해 생명체의 내적 특성이 뚜렷하게 펼침을 얻는다. 이것이 바로 '김'과 '풀'이니, 한자로는 기(氣)다.

다음으로 머후리를 하는 이는 늘 흐름을 따라야 한다. 미리 줄을 긋고 가는 것은 머후리가 아니다. 그냥 나서는 것이다. 물을 따라 오르고 내린다. 그리하여 자연의 그 물 흐름이 몸 안에서도 재현된다. 그것이 머후리의 펼침이며, 그 머후리를 통해 생명체는 마침내 어울림의 단초를 얻는다. 이것이 바로 '멋'과 '뭇'이니, 한자로는 수(水)다.

셋째로 머후리를 하는 이는 늘 돌이켜 보아야 한다. 그리고 반응해야 한다. 물 흐름을 따라 어울리기 위해서는 자기 안에서 그것과 맞서는 힘을 찾아야 한다. 내리면 올리고 올리면 내림으로써, 참된 어울림을 찾아야 한다. 어울림은 맞서서 이루는 새로운 하나 됨이지, 마냥 따르는 딸림이 아니기 때문이다. 그것이 머후리의 키움이며, 그 머후리를 통해 생명체는 어울림의 참된 주체로 서게 된다. 이것이 바로 '부름'과 '불림'이니, 한자로는 화(火)다.

마지막으로 머후리를 하는 이는 자기의 내부와 외부에서 어울림의 힘을

펼쳐야 한다. 안과 밖은 비례하는 것, 안으로 펼친 만큼 밖으로 펼쳐지게
마련이지만, 그 방법은 서로 다르게 전해 온다. 다만 좌방 머후리는 밖으
로 펼쳐 안으로 흐르게 한다. 이것이 머후리의 이룸이며, 마침내 관찰자는
하늘과 땅을 마주 보고 올바른 눈으로 그것을 관찰하게 된다. 이것이 바로
'함'과 '일'이니, 한자로는 토(土)다.

이것이 우리들의 천문지리다. 우리들의 천문지리는 이성의 굴레에 갇힌 초
라한 지식이 아니다. 그것은 참으로 예요, 어울림의 완성인 것이다. 이것이
바로 우리들의 참된 '멋'이다.

(박 현 / 겨레 풍수 중에서)

　신내림이란 우주의 구조로 볼 때 위로부터 영감을 받는 문화이
며 이러한 문화는 대체로 정감이 발달한 문화적 특성을 갖는다. 정
감의 발달은 상대적으로 분석적·개념적 언어의 축적이 결여되는
경향이 많으며, 따라서 학문보다는 예술, 종교가 성(盛)하다. 김택
규(金宅圭)는 우리 민족의 삶의 구조를 신(神)·멋·한(恨)으로 파
악했다.[43] 신을 종교, 멋을 예술로 본다면 학문을 나타내는 진(眞)
대신에 한(恨)과 신(神)과 멋(美, 昧)이 자리함을 알 수 있다. 그렇
다고 우리에게 진실이나 학문을 추구하는 정신이 없었다는 것은
아니다. 상대적으로 예술과 종교가 강했다는 것이다. 이는 한국문
화가 매우 정서적이고 정감적이었다는 말이다.

　정서에도 논리가 없는 것은 아니다. 예컨대 정서의 논리는 유목
화(類目化 - classification) 논리와 계열화의 논리, 수(數)의 논리가
있다.[44] 유목화의 논리(A + A' = B)는 유동성(mobility of parts)과

---

43) 金宅圭(1980), ≪韓國民俗文藝論≫, pp. Ⅳ~Ⅴ. 一潮閣, 서울. 김택규는 위의 책에서
　　신라인(新羅人)은 '한'보다는 '멋', '신'을, 고려인(高麗人)은 '멋'보다 '신'과 '한'을,
　　조선인(朝鮮人)은 '멋'보다는 '한'과 '신'을 위주로 한 것 같다고 주장했다.

44) 윤현섭(1987), ≪정서의 논리≫, pp. 25~33, 강원대학교 출판부.

가역성(reversibility of transformahon), 전체의 보존성(preservation of the whole)의 속성을 갖고 있다. 유동성은 A = B − A', 가역성은 A' = B − A, 전체의 보존성은 A = B − A'으로 표시할 수 있다. 계열화의 논리는 순서(order)와 상호성(reciprocity)의 법칙으로 A<B<C일 때 B>A이면 B<C이고, 동시에 A<C라는 사실을 알아내는 것이다. 여기서 A>B의 관계는 순서성을, A>B일 때 B>A일 수도 있다는 것이 상호성이다. 수의 논리는 유목의 논리와 계열화의 논리가 결합된 것이다. 즉 A'≠B'≠C'와 1 = 1 = 1 = 1의 관계가 동시에 있는 것을 말한다. 전자는 등급적, 후자는 평등적이다.

따라서 정서를 위주로 한 사회는 '유동적', '가역적', '전체의 보존성' 또 '순서', '호혜성', 그리고 '등급성', '평등성'이 동시에 작용한다. 결국 이러한 사회는 매우 연극적이며 불확실성이 지배한다고 말할 수 있다. 정서의 논리는 흔히 합리적이라는 의미의 논리성을 결여하고 있다. 내가 한국사회를 '상징 − 의례'의 틀로 보고자 하는 이유(타당성)가 여기에 있다. 정서는 '어떻게 통하는가'보다 '통하는 그 자체'를 선호한다. '상징 − 의례' 틀의 예술인류학이 궁극적으로 소통(communication)의 학(science)이 되는 이유와 한국문화를 보는 토착인류학의 한 시도가 되는 이유도 이와 맥락을 같이한다.

더욱이 랑그(langue)보다는 파롤(parole), 컴피턴스(competence) 보다는 퍼포먼스(performance), 시니피앙(signifiant)보다는 시니피에(signifie'), 에틱(etic)보다는 에믹(emic)을, 전반적으로 이론(theoria)보다는 실천(praxis)을 예술인류학이 선호하는 까닭도 이와 상통한다. 또 예술인류학이 논리적 부호로 부등호(< · > ≠) 화살표(→, ←), 그리고 음양(+, −)을 즐겨 사용하는 이유도 여기에 있다. 이것이 등식이 되기 위해서는 가역반응(⇌)의 정반응(→)과 역반응(←)의 속도가 같거나 균형을 갖거나 음(-)과 양(+)이 결합할 때 가능하다. 즉 등식은 부등식의 특수한 경우에 한한다.

신내림 문화, 그 전통

학문이 아래로부터 축적된 문화라면 종교는 위로부터 신내림의 문화이다. 그렇다면 예술은 위로부터의 영감과 아래로부터의 훈련(교육)이 결합된 중간적 문화형태라고 할 수는 없을까, 여기서 지금까지 간간이 언급한 예술인류학의 목적과 의의에 대해 짚고 넘어갈 필요가 있을 것이다(표 9).

〈표 9〉 예술인류학의 특성

문화장르 / 코드	학문	예술	종교
이기(理氣)철학	理	理氣	氣 *空卽是色,色卽是空
상수적(象數的) 표상	1≦2	1⇌2	1≧2 *一卽一切, 一切卽一
텍스트(Text)이론	컨텍스트(Context)→텍스트(Text)	텍스트(Text)→ 컨텍스트(Context)	컨텍스트(Context) →도그마(Dogma)
샤먼(Shaman) 보편적 인간상	주문 (풀이)	몸짓 (굿, 놀이)	신내림 (강신)
구조·상징인류학	언어(language)	상징(symbol)	공수(空手)
예술인류학	→	상징(symbol)	←
구조	구조의 분석 (수평적)	구조의 향유 (수평·수직적)	구조의 우주 확대 (수직적)
의미론	개념적 의미	다차원적 의미	기(氣)

① 예술인류학은 토착인류학 또는 인류학적 사회학(Anthropological Sociology)의 모색이라는 점을 강조하고 있다. 이는 구조(상징)인류학의 전통을 배경으로 하지만 보다 더 직관이나 감정이입 등과 함께 감성 쪽에 비중을 두는 점이 구조(상징)인류학과 구별된다. 이 같은 점은 자문화(自文化) 연구를 하는 데는 타 문화(他文化) 연구 때보다 더 정적(靜的)인 부문에 디테일한 묘사가 필요하다는 점과 또한 자문화 연구에서야말로 문화에 대한 예술적(예술가적) 인식이 용이하며, 연구의 효용성도 있다는 점을 전제하고 있다.

좀 더 구조인류학과의 대비를 한다면 구조인류학은 사실(사건·사태) 사이에 존재하는 의미구조(법칙)를 찾기 위해 이원대립항(binary opposition)을 만들지만 예술인류학은 의미구조(법칙) 이전의 사물이나 사건의 본래의 모습을 찾기 위해(회복한다는 표현이 더 적합하다) 수많은 조합의 이항대립항을 배열시킨다. 왜냐하면 이항대립 속에 구조는 물론 느낌이 전해져 오기 때문이다. 구조인류학이 목적하는 것이 상징(언어)을 통한 법칙의 발견이지만 예술인류학은 상징(이미지)을 통해 기(氣)를 회복하고자 한다. 이 부분은 다음에 좀 더 자세히 논의될 예정이다. 예술인류학은 본래의 기(氣)를 회복하면 그만이다. 법칙을 발견하고자 하는 것이 아니다. 그래서 개념조차도 이론을 위한 벽돌이 되지 않는다. 비유하자면 연주를 위한 음악의 부호에 불과하다. 예술인류학은 마지막에는 대상에 대한 일종의 오케스트라 연주를 감상하는 것이 된다.

② 예술인류학은 학문과 예술과 종교의 유기적 파악을 통해, 인간과 인간의 문화를 훼손하지 않고 총체적으로 보고자 한다. 이것은 인류학이 문화를 복합적 총체(complex whole)로 규정해 놓고, 실

지로 이에 대한 연구를 총체적으로 실현한 적이 매우 드물었다는
사실에서 하나의 자구책이라는 의미도 있다. 조동일(趙東一) 교수
(서울대, 국문학)의 ≪韓國小說의 理論≫[45]이 전통적 이기(理氣)철
학을 바탕으로 한 자득지학(自得之學)의 문학 장르론이라면 예술인
류학은 인간의 모습을, 학문·예술·종교를 통합하는 차원에서 바
라볼 수 없을까 하는 자득지학의 인간·인간문화론이다.

토착인류학으로서의 예술인류학: 풍류인류학(風流人類學)

조동일은 '전체는 부분의 대립적 총체'라는 관점에서 소설의 장
르를 논하면서 작품 내적인 내포적 대립(內包的 對立)과 함께 작품
외적인 외연적 대립(外延的 對立)을 동시에 파악함으로써 이기철
학에서 출발하는 국문학이론의 성립이 가능하다고 주장했다.[46] 이
에 비하면 예술인류학은 학문·예술·종교를 문화의 장르라고 보
고 장르 내적·외적 총체성으로 파악하고자 한다고 말할 수 있다.
또 각 장르를 논하면서 안팎으로 통합과 대립을 하는 것을 동시에
파악하고자 한다(1↔2).

조동일의 문학이론이 일원적 주기론(一元的 主氣論)을 바탕으로,
즉 이(理)는 기(氣)의 조리(條理)라는 입장에 서듯이 예술인류학도
일원적 주기론을 바탕으로 하고 있다. 따라서 예술인류학은 인간과
인간의 삶을 예술적인 시각에서 분석하고 연행(演行)한다.

---

45) 조동일(1985), ≪韓國小說의 理論≫(4판), 지식산업사, 서울.
46) 조동일, 앞의 책, pp. 7~65.

③ 예술인류학은 구조론을 바탕으로 하고 있다. 구조론 가운데서도 특히 역동적 구조론(발생적 구조론이라고도 함)을 바탕으로 한다. 그리고 예술인류학(Artistic Anthropology)은 예술을 연구하는 인류학(Anthropology of Art)뿐만 아니라 인간의 삶 전체를 연구대상으로 한다. 이는 마치 역사사회학(historical Sociology)이 역사에 대한 사회학(Sociology of history)이 아닌 것과 같다. 물론 예술인류학은 예술작품에 대한 연구도 가능하다. 그러나 그것은 어디까지나 인간의 삶을 이해할 수 있는, 다시 말하면 예술인류학의 많은 연구대상 가운데 하나이다.

④ 예술인류학은 보편적 인간상으로 샤먼(shaman)과 풍류도(風流道)를 상정하고 있다. 샤먼은 영혼의 우주여행을 통해 자연의 영적인 힘과 내통하며 동시에 금속을 다루는 기술을 통해 자연을 이용하여 권력을 장악하는 이중적 모습을 하고 있다. 따라서 제정일치 사회의 사제나 왕의 역할을 하였다. 이는 결국 문무(文武＝종교와 과학)를 겸전한 지도자가 된다. 그 좋은 예로 풍류도를 들 수 있다. 풍류도는 샤머니즘의 가장 전형적인 문화형태이다. 풍류도들은 훌륭한 산수를 찾아 심신을 단련하면서 공부와 무술을 연마하였다. 예컨대 예술인류학이 학문·예술·종교, 진·선·미를 통합함으로써 인간과 인간문화를 연구할 경우 이 같은 세 요소를 한 몸에서 가장 잘 표출하고 있는 것이 샤먼이고 풍류도이다.

메타포를 찾는 시인(詩人)

⑤ 예술인류학은 예술의 필수요건인 메타포(metaphor)를 연구의 기본적인 분석도구로 삼는다. 따라서 예술인류학자는 메타포를 발견하고자 하는 시인(詩人)의 모습과 흡사하다. 예술인류학의 목표는 궁극적으로 기(氣)의 커뮤니케이션(communication of ki)이며 거기서 학문적 보편성을 얻고자 한다. 따라서 언어나 상징을 쓰고 있지만 그것을 초월하고자 한다.

⑥ 예술인류학은 다차원의 철학(구조)관을 갖고 있으며 동태적 우주관을 지향한다.

또한 학문적 분석 모델로서 시간(T)이나 공간(S)이라는 개념을 통한 모델보다는 ▲수직, ▲수평, ▲수직·수평(圓)구조의 모델을 채택하고 있다. 여기서 수직 또는 수평 모델은 정태적·분석 모델, 수직·수평 모델은 동태적 통합 모델로 정태적이면서도 동시에 동태적인 설명을 함으로써 수직과 수평의 축이 방향성(운동성)을 갖는 게 특징이다.(<도 1> 참조)

예술인류학의 수직·수평 모델(圓)의 한 예로서 '동서양 문화론과 학문·예술·종교의 통합'을 언어(x)와 감각(y)이라는 축(軸)으로 보면 <도 1>의 가장 큰 특징은 언어와 감각의 축이 자체적으로 방향성(운동성)을 갖고 있으며 축의 반대표 편에 상징과 통각을 설정하고 있다는 점이다. 이것은 통상적으로 축은 고정된 것으로 보는 것(변화의 기준이 된다는 점에서)과는 달리 축 자체를 가변적인 것으로 보는 것을 뜻하며 이는 나아가서 축 상호 간의 통합적 원운동으로 발전한다.

서양(서구)문화는 '언어와 시각'에 대한 종속문화이다. 오늘날 소위 과학(학문)이라는 것은 언어와 시각의 교직물이다. 이것은 또한 텍스트를 추구하는 문화이다. x, y축의 오른쪽 상단은 서양문화의 특징을 나타낸 것이다. 서양의 언어는 표음문자로 대표되는데 이것은 주지하다시피 시각적 이미지를 부호(알파벳)로 환원시켜 부호의 조립을 통해 의미를 고정시키는 것에 다름 아니다. 이러한 문화는 음(音)과 뜻(意)이 임의적(arbitrary)이기 때문에 어떤 대상을 개념규정하거나 언어의 사물화, 사물의 결정화에 대해 강박관념을 갖고 있다. 이 문화는 시각 지향적 문화(또는 미술지향적 문화)라 할 수 있다.

〈도 1〉 언어와 감각으로 본 서양·동양문화, 학문(과학) 예술·종교

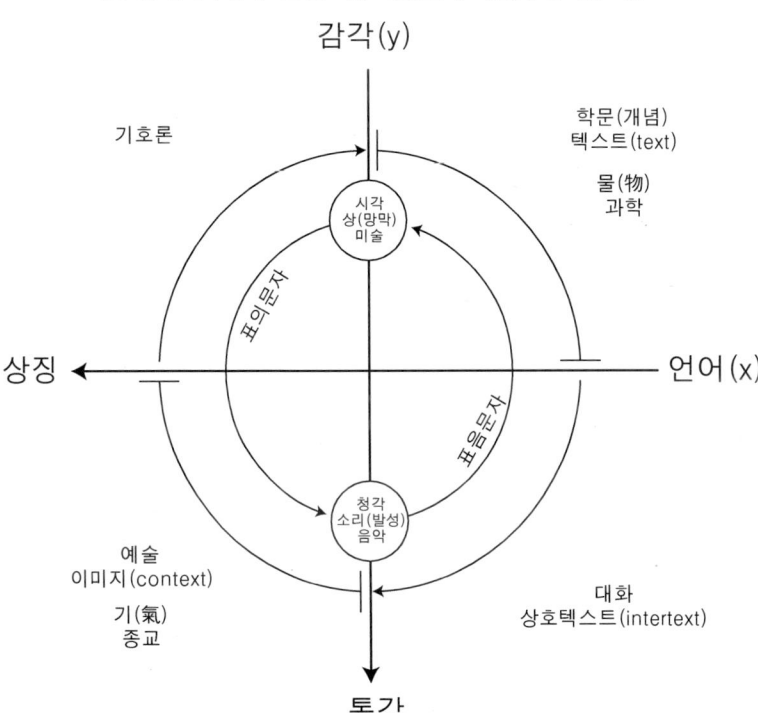

이에 반해 x, y축의 왼쪽 하단은 동양(동아시아)문화를 나타낸다고 볼 수 있다. 이 동양문화는 '상징과 청각'에 대한 종속문화라 할 수 있다. 이것은 또한 텍스트보다는 컨텍스트를 추구하는 문화인데 과학보다는 예술·종교가 성(盛)하는 경향을 보인다. 동양의 언어는 표의문자로 대표되는데(예, 중국) 이것은 시각적 이미지를 부호로 완전히 환원하지 않기 때문에 음(音)과 뜻[意]이 임의적(arbitrary)이지 못하다. (한글은 표음문자이지만 표의성을 갖고 있어서 두 가지 특성을 동시에 내포하고 있다.) 따라서 개념규정이나 언어의 사물화, 사물의 결정화에 대한 강박관념이 아니라 언어의 상징적 사용(언어의 상징화), 사물을 기(氣)로 환원하는 경향(사물의 氣化)을 보인다. 이 문화는 청각 지향적 문화(또는 음악 지향적 문화)라 할 수 있다. 이 문화는 전체적으로 감각의 통각화(감각의 통합)를 지향하고 있다.

<도 1>의 x, y축은 앞에서도 잠시 언급했지만 고정된 축으로의 기능뿐 아니라 x, y축의 통합적 원운동을 하고 있다. 즉 서양의 '언어와 시각' 종속문화는 상징을 기호화하려는 인력을 갖고 있다. 이것은 기호학에서 잘 찾아볼 수 있다.

이에 반해 동양의 '상징과 청각' 종속 문화는 텍스트의 상호 텍스트성을 추구하는 경향을 보인다. 기호학이 서양에서 나오고 대화 문화(민주주의)가 서양에서 정착된 것은 매우 아이러니컬한 것이라 할 수 있다. 오히려 기호학이 추구하는 다양한 의미세계와 사람과 사람의 대면(對面)을 통한 대화는 동양의 문화에 더 풍부하고 생활화되어 있는데도 불구하고-. 서양은 랑그(langue) 동양은 파롤(parole)을 중시하고 있음을 알 수 있다.

문화는 표층(onstage)과 심층(offstage)구조라는 이중의 드라마를 연출하고 있다. 서양문화와 동양문화는 표층과 심층관계에 있다. 표층과 심층은 마치 의식과 무의식의 관계와 같이 상호 보완적이며 이를 통해 세계문화가 은밀하게 서로의 욕구충족을 실현하고 있음을 알 수 있다. 이 같은 사실은 또한 동·서양문화의 표층이 상대 문화에 대한 심층의 콤플렉스의 노출이라는 점도 깨우쳐 준다. 지금까지 과학을 하는 한 방법으로서 메타포를 사용한 경우는 드물다. '언어–시각'의 서구문화와 '상징–청각'의 동양문화는 서로 다른 특장(特長)이 있다. 전자는 과학에, 후자는 종교와 예술에 진면목을 발휘한다. 그 이유는 전자는 확실성과 합리성을 추구하는 데에 특장을 보이고 후자는 불확실성과 상징성을 추구하는 데에 특장을 보이기 때문이다.

동양문화의 청각적 특성은 바로 보이지 않는 것, 비언어적인 (nonverbal) 것, 상징적인 것에 예민하게 반응하고 이에 비해 서양 문화의 시각적 특성은 보이는 것, 언어적인(verbal) 것, 사물적인 것에 예민하게 반응하는 뜻이 내포되어 있다. 이를 단적으로 표현하면 서양은 이(理)에, 동양은 기(氣)에 민감하다. 소리는 보이지 않는다. 보이지 않는 것은 기(氣)이고 기는 파동이고 파동은 에너지이다. 파동은 바로 태극–음양의 연속이다. 앞에서 예를 든 선화(仙畵)는 다원다층의 음양을 체험하고 증명하는 보통 사람들의 그림 그리기이다. 더욱이 보통 사람들의 순진무구한 예술이라고 할 수 있다. 그러한 점에서 예술인류학이 보통 사람들의 일상생활을 예술이라는 차원으로 승화시키고 평가하려는 학문적 노력과 맥을 같이한다.

예술인류학은 연구대상으로서의 상징·구조가 아니라, 연구도구, 학문방법론으로서의 상징·구조를 뜻하고 있다. 상징·구조인류학과 예술인류학의 근본적인 경계는 전자가 상징의 언어적(verbal) 또는 비언어적(nonverbal) 형태로 표현된 문화를 다룬다면 후자는 전자가 다루는 내용도 포함하면서 극단적인 예로 신내림과 같은 '기(氣)'의 형태를 상징에서 느끼게 한다는 점이다. 이상의 논의를 연관 학문과 비교해서 보다 구체적으로 논할 필요가 있다. 오늘날 사회언어학이나 언어사회학, 예술사회학, 문화(예)사회학, 미학, 그리고 예술철학 등은 언어, 사회, 예술, 철학의 상관관계를 연구하는 분야이긴 하다. 그러나 '보통 사람의 일상생활'을 예술(상징)이라는 방법으로 보편적 차원에 올리는 노력은 아니었다.

사회언어학은 언어의 사회적 측면에서 언어사용의 상황적 맥락에 관심을 갖는 반면에 언어사회학은 언어와 사회구조를 결합시키는 시각에서 언어체계를 사회체계에 관련시키고자 노력한다. 즉 언어와 사회구조에 관한 일반 이론을 추구하는 역사적 맥락에 관심을 집중한다.[47] 이상에서 볼 때 사회언어학과 언어사회학의 경우전자는 사회구조를 독립변수로, 언어의 활용을 종속변수로, 후자는 언어구조를 독립변수로, 사회구조의 역사적 변화를 종속변수로 보는 경향이 있다. 이에 비하면 예술인류학은 다분히 언어사회학의 경향과 유사한 점이 많다.

언어체계(구조) 대신에 예술체계(방식)를 대입하는 점에서 다르다. 또한 예술인류학이 언어사회학과 결정적으로 다른 점은 예술인류학은 언어가 아닌 비언어적 언어(nonverbal language)의 체계를 주

---

47) 이병혁(편), 《언어사회학서설》, p. 5, 1986, 까치사, 서울.

로 다루며 이러한 대상의 비언어적 성격을 잘 다루기 위해서 예술가의 대상에 접근하는 방식을 그대로 학문연구에도 적용한다는 점이다. 마치 예술인류학의 학자는 예술비평가와 같이 예술작품을 가장 가까이 서 감상하는 자이면서 어느 순간 비평가로 돌아서는 상황에 비유될 수 있을 것이다.

따라서 접근방식 자체가 내용(연구)을 결정하는 속성을 갖고 있다. 이는 예술의 형식이 곧 내용이요, 내용이 곧 형식이라는 '내용과 형식'이 가까이에서 서로 숨 쉬는 것과 같다. 언어의 차원에서 논의한다면 이미지의 개념화나 사회적 타성 때문에 '내용과 형식'이 그렇게 가깝지 않을 수도 있다. 예술인류학은 따라서 마치 시인의 감수성이 요구되는 것이라고 할 수 있을 것이다. 저 생활 속의 메타포의 세계를 시적 감수성의 소유자가 아니면 어떻게 들출 수 있을 것인가?

요약하면 일상생활의 비언어적 언어세계의 숨은 메타포를 찾아내는, 그리고 메타포의 현란한, 급속한 변화를 파악하는 '생활의 시인'을 예술인류학자라 할 수 있을 것이다. 이는 또한 인류학이 문자 사회보다는 비문자 사회를 주 연구대상으로 출발했다는 인류학의 역사와 맥을 같이하고 있다.

그러한 전통이 문자 사회의 연구에서 계승되어 비언어적 언어에 대한 관심이 연결되었다고 할 수 있다. 이상에서 예술인류학의 특징은 예술가의 연구·접근방식과 비언어적 언어세계로 압축된다. 비언어적 언어세계에 대한 관심은 소위 예술철학과의 비교가 요구된다.

예술인류학, 그 학제적(學際的) 입장 - 사면체의 다이아몬드

예술에 대한 학문으로서의 미학(美學)은 두 가지 뜻을 갖고 있다. 경험적인 차원에서 이루어지는 것이, 즉 예술현상을 대상으로 하는 예술학(藝術學)이 될 것이고 개념적인 차원에서 추구되는 것이 바로 예술철학이다.[48]

예술인류학은 경험적인 차원에서 시작하지만 마지막에는 상징적인 차원에서 매우 역동적으로 논의된다는 점에서 예술학과 예술철학, 어느 것과도 다르다. 무엇보다 예술작품이나 예술가 개인에 대한 관심보다는 집단적인 삶(사회 속의 인간)을 대상으로 하기 때문이다. 이 집단적이라는 점에서 예술인류학이 예술사회학・문화사회학과 흡사한 것 같지만 그렇지도 않다.

예술 언어학은 예술(문학)과 사회의 상호작용이나 상관관계를 구명・해석하는 것이 목적이 아니라 인간의 기(氣)를 역사 속의 시(詩)적 메타포에서 찾아냄으로써, 인간을 시・공간적 텍스트에서 해방되도록 하여 끝내는 종교적 경지로, 초월적 경지로 승화되도록 함을 목적으로 한다. 즉 우주적 구조의 즐김을 느끼게 한다.

결국 예술인류학은 예술(생활), 철학(규범), 사회(비문자 사회), 언어(비언어적 언어)가 만드는 사면체(다면체)의 공통 공간에 속한다고 규정할 수 있을 것 같다.(<도 2> 참조) 물론 이들 영역의 연구가 경우에 따라서는 접근 또는 중첩될 수도 있을 것이다.

이 밖에도 민족예술론이나 상징・구조인류(심리)학의 상당부분의

---

48) 朴異汶, ≪藝術哲學≫, pp. 12~13, 1983, 문학과지성사, 서울.

연구영역이 이와 관련이 있을 것임은 물론이다. 그러나 예술인류학의 가장 독자적인 영역은 학문적 연구방법으로서의 예술에 대한, 예술가적 접근에 대한 자각이다.

혹자는 그것이 어떻게 학문이 될 수 있느냐고 반문할 수 있을 것이다. 하지만 무한히 정감적인 문화, 느낌(feeling)에 의해 살아가는 문화·사회를 이룬 집단이 있다면 이 방법에 의하지 않고는 그 문화의 핵심적 정체에 이를 수 없다고 말하고 싶다. 결론적으로 말하자면 예술인류학은 연구대상이 되는 문화(사회)에서 수많은 메타포(비유·구조)를 찾아내는 작업이라고 할 수 있을 것이다.

특히 삶의 장(場)에서 발견되는 비언어적 언어의 세계에 초점을 두고 말이다. 어쩌면 인간의 삶의 장(場)인 우주는 무한한 구조·상징의 세계이다. 내가 굳이 기존의 구조·상징 인류학의 영역일 수도 있는 것을 예술인류학으로 이름하는 것은 한 문화(사회)의 메타포를 찾아내는 일이 예술가적 감성의 소유자가 아니면 그리 쉬운 일이 아니고 또한 조사자가 어느 시점에서 찾아낸 메타포가 과연 얼마나 영속적인, 구조화된 것인지에 대한 주의가 필요하다는 점(시인의 감수성으로 메타포를 다루지 않으면, 매우 자유분방한 성격을 가진 문화의 메타포를 조사자가 선입견이나 일종의 고정관념 또는 조사과정의 나태함으로 왜곡시킬 수 있다.)을 주지시키고 싶어서이다.

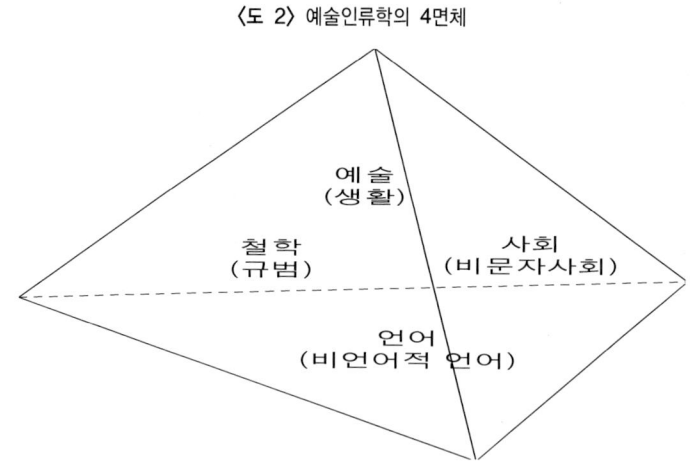

〈도 2〉 예술인류학의 4면체

예 술
(생 활)

철 학
(규 범)

사 회
(비 문 자 사 회)

언 어
(비 언 어 적 언 어)

이 점을 좀 더 명확하게 이야기하자면, 메타포(비유·구조)가 매우 전자기적(電磁氣的)인 성질을 띠고 의식·무의식 속에서 의미 작용을 하고 있다는 점을 강조하고 싶다. 메타포의 구조적인 것이, 어떻게 전자기적인 성질로 바뀌고(transition) 반대로 전자기적인 지각 이미지(sense-image)가 어떻게 구조적인 코드로 바뀌는지에 대한 의문을 가지지 않을 수 없다. 의식과 무의식도 어떤 꾸러미가 되어 집단적으로 이동하고 유동한다는 점이다. 그래서 대칭적 사고와 비대칭적 사고가 서로 대립하는 것이 아니라 공존하고 상호 영향을 미쳐서 새로운 대칭을 만들어 내거나 새로운 철학이나 이데올로기를 만들어 내게 된다. 이것의 과정이 콘텍스트화(contextualize), 혹은 텍스트화(textualize)이다.

한 가지 분명한 것은 우리(인간) 몸의 어디에선가 그러한 전환점이 있다는 것이다. 이러한 지각과정을 항상 염두에 두면서 문화의 메타포(비유·구조)를 다루면 보다 정확한 메타포를 포착할 수 있을 것이다. 그러나 집단 속의 인간은 사회적 타성을 가졌다는 점에서 우리가 염려하는 만큼 그 메타포가 자유분방하지 않다는 점이 논의의 심각성을 털어 주기는 한다. 또한 반대로 그렇기 때문에 이 같은 메타포에 대한 연구도 학문적 연구의 대상이 되는 것이다.

즉관법(卽觀法)의 새로운 메시지

예술인류학에서 사용하는 메타포(비유·구조)는 사실 서구적인 학문의 추리·직관(intuition)·실험·변증법과는 다르다. 오히려 우리네의 전통적인 음양론과 같은 것인데 이것은 상(象)으로 관찰하는 법을 말한다. 즉 觀(取)象法(卽物·格物)이다. 이것은 서구의 상징주의(symbolism)와 견줄 수 있지만 같은 의미는 아니다. 오히려 직관법에서 나왔다는 편이 적합하다. 그러나 서구의 직관법은 역시 아니다. 가장 직접적인 현상을 포착하는 즉관법(卽觀法)이 더욱 적합할 것 같다.[49]

여기서 제기된 즉관법이라는 용어는 예술인류학이 구조·상징인류학과 결별하는 분기점의 요체가 되는 것인데 즉관법이야말로 정태적인 구조나 상징을 극복·초월하는 방법이다.

'예술'이라는 단어와 '인류학'이라는 단어가 합쳐졌을 때에 파생하는 의미는 이상과 같이 매우 크다. 이것이 왜 한국에서 처음으로 주장되는가 하는 특수성(즉 한국역사·문화의 특수한 맥락에서)은 더욱 관심을 끄는 이야기가 될 것이다. 예술인류학·사회과학 가운

---

49) 金凡父, 《풍류정신》, pp. 126~134, 1986, 정음사, 서울.

데에서 가장 조사·연구자의 직관이나 감정이입 느낌(feeling)을 인정하고 요구하는 것이, 또한 이에 대한 학문적 자각을 가장 먼저 한 것이 인류학이다.

이를 학문의 방법론 차원에서 단적으로 말하면 주지하다시피 참여관찰(participant observation)과 민족지(ethnography)이다. 이것은 20세기 구조인류학의 등장과 함께 에틱 – 에믹(etic – emic)관찰이라는 신(新)민족지 작성의 방법론에 대한 논의와 주장으로 새롭게 떠올랐다. 어쨌든 구조·상징인류학은 이 같은 배경 위에서 타민족에 대한 엄청난 의식 – 무의식의 세계를 이해하는 결정적 기여를 했다.

물론 아직도 민족지 작성에 '직관·느낌의 언어적 기록'이라는 딜레마를 완전히 해결한 것은 아니며, 단지 상당한 진척을 보였다는 데 만족할 수밖에 없는 것이 오늘의 실정임을 부인할 수 없다.

예술인류학, 새로운 신조어(新造語)를 만드는 이유

예술인류학은 넓게는 구조·상징인류학의 전통과 배경 위에 있다. 그렇다면 왜 예술인류학이라는 신조어를 만드는가에 대한 설명이 필요하다. 첫째, 예술인류학은 구조·상징인류학의 정태적 분석의 경향에 대해 동태적 분석을 주장한다. 물론 구조·상징인류학의 탁월한 연구가는 자연스럽게 동태적 분석의 능력을 보이는 게 사실이다. 그리고 실은 내가 주장하는 의도를 이미 알고 있거나 찬동할수도 있다. 구조·상징인류학의 이론적 경향과 토대는 자칫하면 언어(또는 개념과 문헌)나 특정 시점이나 공간의 연구 결과(구조나 상징)를 조사대상 주민의 대표성으로 고정·결정화시킬 위험이 많다.

특히 가장 주목되는 구조·상징인류학은 인간의 지각 이미지 (sense-image)의 역동적·통합적 성격을 특정 감각이나 언어로 제한(또는 환원)함으로써 그 본래의 면모(언어와 지각이 역동적으로 상호 작용하는)를 왜곡하는 경향이 있을 수 있다는 점이다. 그러나 실은 예술인류학의 연구 결과도 구조나 의미분석을 위해서는 구조·상징인류학의 형태를 띠지 않을 수 없다.

이러한 점에서 예술인류학의 학문과 예술의 변경적(marginal) 성격이 상기된다. 예컨대 인간의(예술가의) 자유분방한 느낌이나 기(氣)를 언어나 상징으로 잡는다는 것이 애초부터 불가능한 것인지 모른다. 또 학문은 종국에 가서는 연구자의 언어로 기록되어야 하는 이중의 숙명을 갖고 있기 때문에 이러한 사정은 더욱 악화된다. 그러나 인류학의 연구가 자민족(自民族)을 대상으로 할 경우 위의 딜레마는 약간 약화된다. 왜냐하면 자문화의 경우 엄청난 느낌 (feeling)의 교환이 가능하고 지각 이미지(sense-image)의 활발한 교환(예컨대 소리·언어·이미지의 상호 전이)이 타 민족(他民族)문화 연구에 있어서보다는 보장되기 때문이다.

자민족(自民族) 연구의 새 지평: 풍류인류학(風流人類學)

한국에서, 한 걸음 더 나아가 한국인류학에서 예술인류학(藝術人類學) 혹은 풍류인류학(風流人類學)이 등장하는 것은 매우 역사적 의미가 있다. 예술인류학의 한국적 모델이 바로 풍류인류학이다.

풍류야말로 한국문화의 원형이라고 할 수 있는 고조선에서부터 시작된 문화의 원형이라고 할 수 있다. 풍류는 고대 화랑도와 중세 선승과 수도자들, 그리고 근대의 선비에 이르기까지 민족 문화의 저류를 흐르는 그 무엇이고 이루 다 해체할 수 없는 민족 문화의 원형질이고 덩어리이다. 원효, 의상에서부터 의천, 지눌, 퇴계, 율곡, 다산에 이르는 한국문화의 분모적(分母的) 일반성(一般性)이 풍류(風流)이다. 더구나 풍류라는 개념은 세계적 보편성(普遍性)을 가지고 있다. 서양의 고대 에피쿠로스학파와 그것에 의해 연관되어 발전한 여러 사상이 바로 그것이다.

이를 한국의 역사(생활의 규범으로서의 역사)에서 검토해 볼 수 있을 것이다. 먼저 생활의 규범으로서의 역사라는 차원에서 논의해 보자. 생활의 규범으로서의 역사라는 관점은 사실 전통적 의미의 (시간의 축을 따르는) 역사라기보다는 '역사 속의 변형되는 구조'라는 측면의 논의이고, 실은 '일상생활 속의 구조'와 맥을 같이한다. 역사는 이성적 발전을 추구한다. 이성적 발전이라는 것은 결국 권력의 궤적을 말하는 것이다. 그러나 인간은 이성적 동물이기 이전에 이미 쾌락의 동물이다. 물론 그 쾌락에는 정도의 차이가 있다. 인간은 육체적 쾌락(快樂)에서 정신적 안락(安樂), 영혼의 도락(道樂)으로 절적 승화 혹은 질적 성장을 하게 된다. 인류의 가부장제 권력의 발달과정은 필연적으로 반권력적 과정을 탄생시킴으로써 나름대로 균형을 잡았다. 이것이 바로 우리의 풍류문화 혹은 은자 문화이고 서양에서는 에피쿠로스학파이다.

최근 "풍류를 즐긴다."라는 말은 "음주가무를 연상시키면서 주색잡기를 즐긴다."라는 말의 동의어처럼 들린다. 이는 물질만능의 시대와 더불어 너무 부정적으로 쓰이는 폐단이 있다. 본래 풍류는 그러한 것이 아니다. 삼국통일을 이룬 원동력이 된 화랑도는 풍류도, 풍월도라고 불리는 데서도 알 수 있듯이 풍류도는 젊은이들이 산천을 주유하면서 심신을 단련하는 도였던 것이다. 풍류도에서 알수 있듯이 풍류도가 고행을 일삼는, 고통을 추구하는 도는 아니었던 것은 확실하다. 풍류도는 에피쿠로스학파와 친연성이 강하다. 에피쿠로스학파가 은둔과 정원과 꽃을 즐기는 학이었듯이 풍류도는 화랑도라는 이름에서도 알 수 있듯이 역시 산천과 꽃을 즐기는 학이었다. 화랑(花郞)은 원래 원화(源花)라고 하였다. 원화는 낭자(娘子) 중심의 모임이었으나 화랑은 낭자(郞子) 중심의 모임이었다. 원화가 실패한 것은 질투로 인한 불화 때문이라고 하지만 실은 삼국통일을 앞두고 훈련된 무사를 요구하는 시대적 요청 때문에 화랑으로 바뀌었을 것이다. 화랑도는 신라의 삼국통일에 결정적 역할을 한다. 어느 쪽이든 꽃 화(花)자가 들어간다. 꽃은 인류의 집단무의식에서 존재의 열매, 절정, 쾌락을 의미한다. 꽃은 화(花)이면서 화(華＝文華＝文化)이다. 이것은 물, 즉 수(水)에 의해 형성된 생명이 불, 즉 화(火)와의 통합을 통해서 생사(生死)를 이어 가는 상징성을 가지고 있다.

인간은 쾌락을 추구하는 존재이다. 인간은 고통과 죽음의 존재가 아니라 쾌락과 재생의 존재이다. 쾌락과 재생의 사이에 고통과 죽음이 있는 것이고 더 정확하게는 고통과 쾌락, 죽음과 재생이 동시에 공존하고 있는 것이다. 그렇다고 단지 고대의 에피쿠로스학파를 추종하는 것은 아니다. 에피쿠로스학파가 본래 무절제한 쾌락을 추구했다는 것은 오해이다. 에피쿠로스학파의 쾌락은 도리어 절제와 은둔의 쾌락이라고 할 수 있다. 앞으로 '인간이 쾌락을 추구하는 존재'라는 것을 바탕으로 종래의 종교적 금욕주의는 통합되지 않으면 안 된다. 문제는 개인의 쾌락이 집단의 그것과 충돌하는 것을 어떻게 여하히 막아 내느냐에 달려 있다. 인간사회는 개인의 쾌락이 사회적 안정, 평안, 화평과 연결되지 않으면 안 된다. 개인의 욕망과 쾌락은 다른 사람의 그것과 충돌하고 갈등할 것이기 때문이다. 새로운 쾌락주의, 신(新)에피쿠로스학파(neo‑epicurean school)의 부활은 다분히 과학의 발달에 힘입는 바 크다.

인간은 본성적으로 '낙안(樂安)의 존재＝행복(幸福)의 존재'이다. 인간은 낙원(樂園)을 꿈꾸는 존재이다. 낙원은 정원(庭園)과 통한다. 정원이란 생존경쟁, 혹은 전쟁에 비해서는 은둔하는 장소이고 바로 정원(garden)은 학파(school)와는 다르다. 정원은 개인이 고통을 멀리하고 쾌락을 추구하는 것이고 그 육체적 쾌락에 그치는 것이 아니라 정신적 쾌락으로 승화되는 적절한 곳이다. 에피쿠로스학파는 "육체의 고통을 피하고 사치와 향락을 멀리하고 죽음의 공포에서 벗어나려고 한다. 타인에게 해가 되지 않는 자신의 쾌락을 누려야 하며 누구도 그 쾌락을 비난하여서는 안 된다." 이것은 고통보다는 쾌락 우선이다(고통＜쾌락). 이것은 집단보다는 개인 우선이다(집단＜개인).

에피쿠로스학파의 이상이 실현되기 위해서는 "불멸의 신 대신에 그 자리에 원자론이 들어가며 '신은 다른 사물과 같이 원자로 구성되어 있기 때문에, 세계 바깥에 원자가 없는 빈 공간에 존재하므로' 이 세상과 무관한 것이고 죽음이란 모여 있는 원자가 흩어지는 것에 불과한 것이다. 원자는 불괴(不壞)의 궁극적 실체이고 공허는 원자가 운동하는 장소이다." 이것은 존재보다 운동 우선이다(존재

<운동). 또 신보다 원자 우선이다(신<원자). 에피쿠로스학파에겐 "개념은 기억에 고정된 감각적 인상에 지나지 않는다. 개념이 진리이기 위해서는 언제나 감각적 지각에 의해서 확인, 검증되지 않으면 안 된다." 이것은 개념보다 이미지 우선이다(개념<이미지).

과학의 발달은 인간이 종래 물질, 혹은 육체로만 규정해 온 것들이 단지 물질, 혹은 육체가 아니라는 것을 속속 증명하고 있다. 물질과 육체를 정신과 구별하는 확실한 기준이 애매하다. 육체는 수많은 나름대로의 기호로 가득한 존재이다. 이것이야말로 언어이다. 즐거우면 뇌의 활동모양도 달라진다. 이것이 단순히 마음이고 물질이 아니라고 단정할 수 없다. 양자는 동시에 반응하는 것이다. 과학의 발전에 따라 도덕(철학 혹은 종교)과 과학을 관통하는, 혹은 양자를 포용하는 보편성이 요구되는 시대적 필요에 직면하고 있다. 즐거우면서도 평안이 동시에 충족되는 '낙안(樂安)사상', '안락(安樂)사상'이 필요하다. 이제 성적 쾌락과 도덕적 도락이 합일되어야 하는 시대적 사명에 직면하고 있다. 낙(樂)사상은 인간이 추구하는 가장 보편적 개념이다. 여기에 예컨대 성리학의 수기안인(修己安人)의 안(安)사상이 합해진 '낙안(樂安＝樂＋安)사상'의 정립이 필요하다.

여기서 악(樂)은 단순히 쾌락이나 도락과 같은 것만을 가리키는 것이 아니라 음악(音樂)을 나타낸다. 음악은 인간의 정서적 상태를 가장 비언어적 형태로 표현하는 예술이다. 이 말은 언어적, 문화적 장벽과 차이와 편견을 넘어설 수 있는 예술이라는 말이다. 악(樂)이야말로 가장 위대한 경전이다. 음악의 가치가 드높은 사회, 음악이 풍성한 사회, 이러한 사회는 필연적으로 평화(平和)로운 사회이고, 편안한 사회이고, 안인(安人)의 사회이다. ≪예기(禮記)≫ 중 <악

기(樂記)>에서 악은 '같음을 목적으로 한다.'고 말한다. 또 "악문(樂文: 음악의 절목)이 같으면 상하가 서로 화목하다."고 말한다. "악은 마음으로 말미암아 생겨나고…… 악이 마음에서 생겨나면 고요하고……", "큰 악은 반드시 쉽고…… 악을 지극히 하면 원망이 없다." 악이란 것은 개인에게는 즐거운 것이지만 사회적 제도로서의 악은 사람들을 저절로 다스린다. 악(樂)은 저절로 안(安)을 가져온다. 참고로 ≪예기(禮記)≫ 중 <악기(樂記)>의 구절을 보자.

예기(禮記) 중 악기(樂記)의 구절

"예는 백성의 마음을 절도 있게 하고 악은 백성의 소리를 부드럽게 하고 정사는 실천하게 하고 형은 막는 것이다. 예악형정, 네 가지에 통달하면 어그러짐이 없고 왕도가 구비된다. 악이라는 것은 '같음'을 목적으로 하는 것이고 예라는 것은 '다름'을 목적으로 하는 것이다. 같으면 서로 친밀하고 다르면 서로 공경하게 된다. 악이 승하면 흐르기 쉽고 예가 승하면 헤어지기 쉽다. 감정(실정)에 합하여 모습을 꾸미는 것이 예악의 일이다. 예의가 서면 귀천의 등급이 있고 악문(악의 절목)이 같으면 상하가 서로 화합한다. 좋은 것과 나쁜 것이 뿌리내리면 어짊과 불초함이 서로 구별된다. 형은 포악함을 금하고 작위는 어짊을 들면 정사가 균등해진다. 인은 그것을 사랑하고 의는 그것을 바르게 한다. 이와 같으면 백성을 다스리는 것이 행해진다. 악은 마음(안)으로 말미암아 생겨나고 예는 외물(밖)에서 지어진다. 악이 마음에서 생겨나면 정(고요)하고 예가 외물에서 지어지면 절목이 이루어진다. 큰 악은 반드시 쉽고 큰 예는 반드시 간소하다. 악을 지극히 하면 원망이 없고 예가 지극하면 싸움이 없다. 읍하여 사양하면 천하를 다스리는 것은 예악을 말하는 것이다. 백성에게 포악을 짓지 않고 제후에게 손님으로 복종케 하고 군대를 시험하지 않고 다섯 가지 형을 사용하지 않으면 백성들이 걱정이 없고 천자가 성내지 않는다. 이와 같으면 악이 통달한 것이다. 부자의 친함에 화합하고 장유의 차례에 밝으면 나라 안을 공경하게 된다. 천자가 이와 같으면 예가 행해진다."

(禮節民心, 樂和民聲, 政以行之, 刑以防之. 禮樂刑政, 四達而不悖, 則王道備矣. 樂者爲同, 禮者爲異. 同則相親, 異則相敬. 樂勝則流, 禮勝則離. 合情飾貌者, 禮樂之事也. 禮義立, 則貴賤等矣. 樂文同, 則上下和矣. 好惡著, 則賢不肖別矣. 刑禁暴, 爵擧賢, 則政均矣. 仁以愛之, 義以正之. 如此則民治行矣. 樂由中出, 禮自外作. 樂由中出, 故靜. 禮自外作故文. 大樂必易, 大禮必簡. 樂至則無怨, 禮至則不爭, 揖讓而治天下者, 禮樂之謂也. 暴民不作, 諸侯賓服, 兵革不試, 五刑不用, 百姓無患, 天子不怒. 如此則樂達矣. 合父子之親, 明長幼之序, 以敬四海之內. 天子如此則禮行矣.)

정원, 낙원은 바로 에피쿠로스학파가 추구하는 이상세계이다. 위의 '낙안(樂安)의 존재'라는 개념은 외연을 넓히면 '풍악(風樂)의 존재'라고 할 수 있다. 풍악(風樂)＝풍류(風流)이고 낙원＝정원＝풍악(風樂)＝풍류(風流)＝풍수(風水)＝풍토(風土)의 개념은 일맥상통한다. 특히 이 가운데 풍수지리학이야말로 현대의 에코페미니즘(Eco-feminism)의 시각에서 재조명하여야 할 토착학문이라고 할 수 있다. 명당(明堂)은 바로 여성 음부의 모형과 같다. 풍수학은 '길흉＝땅＝

여성=환경'이라는 코드의 산물이다. 여성이 인간의 태반이라면 땅은 천지의 태반과 같다. 그 태반 위에 남성과 하늘이 존재하는 것이다. 역으로 여성과 땅이 없으면 실은 남성과 하늘은 존재의 기반(matrix)을 잃어버리게 된다. 이는 감성이 없는 이성, 우뇌가 없는 좌뇌와 마찬가지이다. 권력보다는 권력의 원천적인 기반에 대한 이해가 전제되어야 인간은 보다 더 행복하게 될 가능성이 높다.

예술인류학은 나의 '성(性)인류학'의 외편이라고 할 수 있다. 다시 말하면 '성(性) 인류학'과 '예술인류학'은 하나의 세트로 나의 인류학적 연구의 양대 결집물이다. 인간을 기쁨과 편안함을 추구하는 '낙안(樂安)의 존재'로 규정하고 그러한 바탕으로 되돌려놓고자 하는 것이 이 책의 목적이다. 현대인은 물질적으로는 풍요와 편리함을 얻었지만 반대로 정신적인 행복을 얻지 못하고 있다. 말하자면 수단을 얻는 과정에서 목적을 잃어버린 것이나 마찬가지이다. 낙안(樂安)이란 바로 인간이 추구하는 생활의 목표이며 예술이 추구하는 궁극적 목표일지 모른다. 낙안에 도달한 사람들이 흔히 말하는 은자(隱者)인지도 모른다. 이렇게 보면 성(聖)과 속(俗), 생활과 예술이 다른 것이 아니다.

이제 우리 문화의 은자(隱者)의 이야기로 돌아갈 때가 됐다. 사실 신선(神仙, 道敎)사상에 대한 얘기는 한국 사람이라면 가장 친근하게 어릴 때부터 들어 온 것이다. 옥황상제니, 바둑 두는 신선의 이야기니, 선녀(仙女)의 이야기, 그리고 삼국통일을 이룩한 김유신 등 화랑도의 이야기…… 등을 들어 보지 않은 한국인은 없을 것이다. 이들 신선이야말로 은자의 대표적인 인물이다. 그런데 은자는 일반(보통) 사람과 격리당하거나 스스로 격리되어 사는 사람

(존재)들인데 이들이야말로 가장 느낌(feeling)에 의해 살았던 존재가 아닌가 싶다. 은자는 단순히 사람들과 떨어져 살거나 숨어 있기 때문에 은자가 아니라 은자야말로 세속을 초월한 사람들을 말한다. 초월이라는 것은 초자연적인 것을 말하는 것이 아니다. 도리어 자연적인 것이다.

그러한 점에서 은자는 염세주의나 허무주의가 아니라 그것을 넘어선 니체(Nietzsche)류의 긍정적 허무주의라고 할 수 있다. 인간은 언어를 통해서 소통하는 바람에 자연과 직접적으로 소통하는, 감각이나 느낌에 의한 소통, 다시 말하면 몸에 의한 소통을 잃어버렸다. 몸에 의한 소통은 우주가 하나라는 것을 느끼게 하는 데 반해 언어에 의한 소통은 그 언어를 아는 사회에서만 통용되는 한계를 가진다. 언어의 벽, 문화의 벽에 갇힌 셈이다. 이제 다시 인간은 종래의 감각에 의한 소통을 회복하여야 할 때가 되었다. 은자들은 본능대로 사는 것은 아니지만 적어도 본능과 소통의 통로를 가진 초인이다. 다시 말하면 문화와 본능을 동시에 소통하는 체질의 소유자이다. 자연과 문화, 본능과 도덕을 동시에 향유하는 인간군이 바로 은자이다. 이들의 도덕은 자연으로 인해 적절한 균형, 중용을 이루고 있고, 이들의 본능은 도덕으로 인해 절도를 가지고 있다.

이러한 느낌에 의해 사는 사람들은 사실 우주의 구조를 즐기는 사람(그런 점에서 전형적인 예술가)들이다. 즉 보통 인간들이 그 구조(언어) 속에서 삶을 영위한다면 은자들은 구조 위에서 구조를 즐긴다고 할 수 있다. 이것을 '신선놀음'이라고 말한다. 그런데 우리네 전통은 이들을 보통 사람의 삶과 이분화하지 않았다는 점이다. 그것이 공동체 정신의 발로인지는 모르지만 보통 사람이 이들을 공동체의 장(場)에 수용하는 입장을 취했다. 물론 서양에서도 예외적인 사례로 우리와 비슷한 경우도 있다. 그러나 그것은 어디까지나 중심적인 흐름이 아니다. 서양에서는 그러한 은자들을 수학자(기하학자)나 절대성을 가진 종교적 인물(메시아, 성인)의 형태로 수용한 경향이 강하게 보인다고 할 수 있다.

불교의 중도(中道)나 반야(般若) 공(空)의 철학이나 과정철학으로 보면 원인과 결과는 과정의 일부일 뿐이다. 우주에는 과정밖에 없다. 그런데 사람들은 과정 이외의 다른 무엇이 있는 것처럼 소리친다. 과정이라는 것은 우주의 바람이며 바람은 우주의 본질이다. 바람은 풍류이다. 풍류는 우주의 소용돌이를 뜻하며 나선형 운동을 뜻한다. 그런 점에서 신선과 샤먼, 선승과 선비에 이르기까지 모두 풍류의 변형에 불과한 것이다. 한국에서 진정한 깨달음은 풍류(風流)를 포함하지 않으면 안 된다. 풍류는 한국문화의 원형질이다. 풍류의 핵심은 이원대립적인 것들과 음양적인 것들을 하나로 조화시키는 힘이다. 그러기 위해서는 부단히 선택과 조합을 통해 적응하지 않으면 안 된다. 풍류는 정지된 어떤 이론과 형태도 아니다. 풍류는 지금 여기서 만들어지고 있는 힘이다.

신선(神仙)이 따로 있나, 무당이 따로 있나, 신 내리면 그만이지

우리네 전통에서는 보통 사람의 생활 깊숙이, 이질감이 별로 없이 은자들이 공존했다. 예컨대 서양에서는 '성(聖)과 속(俗)'의 철저한 이분법이 이루어졌지만 우리네는 '성과 속'이 한데 어우러졌다고 함이 옳을 것이다. (일부 학자는 우리네 종교현상을 위의 이분법에 의해 설명했는데 이는 어디까지나 설명의 편의나 분석을 위한 것으로 인정해야지 사실(fact), 사건(event), 사태 자체가 그렇게 존재했다고 보는 것은 엄청난 오류이다. 바로 이것이 구조분석의 한계상황, 함정의 대표적 예이다.)

어쨌든 우리네는 은자를 일상생활에서 수용했다. 그런데 그 은자들은 일상에 참여함으로써 엄청난 드라마를 우리의 역사 속에 연출했던 것이다. 그 은자는 우리의 역사구조 속에서 다른 이름으로 불린다. 그 은자의 정체가 우리 역사를 지금까지 이끌어 왔고 이에 우리네 보통 사람들은 적극 동조했던 것이다. 역사의 위기 때마다─.

아마도 이 같은 사정은 지금도 마찬가지이다. 우리 역사상 신선(神仙)사상 다음에 나타나는 것이 샤머니즘인데 샤머니즘은 샤먼, 즉 무당이 보통 사람과 영적인 세계와의 중개자로서 일종의 제도적 모습을 갖추었다는 점에서 신선사상과 다르다. 신선사상은 샤머니즘의 원형으로 아직도 자연과 영혼을 구분하지 않았다는 점에서 인류의 종교의 시원에 대해서 약간의 발언권을 가진다. '깨달은 자'의 맥에 이어지는 것은 물론이다. 여기서 제도적 차원이라는 것은 이미 샤먼이 특정의 영(靈)과 구속된 교류관계를 갖고 있거나 보다 제도화된 사회의 지위(예컨대 왕이나 제사장)를 가진 것을 뜻하는데 그런 점에서 신선(神仙)사상보다는 더 세속화(世俗化)된 형태인 것이다.

화랑도→선승→선비: 화쟁(和諍)→교선(敎禪)→이기(理氣)

　현상학적으로 볼 때 신선은 '우주구조의 극단적인 즐김'이지만 샤먼은 '강신(降神)'의 형태를 띤다고 볼 수 있을 것이다. 그다음 화랑도와 수도승, 선비(兩班), 각종 광대(廣大)에서 그 은자의 맥을 찾아볼 수 있다. 화랑도의 세속오계, 원효(元曉)의 화쟁(和諍)사상, 퇴계(退溪)·율곡(栗谷)의 이기(理氣)사상 등이 그 대표적인 예이다. 이러한 역사적 과정에서 우리가 중시해야 할 점은 계(戒), 쟁(諍), 교(敎), 이(理)를 중시하면서도 항상 그 무예(武藝)·화(和)·선(禪)·기(氣)에 대한 관심을 잃지 않았다는 점이다. 이점 때문에 전자의 언어(구조)를 자유자재로 즐기는 여유를 잃지 않고 언어보다는 몸이 갖고 있는 비언어적 언어(nonverbal language)를 보존했을지 모른다. 그리고 한국이 오늘날도 가장 풍부하게 그 전통을 잔존(殘存)시키고 있다고 할 수 있다.

　한국인이 풍류를 좋아함도 그 탓이고 역사적 드라마에서 생존할 수 있었던 비결도 여기에서 찾아볼 수 있다. '한국에 철학이 있는가?' 하고 반문할 때 흔히 '철학은 없고 철학사상만 있었다.'고 말한다. 이 말은 사실 철학의 언어적 제약을 뛰어넘은, 말하자면 어떤 철학·종교도 수용할 수 있는 철학(氣철학적 전통)이 있었기 때문이라고, 말하자면 철학의 언어적 의미구조를 즐길 수 있는 여력·능력(competence)이 한국인에게 있었기 때문에 이 같은 연행(演行, performance)이 가능했을 것이다. 또한 한국인이 가장 심도 있게 이것을 발견·인식했다는 주장도 성립될 것이다. 한국인에겐 역사란 하나의 드라마·연행(演行, performance)적 성격을 가졌던 것이다.

태권도 · 주류소비량 · 풍류 · 학생운동 · 한국학

이같이 드라마적 성격의 역사는 기실 몇몇 뛰어난 지도자에 의한 역사의 진행이라기보다는 역사 속의 숨은 주체인 보통 사람(대중)들이 그 드라마 속에서 맡은 역할을 잘 수행했다는 얘기가 된다(지도자 〈대중). 민족의 집단무의식에서 분출하는 이런 힘은 바로 역사적으로 계속 당시의 보편문화를 소화하면서 생존한 문화능력 · 문화적 노하우에서 비롯된다. 오늘날 서구문화와의 극심한 문화접변 과정에서도 우리의 정체를 지키고 연행을 계속하기 위한 몸부림의 흔적이 문화현상 곳곳에서 보인다. 예컨대 '태권도 붐'이나 '주류 소비량과 풍류(風流)', '학생들의 실천운동' 등도 이 자리에서 길게 설명하지는 못하지만 모두 앞에서 열거한 역사구조와 맥을 같이한다. '경제발전'('하면 된다', '잘살아 보자')이나 '민족(토착)종교운동(종교복합현상)', 그리고 '한국학 · 예술 붐'도 마찬가지이다. 즉 학문과 예술, 종교 등은 생활 속에서 면면히 맥을 이어오고 있는 것이다. 생활 자체가 그럴진대 학문과 예술분야에서 그런 전통을 찾는 것은, 특히 예술분야에서 매우 쉬울 것이다.

인류학사적으로 볼 때도 유 · 불 · 선(儒 · 佛 · 仙)에 대한 연구 붐과 샤머니즘에 대한 연구의 집적이 특히 이미 민속학(한국학)분야에서 이루어져 왔고 이러한 전통 위에서 인류학, 특히 구조 · 상징인류학의 토착화된 형태로 예술인류학의 등장이 내적 필연성을 갖게 된 것이다. 한국과 같은 드라마적인 역사 속에서 '생활의 규범으로서의 역사'를 설명하는 '이론적 틀'을 마련해야 하는 시대적 당위성이 예술인류학의 입장을 강화하는 것이다. 생활의 구조의 다양한 변이(variation)·변환(transformation)을 따라잡기 위해서는 거의 직관과 느낌에 의존하면서 구조의 수많은 변형(대표적인 예가 易이다.)을 미리 염두에 두는 접근방식이 필요하다.

예술적 접근의 방법론화

따라서 예술인류학은 결국 상징과 언어보다는 느낌과 기(氣)를 우선하는 경향(preference)을 갖고 있다. 끝으로 다시 말하지만 예술인류학을 흔히 예술작품을 대상으로 그 속에서 문화의 문법과 그 변형만을 연구하는 것으로 제한해서는 안 된다. 예술인류학은 그것의 과정을 매우 구조적으로 분석하고 역동적으로 재구성하여 학문 자체를, 혹은 문명 자체를 은유하려는 경향을 갖는다. 이것은 언어 - 상징 - 사물 - 기(氣)에서 '기(氣)로의 산화(散華)'를 추구하는 것이라고 말할 수 있다.

물론 예술작품도 예술인류학의 연구대상이 됨은 물론이다. 그러나 예술인류학은 어디까지나 연구대상보다 '예술적 접근의 방법론화'에 있다. 그리고 예술작품보다 '보통 사람의 삶'을 대상으로 하고 있다. 그 핵심은 메타포(metaphor)이다. 그 비유를 문화 속에서 찾는 일이며 이것은 크게는 문장이나 문화의 구조분석에 해당되기는 하지만 의미를 읽기 위한 것에 그치는 것이 아니라 의미 가운데서도 인간의 감정이나 정서를 환기시키고 촉발하여 각 민족마다 특유한 기(氣)의 형태와 운동, 즉 기질(氣質)을 이해시키기 위함이다. 이것은 구체적으로 메타포(metaphor)를 코드(code)로 사용하는 것이다.

학문(science)은 흔히 대칭구조를 하나의 결정론을 위한 개념으로 사용한다. 그래서 대칭구조를 하나의 텍스트로 만드는 작업을 한다. 이에 비해 예술인류학은 대칭구조를 시인이 마치 메타포를 사용하는 것처럼 활용한다. 기존의 학문이 하나의 결정론이나 구조(틀)에 얽매는 작업인 데 비해 예술인류학은 구조로부터 해방시키는 작업이다. 예술인류학은 비대칭적 타성태를 해체하고 구조적 의미를 밝히는, 즉 구조적 의미복합체를 해명(해체)하여 공명을 일으키는 것을 목적으로 한다.

이것은 마치 학문을 음악의 오케스트라처럼 들리게 하는 것이라고 말할 수 있다. 이것은 학문의 절대성, 이성의 절대성을 부정하는 열린 자세가 된다. 예술인류학은 하나의 텍스트를 고집하지 않을 뿐만 아니라 심지어 드러나지 않는 의미마저도 가정하여 마치 동양화의 여백처럼 남겨 놓는다. 이것은 예술인류학이 '닫힌 텍스트의 학문'이 아니라 '열린 콘텍스트의 학문'임을 뜻한다. 다시 말하지만 텍스트는 콘텍스트의 하나에 불과하다. 원천적으로 예술은 자유롭지 않으면 안 되고 자유는 설사 일정한 시공간에서 하나의 텍스트를 섬길지라도 궁극적으로 모든 텍스트로부터의 해방을 뜻한다.

2. 고조선 '선(仙)문명체계'와 풍류도

종교성, 예술성, 놀이성의 복합

풍류도 혹은 화랑도는 한국 고대사회가 모계사회에서 부계사회로 넘어가는 과도기, 혹은 부족국가 시대에서 국가시대로 넘어가는 시기로 보인다. 풍류라는 말은 한국과 중국, 그리고 일본에 존재하고 있다. 풍류(風流)라는 말은 한자말이기 때문에 결국 그 근원, 어원을 추적하면 중국에서 찾게 된다. 이것은 다른 용어의 경우에도 마찬가지이다. 그러나 주의할 것은 한자로 정립되기 전에도 풍류라는 말, 혹은 풍류라는 말과 같은 개념의 소리글자들이 적지 않았다는 사실이다. 흔히 풍류라는 한자말을 찾으면 육조(六朝)시대, 특히 진대(晉代)에서 그 근원을 찾는다.[50]

이들 삼국의 풍류도는 저마다 특색을 가지고 있다. 중국에서 풍류의 개념은 "'바람이 흐르다'라고 하는 자구의 의미로부터 氣風이나 遺風으로, 다시 風雅, 文雅의 의미로 확대되면서 후대에 이르면 남녀의 애정을 일컫는 말로 다소 속화되는 경향을 보인다."[51]

일본의 풍류의 개념은 "장식성, 화려함, 기품 등 외적으로 드러나는 아름다움의 요소를 강조되어 왔다는 것을 부인할 수 없다. 요컨대 일본의 풍류는 고상한 것이건, 화려하게 장식된 것이건 감각적으로 사람의 시선을 끌 만한 요소가 내포되어 있을 때 사용되는

---

50) 鈴木修次 <風流考> ≪中國文學과 日本文學≫ 137~138쪽, 1987, 동경서적주식회사.
51) 辛恩卿 ≪風流≫ 31쪽, 1999, 보고사, 서울.

말이라고 하겠다."[52]

이에 비해 한국의 경우 종교성, 예술성, 놀이성의 복합으로 규정된다. 이를 선가(仙家)라고 할 수 있다. 특히 신라는 종교성이나 도(道), 형이상학적 국면이 강조될 때 선(仙)이라는 말이 선호되는 반면 고려는 놀이적 국면이나 예술성이 강조될 때 풍류라는 말이 사용되는 경향을 보인다. 조선조는 놀이성이나 예술성이 더욱 강조되는 경향을 보인다.[53]

서양의 미학은 주로 대상을 목표로 하고 있다. 이에 비해 동아시아 삼국의 풍류도는 대상은 물론이지만 그것보다는 주체적이고 동태적인 것을 목표로 하고 있다. 이를 커뮤니케이션의 과정 중에 심적 작용에 의해 역동적으로 일어나는 것이라고 할 수 있다. 신바람은 그 대표적인 것이다. 풍류도는 미적 — 분석적 용어라기보다는 생활적 — 통합적 용어이다. 이 말은 예술을 대상으로 하기보다는 생활 속에서 자연적으로 분출하는 것을 말한다. 서양의 미학은 대상의 미학이지만 동양의 미학은 주체의 미학이다. 또한 예술(藝術)이라는 말도 '복축서장(卜祝筮匠)'이나 '풍수(風水)의 기(技)'를 가리키는 말이었다는 것을 상기할 필요가 있다.

신은경(1999)은 풍류를 거론하면서 각론에서 '흥(興)'과 '한(恨)'과 '무심(無心)'으로 분류를 하였다. 특히 '무심'에는 도교 혹은 불교의 영향을 볼 수 있었다. 물론 이러한 공통개념은 동아시아 삼국의 풍류를 아우르기 위한 것이었지만 예컨대 여기서 신(神)의 개념이 보다 독자적인 개념으로 쓰이지 않는 것은 유감이다. 그는 흥

---

52) 신은경, 위의 책, 39~40.
53) 신은경, 위의 책, 40~63.

(興) 혹은 무심(無心)에 신(神)의 개념을 포함시킨 것 같지만 신(신)이라는 개념이 훨씬 독자적이고 광범위한 문화체계를 통섭할 수 있다는 점에서 그렇다. 만약 신(神)을 내세운다면 그것은 바로 신선(神仙)이라는 개념으로 확장되고 선(仙)이라는 우리나라 고유의 문화체계에 접근하기 때문이다. 이 점은 매우 유감스러운 것이다. 물론 그의 국문학자적인 태도이긴 하지만 말이다.

나는 단연코 신(神) 혹은 신선(神仙)이라는 개념을 높이 살 수밖에 없다. 흔히 무교는 신선교(神仙敎)라고도 한다. 풍류는 곧 신선을 추구하는 문명체계로 느껴진다. 물론 문자기록의 부족으로 그 확실성을 증명하기에는 여러모로 역부족이지만 적어도 최치원의 난랑비 서문만 보더라도 짐작할 수 있다. 풍신(風神), 즉 바람과 신은 눈에 보이지 않는 영기(靈氣)의 세계, 기운을 표현하는 말로는 이보다 더 적합한 말은 없을 것 같다. 풍류는 바람의 신, 영기의 세계를 존중하는 산악지방의 이상적 인간상인 것 같다. 그 이상적 개념은 바로 선(仙)이다. 그런 점에서 풍류선은 참으로 되살릴 만한 것이다.

풍류라는 말 속에는 인류학적으로 볼 때 훨씬 중요한 개념이 숨어 있다. 풍류라는 말은 문학적으로 접근할 경우 그 전체상을 보이는 데에 한계가 있다. 풍류라는 말은 단순히 문학적, 예술적 술어가 아니라 일종의 통치제도와 연관을 갖는 것 같다. 특히 우리 민족의 경우 종교성과 예술성과 놀이성이 함께 있는 까닭이다. 물론 그것은 선(仙) 혹은 선가(仙家) 혹은 풍류선(風流仙) 등에서 엿볼 수 있다. 국토의 4분의 3이 산악으로 구성된 우리나라의 경우 이것은 더욱더 설득력을 가질 수밖에 없다.

흔히 한민족의 고대사는 환인(桓因) – 천황(天皇), 환웅(桓雄) – 지황(地皇), 단군(檀君) - 인황(人皇) 등 삼계(三界) - 삼황(三皇)을 나눈다. 또 한민족의 고대 경전으로 천부삼경(天符三經)을 들고 있다. 이것은 물론 나라와 그 나라의 통치의 원리가 되기에 충분한 것이다. 이러한 사실을 전하는 사서(史書)를 두고 위서(僞書)라는 논란이 있는 것도 사실이지만 이것이 구전에 의해 전해져 최근세사에 쓰였던, 삼국유사의 경우 중세에 쓰였던, 심지어 픽션이 가미되었다고 하더라도 고대 민족 문화를 복원하는 데에 있어서는 하등의 문제가 될 것이 없다. 오히려 이러한 작은 편린이나 구비나 금석이나 재야의 서적이 있는 것만 해도 다행이다.

고대 한민족의 통치체제 혹은 삶의 방식은 선(仙)이라는 말로 요약된다. 이것을 선문화(仙文化) 혹은 선문화복합(仙文化複合)이라고 명명하고자 한다.

〈표 10〉 선문화복합(仙文化複合): 삼신(三神)과 오행(五行)

불(火, 金) 2, 4 father fire, 밝, 朴 밝음	父 (天: 天神, 上帝) 象天	桓因 (天皇)
목(木) 3 son, sun 세계수 밝닭＝박달＝바다	子 (人: 天子 太陽神)	檀君 (人皇)
물(水) 1 mother water, 검, 신(神), 어두움	母 (西王母: 太陰神) 井 (地)法地	桓雄 (地皇)

그렇다면 선(仙), 풍류(風流)라는 말에는 어떤 의미가 숨어 있을까. 풍류(風流)의 한자 뜻은 '風'이 바람(wind)이고, '流'가 흐름(flow)이다. '바람의 흐름'이다. 이 말은 언뜻 무엇을 뜻하는지 다가오지 않는다. 바람은 본래 기운, 혹은 에너지 흐름을 종합적으로 표현하는 말이다. 바람에는 반드시 흐름이라는 방향성이 있다(운동을 하는 모든 것에는 방향성이 있다). 방향성이 없다면 운동을 안하는 것이 된다. 완전히 정지(靜止)된 것을 의미한다. 운동을 안 하는 것은 일부러 수도(修道)를 하는 사람이 아니면 죽은 사람에 해당한다. 동양문화 전체를 서양문화와 구분할 때는 정(靜)의 개념이 중요하다. 여기에 지(止)의 개념을 더하면 이것은 금상첨화이다. 그런데 의외로 풍류는 매우 동적인 개념이다. 여기서 우리민족의 역동성(力動性)을 추측게 한다.

바람은 불교의 사대(四大) 풍수화토(風水火土) 가운데서 가장 첫번째로 꼽히는 것이다. 결국 기(氣)의 가장 큰 운동체, 혹은 생동체가 바람이다. 그러고 보면 옛사람들은 바람에서 가장 큰 힘, 신과 같은 힘을 느낀 것 같다. 실지로 바람은 그 뒤에 오는 물과 불, 흙은 가장 큰 단위로 실어 나르는 힘의 원천이다. 바람은 무엇보다도 보이지 않는다는 점에서 가장 절대적인 신에 다가가는 것이다. 보이지는 않지만 가장 역동적으로 물과 불, 흙은 마음대로 실어 나르면서 무소불위의 힘을 부리는 바람, 그것은 바로 신과 동의어가 될수밖에 없다.

풍(風), 풍신(風神)

풍(風)에는 아시다시피 첫째 바람의 뜻이 있다. 바람은 자연과학적으로 보면 공기가 압력이 놓은 곳에서 낮은 곳으로 흘러가는 자연현상이다. 이것이 자연현상으로서가 아니라 문화적 상징, 키워드로 자리 잡은 셈이다. 풍(風)은 신(神)으로 불렸으며 풍신(風神)이라는 말도 있다.

풍에는 둘째 날아다니는 새의 뜻이 있다. '풍'자 속의 벌레 충(虫＝蟲)자를 빼고 새 조(鳥)자를 넣으면 봉(鳳)이 된다. 봉(鳳)은 또한 붕(鵬)으로 쓰였다. 봉(鳳)은 봉황(鳳凰)의 짝 가운데 암컷을 의미한다. 봉황은 지금도 우리나라의 대통령 휘장으로 사용되고 있을 정도로 익숙한 것이다. 진화론적으로 보면 파충류나 물고기가 새가 된다. 결국 빨리 달리다가 보면 나는 것이 진화론적인 목적인 까닭이다. 육상동물인 인간에게 있어서 나는 것은 일종의 염원이다. 뱀에서 나는 용(龍)이 나오고 물고기가 나는 곤(鯤)이 된다.

풍의 세 번째 뜻은 교화(敎化)를 말한다. 풍이 가장 형이상학에 도달한 경우이다. 풍(風)이라는 말 한마디로 풍류도를 말하기도 한다. 종교(宗敎)는 '크게 가르치는 것'을 말하는데 그러한 점에서 풍교(風敎)라는 말은 의미심장하다. 가장 가르침의 원천과 같은 냄새를 풍긴다. 풍교는 덕(德)으로 사람을 가르치는 것을 뜻한다.

풍의 네 번째 뜻은 풍속(風俗)을 말한다. 풍속이라는 말은 바로 오늘의 의미의 문화를 지칭하는 말이다. 풍속이라는 말은 풍채(風采)라는 말을 낳았는데 여기서 채(采)라는 말은 채(文彩)와 같은 뜻으로 쓰이고 결국 풍속은 문채, 문화를 말한다. 인간의 문화는 초목(草木)과 더불어 시작됐다. 문명은 숲에서 시작되었다. 특히 나무가 없으면 문명이 시작될 수 없었을 것이다. 숲은 그것 자체가 이미 성지이다. 그래서 인류의 신앙 가운데 나무 신앙이 제일 먼저이다. 이것을 세계수(世界樹, world tree)라고 한다.

풍의 다섯 번째 뜻은 바람나는 것을 말한다. 풍은 음양교합, 천지화합을 말한다. 주역에 풍(風)괘가 있다. 풍괘는 아래 위가 손(巽)괘로 ≡/≡이다. 음양, 남녀가 함께 바람이 난 것이다. 손괘는 사람으로 말하면 장녀가 되는데 말하자면 성인이 된 여자이다. 성인이 된 남녀가 만나는 것이 함(咸)괘이다. 함괘는 ≡/≡이다. 성인 여자가 성인 남자 위로 가는 것이 결혼이라면 반대로 결혼생활을 말하는 항(恒)괘는 ≡/≡이다. 항괘는 남자가 좀 힘 드는 것을 말한다. 바람이 났다는 것은 주로 동네처녀에 해당한다.

풍의 여섯 번째 뜻은 시(詩)의 종류이다. ≪시경(詩經)≫에 <국풍(國風)>편이 있으며 풍(風)이야말로 남녀의 사랑과 그리움을 노래한 시의 백미이다. 남자의 정충(精蟲)도 충(蟲)이고 보면 바람 풍(風)자의 궤(几)부는 범(凡)을 소리로 하여 바람을 나타낸다. 이것의 모양은 또한 사방이 닫힌, 나라 국(口)자 혹은 입 구, 구멍 구(口)자의 아래가 열린 것으로, 그 안에 충이 있는 것이니 남녀의 사랑과 섹스를 상징한다고 할 수 있다.

풍의 일곱 번째 뜻은 음악이다. 풍악(風樂)에서 잘 나타나 있다. 풍악이라는 단어는 좁은 의미에서는 음악을 나타내지만 실은 넓은 의미에서는 문화전반을 뜻하기도 한다. 음악에서 한 나라의 문화가 가장 적나라하게 드러난다. 음악은 한 나라의 감정과 미의식이 실인 통사구조(統辭構造)이기 때문이다.

풍에는 여덟 번째 뜻은 경치이다. 풍경(風景), 풍광(風光)이 그것이다. 여기서도 좁은 의미는 그냥 경치를 뜻하지만 넓은 의미로 보면 환경, 혹은 문화의 하드웨어를 뜻한다. 한 나라의 풍광에서 문화의 아우트라인을 다 읽을 수 있다.

풍에는 아홉 번째 뜻으로 병에 걸리는 것을 말한다. 흔히 감기(感氣)에 들거나 중풍(中風)에 걸렸을 때를 말한다.

한편 류(流)의 뜻도 여러 가지가 있다. 첫 번째 흐를 '유'라는 말에서도 알 수 있듯이 여러 갈래로 흐르는 것을 말한다.

류의 둘째 뜻은 갈래에서 의미가 확장되어 핏줄 혈통을 뜻한다. 유파(流派)는 대표적인 말이다.

류의 세 번째 뜻은 좀 특이한 것으로 유배(流配)를 의미한다. 특히 유배라는 말은 적소(謫所)에 보내는 것을 말한다. 짝 배(配)자 함께 있는 것은 아마도 예전에 짝을 찾아, 혹은 짝을 지워 멀리 보내는 것을 말하였던 것 같다.

류의 네 번째 뜻은 유(流)자의 상형에서 나타나는 것인데 양수(養水)에서 아이가 나오는 것을 뜻한다. 그래서 아이를 낳는 일을 말한다. 물론 오늘날 유산(流産)이라고 하여 아이를 낳은 일에 실패한 경우에도 쓰이고 있지만 말이다.

이상에서 풍류의 뜻은 결국 문화체계, 혹은 문화패턴이며 동시에 예악(禮樂)을 말한다. 풍류선(風流仙)과 풍악(風樂＝禮樂)이라는 말에 이 같은 사정이 잘 나타나 있다. 풍류는 선문화체계(仙文化體系)이다. 풍류는 단순히 노래나 음악을 나타내는 것이 아니라 문화풍속, 즉 종교성, 예술성, 놀이성이 하나가 되는 문화총체를 말하는 것이다.

3. 거시모델 'DSCO＝역동적 장(場)의 개폐' 이론＝역동장이론

문화인류학의 국내 위상

국내 문화인류학자 가운데 가장 동양의 음양론에 정통한 강신표(姜信杓)(전 한양대 문화인류학과 교수)는 나보다 한 세대 위의 학자로서 음양론을 인류학에 처음으로 적용하고 발전시킨 선구자이다. 나는 강신표와 김용옥(전 고려대 교수)에 대한 인간학적 분석을 한 바 있다. 이 결과는 ≪무당시대의 문화무당≫(1990, 지식산업사)이라는 단행본으로 출간되었다. 이 책은 일종의 예술인류학의 실험으로 세상에 빛은 보게 되었는데 다원다층의 음양학은 적용한 책이다.

≪무당시대의 문화무당≫은 다원다층의 음양학을 적용하여 많은 이원대립항의 코드로 분석하면 결국 연구대상에 대한 입체적 분석에 도달한다는 것을 실증한 이론으로 예술인류학의 기념비적 작품이다. 이것은 종래의 한 맥락에서 바라보는 학문적 연구경향을 탈피하여 소위 총체성을 추구하는 인류학적 연구방법으로서 특히 사람에 대한 연구에 유효한 것으로 드러났다. ≪무당시대의 문화무당≫은 단행본으로 출간되기 이전에 <무당시대의 문화무당>으로 ≪한배달≫이라는 학술잡지에 실렸다.[54]

강신표가 제안한 <BSTD: 시간과 공간의 이원적 장치의 상호 교환의 변증법적 호혜성>[55]은 동양적 음양학의 인류학적 응용의

---

54) 박정진, 1988, <무당시대의 문화무당>, ≪한배달≫(통권2호), pp. 126~169, 사단법인 한배달, 서울.

55) 강신표, 1980, '壇山社會와 韓國移民', pp. 80~85, 서울한국연구원.

획기적인 논문인데 이에 대한 최초의 인류학적 토론을 제기하면서 나의 거시모델 DSCO(Dynamic Space Close and Open: Dynamic Situation Context and Out of context)=역동적 장(場)의 개폐이론=역동장(Dynamic Field) 이론을 소개하려고 한다. 강신표의 소위 BSTD(Binary opposition Space Time Dialectical Reciprocity)모델은 한국 인류학계의 이상한 풍조 때문에 한 번도 제대로 정면에서 거론된 적이 없었다고 해도 과언이 아니다.

다시 말하면 강신표의 모델은 현실적 정합성(整合性)을 따지기도 전에 학계의 알량한 정치성 때문에 사실상 논박이나 비판에서도 소외되면서 무시되어 왔다. 그것은 정치인류학의 입문에서 나오는 지극히 원시적(원색적)인 이분법에 의한 학계의 파벌적 현상으로 이러한 현상 자체가 매우 소중한 인류학적 소재가 되기에 충분하다.

강신표의 이러한 학계 내 소외는 학계 내의 편중구조(학문적 편식)에 기인하는 바가 크며 한국 인류학이 사회학에서 분가한 세대에 의해 주도되는 것에서도 한 원인을 찾을 수 있다. 단도직입적으로 말하면 '인류학=사회인류학'으로 오도된 잘못된 풍토 때문인데 사회학과의 차별성을 극히 제한된 몇 가지 부분에서밖에 찾을 수 없는 인류학계 상황과 긴밀한 관련을 맺는다.

물론 강신표도 사회학과 출신으로 위의 등식에서 면제되는 것은 아니지만 사회학의 한계를 일찍이 느끼고 인류학으로 전향했을 뿐 아니라 '문화'에 대한 인식(이것은 문화인류학적인 인식을 말한다.)을 가장 먼저 시작했다는 점에서 약간은 위의 등식에서는 이단적 인물이다. 바로 여기에 문제의 핵심이 있다.

사회학은 많은 업적에도 불구하고 실증주의와 계량주의, 그리고 서구의 역사적 경험과 유추에 근거하고 있기 때문에 인류사회가 안고 있는 문화적 다양성, 정확히 말해서 문화적·상대성, 문화의 자기 완결적 체계에 등한한 점이 많았다.

따라서 비서구지역 문화에 대해서는 매우 예리한 논문에서도 서구적 환원주의를 벗어나기 어려운 점이 많았고, 섣불리 일반론이나 보편성을 운운하며 분석뿐만 아니라 서구식의 발전을 강요하는 우를 범했다.

강신표는 이에 대해 일찍이 문예사회학[56]을 주장하며 사회적 실체(reality)에 대한 문예적, 다시 말하면 소위 실증주의자들이 가정하고 있는 사회적 사실(social fact)에 대한(민속) 언어분석학을 통한 접근을 시도했었다.

이것은 강신표가 사회인류학자냐 문화인류학자냐에 상관없이 매우 의미 있는 하나의 작업임에 틀림없다. 이러한 사회인류학 내부의 대립과 혼란은 특히 사회로부터 '문화'를 분리해 내는(이것은 문화와 사회가 서로 독립된 영역이라는 주장이 아니라 사회학적 또는 사회인류학적 관점에서 문화인류학적 관점으로 시각을 바꾸어 보기 위한 조치로써) 작업을 어렵게 만들었다.

사회구조가 실증적인 것이든, 보는 자에 따른 해석적인 것이든 무관하게 '문화를 향유하는 개인(individual)'에게는 사회가 구속할 수 없는 독자적인 영역이 있다. 그러한 개인적 영역이 비록 사회적인 것에서 소여(所與)를 찾고 사회적으로 표현된다고 할지라도 엄연히 존재하고 있다. 예컨대 인간의 사고과정, 그 주체는 매우 대

---

56) 강신표(1979), '한국에 있어서 문예사회학의 가능성', 《한국사회학의 반성》, pp. 2
4~43, 현암사, 서울.

뇌적(大腦的)인 것이며 구조적(structural) 또는 상징적(symbolic)인 것이기 때문이다.

강신표는 그의 박사학위 논문에서 매우 계량적인 조사를 바탕으로 했지만 결국 인지적 변형[57]을 밝힘으로써 이 같은 점에 대한 인식을 보여 주었는데, 이는 한국 인류학계의 주도적 학풍과 매우 거리가 먼 것이다. 강신표의 학계 내 소위는 이와 무관하지 않은 것 같다. 지금까지 한국 인류학은 문화를 '사회구조'라는 틀에 볼모로 잡혀 왔다. 인간은 사회적 동물이면서도 창조적 개인이다.

창조적 개인으로서의 인간적 특성은 상징행위에서 가장 잘 드러난다. 비록 그 상징이 집단적인 것이라 할지라도 그것의 과정은 개인의 지각과정을 통하지 않으면 안 된다. 그 메커니즘이 밝혀져야만 보다 역동적(동태적) 분석이 가능하며 문화를 딱딱한(hard) 것이 아닌 부드러운(soft) 것으로 이해할 수 있는 길이 트인다.

강신표의 BSTD모델은 '대대적 인지구조'(待對的 認知構造)에서 '집단/급수/의례'로 더욱 구체화되고 확대되고 있다.

대대적 인지구조는 <조선전통문화考)에서, 또 '집단/급수/의례'는 현재 우리 사회 분석에 많이 이용되고 있다. 이 밖에도 '예/아니요'와 같은 일상언어분석 논문도 내놓고 있다.[58]

강신표는 이러한 점에서 진정한 동양적 문화인류학자이다.

---

57) 강신표(1973), 'The East Asian Culture and it's transformation in the East – a cognitive approach to changing world view among east asian americans in Hawaii', 서울대미국학연구소, 서울대출판부.

58) 강신표(1980), '壇山社會와 韓國移民', pp. 80~85, 서울한국연구원.

'BSTD'모델과 'DSCO'모델

강신표의 각종 인류학적 모델은 그 기저에 전통적인 음양사상을 깔고 있다. 음양 대립항(opposition)은 동일한 차원에서 지속적인 대립관계를 유지하는 것이 아니라 서로 다른 차원에서 역동적인 관계를 이룬다.

이러한 음양적 대립은 흔히 태극(太極)으로 표현하기도 하는데 서양의 대칭적(평행적) 대립과 달리 비대칭적(교차적) 대립으로 동아시아(동양)의 가장 대표적인 상징이다.

음양이란 상징은 이미 갑골문(甲骨文)시대부터 존속한 것으로 '천지(天地)→혼백(魂魄)→귀신(鬼神)→강유(剛柔)→음양(陰陽)'으로 발전해 왔다고 한다.[59] 따라서 음양은 글자 그대로 가장 원초적인 이분법으로 인간의 기본적 인지수단이 된 셈인데 그것의 다양한 변용(변형)으로 복잡한 대상을 파악하는 전략을 갖고 있는 것이다.

이것은 또한 가장 완벽한 탄력적인 기호(체계)가 되는데 이 같은 이유 때문에 아이러니컬하게도 음양사상이 하나의 학문적 틀이 될 경우 변화무쌍한 복합적 세계를 가장 단순화하여 '음양'이라는 틀 속에 가두고 안주해 버릴 약점을 동시에 내포하고 있다고도 볼 수 있다. 따라서 음양이 인지적(또는 언어적) 수준에서 인간의 감각 중 대뇌작용 및 특정감각에 의존하거나 제한되는 데서 오는 경직성을 탈피하는 것이 과제이다.

물론 인간의 제 감각이 학문적으로 표현되기 위해서는 어차피

---

59) Marcel Granet, 《The Religion of the chinese people》, tr. Maurice Freedman, pp. 80～82, 1975, Harper & Row, New York.

언어적 논의가 필요한 것이 사실이지만 제 감각에 인지구조가 '열려 있는 것'과 '닫혀 있는 것'은 천양지차가 있다. 또한 닫힌 상징의 경우 일정한 역사적 맥락에서 상징(이것은 신화라고도 할 수 있다.)을 재창조하지 못한다. 단도직입적으로 말하자면 언어화할 풍부한 재료(자원)의 유무와 관계가 되는 것이다. 전자, 즉 '열려 있는 것'일 경우 풍부한 상징의 세계를 계속적으로 경험적인 차원에서 논의할 수 있지만(논의를 위한 새로운 언어를 개발·창조할 수 있지만) 후자, 즉 '닫혀 있는 것'일 경우 이것이 불가능하게 된다. 다시 말하면 음양은 한 폭의 의미가 굳어진 추상화에 불과하게 된다.

지금까지의 논의를 요약하면 인지구조적(認知構造的) 접근은 인간의 머리와 기존의 사회구조에 의존하기 쉽다. 따라서 인간의 신체(몸)가 갖고 있는 상징성과 그 기능에 등한하기 쉽게 되고 상징의 경직성 때문에 신체가 요구하는 일종의 의례(페스티벌)를 무시하거나 거기에 적절한 설명을 부여하지 못하게 된다는 것이다. 다시 말하면 인간의 형이하학적인 측면을 무시하게 된다. 흔히 형이상학과 형이하학의 구분은 인간의 철학적·학문적 토대이면서도 굴레인데, 이 같은 결과에 대한 책임은 역시 형이상학에 있다. 형이상학이 생김으로써 자연히 형이하학은 그 대립적 위치에 놓였기 때문이다.

아마도 형이하학이 바탕이 되었다면 형이상학은 크게 필요치 않았거나 적어도 형이하학과 대립적(이원적) 입장에 있지는 않았을 것이다. 보다 폭넓은 상징인 의미의 세계는 형이상학(이성)에 의해 생산되지만 그 모태는 형이하학(감성)일 것이다. 이것은 위대한 철학도 필요하지만 위대한 어머니(후손의 재생산)가 없이는 철학도 설 땅을 잃는 것과 같다. 이성은 감성의 한 양식에 불과하다. 강신표의 일련의 작업은 '이원대립항의 발견'과 그것의 돌연변이로서 '의례(ritual)', 아니면 이원대립항의 애매 모호성(ambiguity, bi-vocality)에 기초를 두고 있다. 또한 이 같은 작업이 언어분석이나 사회구조분석에 머물러 있는 감이 있다. 이것은 본의 아니게 상징의 축소과정이라 할 수 있을 것이다.

상징의 종류는 무궁무진하다. 인간은 상징적 동물로서 그 특징을 드러내고, 문화는 그 '상징의 숲'이라고 할 때에 그의 작업은 지극히 문화의 협소한 영역이며 문화복합을 '언어'나 '사회구조'로 축소·환원하는 결과를 초래할 위험이 있다.

강신표의 경우 사회인류학의 주도적 학풍을 따르지 않는 데 문제가 있는 것이 아니라 오히려 보다 과감하게 문화인류학적이지 못한 게 문제이다. 문화를 보다 부드러운 것(the soft)으로 보도록 하는 개척적인 인류학적 작업을 한 그의 공적에도 불구하고 아직도 그의 연구는 의·식·주 또는 미술, 공연 예술, 민속 등에 확대되고 있지 못하다. 그는 의례·축제(ritual, festival) 등에 최근 큰 관심을 보이고 있다. 이것은 그의 변신을 의미하고 다른 한편 종래의 경직성을 탈피, 학자적 상상력이 경험적인(감각적인) 차원에서 자리 잡기 시작하고 있음을 뜻한다. 상징이라는 것은 특정 공간에서 출발하지만 공간에서의 탈출(자유로움)을 그 특성으로 하고 있다. 그러나 그것이 머리나 추상에 극단적으로 의존할 경우 힘을 상실하고 만다.

상징이 힘을 잃지 않기 위해서는 몸(신체)으로 표현되는 행위가 수반되지 않으면 안 된다. 행위는 공간에 매우 구속되는 것이지만 제 감각과 감정을 동반하여 '정리된 역사'(역사책)가 아니라 '이벤트(event)로서의 역사'(역사창조)를 만든다. 또한 거기에는 의식적인 것이 아니라 무의식적인 것까지도 실려 있다. 따라서 상징은 이제 신체적인 행위의 일부로 언어적인 것으로 조명되어야 하며 무의식의 일부로 의식적인 것으로 파악되어야 한다. 이것이 신화적 원형을 찾는 것이라 할 수 있다.

<도 3>은 나의 상징적 자연주의를 토대로 한 연행 모델(performance model)의 문화와의 관계와 특징을 표시한 것이다. 여기서 상징적 자연주의라 함은 흔히 자연주의라 할 때 자연과학주의를 나타내는 데 대한 동양적 자연주의를 대칭시키기 위한 말이다. 자연은 물질만이 아니며 정신이 함께 있다. 오히려 정신을 중심으로 물질을 포용하면 물질은 오히려 상징이라는 개념으로 대체되어야 한다. 상징적 자연주의의 대표적 모델이 음양오행이다.

신화적 원형은 언어 – 비언어, 인지 – 통각, 의식 – 무의식, 상징 – 생태, 상징 – 의례, 역사 – 신화의 연속체(continuum)상에 있다.

따라서 강신표는 언어·인지·역사에서 그의 연구를 비언어·통각·신화로 확대할 필요가 있다. 그래야만 문화의 복합적 특성을 파악할 수 있게 될 것이기 때문이다.

즉 <도 3>의 화살표 방향(A→B)으로 확대되어야 한다.

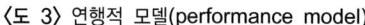

〈도 3〉 연행적 모델(performance model)

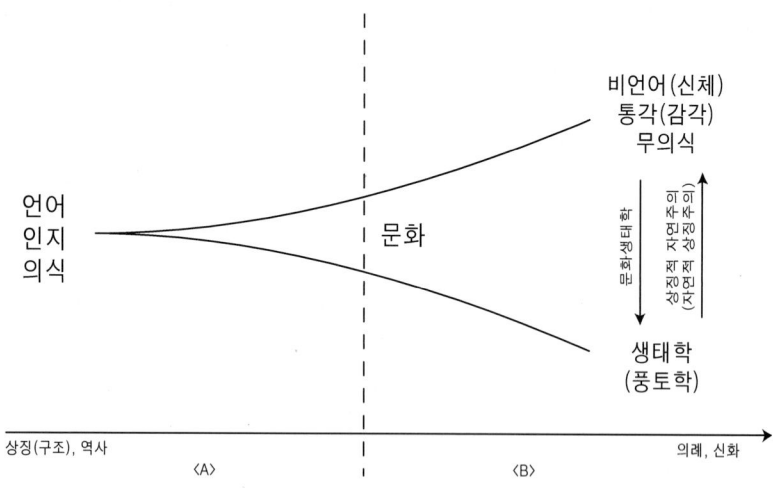

강신표는 비록 서양의 구조주의자나 실증주의자처럼 상징을 편견적 구조로 밀폐시킨 것은 아니지만 적어도 동아시아의 대표적 상징인 음양(陰陽)을 학문적 모델로 하는 데에 있어 너무 관념적 구조에 머물렀다. 그 관념적 구조를 벗어나는 것은 보다 많은 음양적 틀의 경험적인 사례연구일 것이다. 강신표는 구조인류학자로서 상징인류학자이다. 그래서 그는 우리 언어, 인지(의식), 역사에 관심이 많다. 이것은 많은 인류학자들이 과학실증주의라는 기치아래 서구중심주의에 빠져 있음을 생각할 때 매우 보배로운 위치를 점하고 있다.

그러나 그것이 기본적인 이분법(二分法)에서 벗어나지 못하고 있는 점은 한계성을 노출한다. 이분적(二分的)인 것은 일원적인 것으로 발전할 수 있을 때 가장 강력한 힘을 발휘한다. 예컨대 여러 가지 상징의(언어적) 세계들은 (비언어적)신체적인 연행(performance)에서 하나가 되고 역동적이고 일원적인 모습을 드러낸다. 연행의 세계는 모순적이고 역설적인 것들이 한 덩어리가 된다. 연행의 세계는 비언어, 무의식, 신화의 세계다. 이는 상징인류학이 의례(ritual)에서 그 본래적 모습을 찾음을 의미한다. 예컨대 풍류도와 같은 것이 연행이나 의례라는 차원에서 연구될 수 있을 것이다. 다시 말하면 연행이나 의례 속에 숨은 의미를 찾아내어야 한다.

강신표는 아직 언어적인 것으로 대변되는 관념성을 벗어나지 못하고 있다. 이는 구조인류학자들이 관념주의자로 흔히 몰리는 것과 같은 맥락이다. 사실 문화는 극단적으로 말하면 언어이고, 언어적인 것들이다. 그러나 인간의 역사는 문화가 자연에 뿌리를 박고 있듯이 비언어적인 것과 맥이 닿고 있다.

때로는 비언어적인 것들이 상당히 언어적인 것들로 솟아오르기도 하고 그것은 번역되지 않으면 안 되는 방언(方言)이다. 인류학자들에게 다른 문화는 일종의 방언이며 그 방언에서 보편적 의미를 찾아내려면 참여 - 장기체류 관찰이나 에믹의 연구가 필요한 것이다.

그렇다면 보편적인 것은 오히려 언어에 의해 오염되지 않는, 자기의 신(神)만을 강요하는 것이 아닌 순수한 감정이 아닐까? 자연의 먹이연쇄조차도 매우 구조화(등급화)되어 있다는 점에서 이미 오염된 문화적 차별성을 갖고 있는지도 모른다. 여기에 신화적 주제들이 생성되는 원천(源泉)이 있다.

어쩌면 신화적 주제들도 이미 언어적인 것들로 오염되고 있고 방언화되어 있는지도 모른다. 인간이 서로 다른 신화 때문에 먹이싸움을 하는 것도 이 때문이다. 심지어 그 먹이 싸움은 머리에서 발끝까지 전인적(全人的)인 것이다. 먹는 것은 입만이 아니고 허리로도 먹으며 짓밟는 것은 발이 아니며 때때로 성기적(性器的) 정복이다.

또 인간은 머리의 주제들을 위해 기나긴 탐험을 한다. 그것은 발의 주제들이 된다. 이토록 인간의 행위는 매우 언어적인 모습으로 분열되어 있다. 그러나 그 이면에 숨어 있는 것은 신화의 공통성이며 이것은 매우 현재적으로 살아 숨 쉬고 있다. 왜냐하면 그것은 역사에 의해 왜곡되고 오염되지 않고 저 위대한 자연처럼 영원불멸하기 때문이다. 신체의 상징성, 자연의 상징성은 거대한 정화(淨化)장치이며 자동조절균형 장치이다.

언어적 상징성은 신체적(비언어적) 상징성 ─ 이것은 의례이며 연행이다 ─ 으로 발전하지 않으면 안 된다. 신체적 상징성은 본능이나 생태적인 것과도 소통하는 상징이다. 따라서 우주로 열린 상징이다.

그래서 언어적 상징들이 때때로 장벽을 쌓고 전쟁을 일으키고 인간을 초토화시킬 때면 신체적 상징들은 마지막으로 수습책을 마련하거나 재건운동, 평화운동을 하도록 촉발시킨다. 이때의 신체적 상징은 피부색이나 장기(腸器)의 상징이 아니다. 신체적 상징들은 '신화적 원형'으로 부를 수 있다.

이 신화적 원형을 찾는 작업이야말로 상징인류학의 최종목표이다. 예컨대 한국문화의 신화적 원형은 풍류도인 것이다. 그것은 문화의 복합성(complex whole)을 허용하는 통합과 변이(variation) 사이의 긴장을, 인력(引力)을 갖고 있다. 모든 신화에는 무질서와 질서 ─ 혼돈과 조화, 창조와 종말 ─ 의 메시지가 있다. 비록 문화(권)마다 그 표현은 다르지만-.

강신표의 여러 작업들은 '질서와 발견' 쪽에 치중하고 있다. 그래서 무질서를 '의례적 상황'으로 규정한다. 무질서가 '질서의 재창조'이거나 의례가 '새로운 질서의 모색'이라는 인식에 인색하다. 다시 말하면 무질서는 '질서의 유지'에 봉사하고 매우 주변적인 것이 된다. 의례도 매우 특별한, 삽화적인 것이 된다.

그는 매우 균형론적 입장에 있고 균형론자들이 흔히 참여(participation)나 실천(praxis)에 소극적이듯이 역사적 창조보다는 인지적 원형의 확인에 충실하다. 그러나 그는 구조적 상징주의자임에 틀림없다. 이를 '상징적 자연주의'의 입장에서 비교ㆍ분석해 보자. 나는 일찍이 '상징적 자연주의' 또는 '자연적 상징주의'의 모델의 하나로 '역동적 장(場)의 개폐이론(DSCO) = 역동장(Dynamic Field)'을 주장한 바 있다.[60] DSCO이론은 확실성(certainity)보다는 불확실성(uncertainity), 이성보다는 감성, 이(理)보다는 기(氣), 분석철학(分析哲學)보다는 현상학(phenomenology), 구조주의(structuralism)보다 후기구조주의(post - structuralism)를 바탕으로 한 이론이다.

<표 11>의 언어와 비언어의 대립된 세계를 역동적으로 일원화하는 연행 모델(performance model)의 하나인 나의 DSCO모델과 BSTD모델의 특성을 비교 조명함으로써 토론을 발전시켜 보자.

(1) 대대적 인지구조/역동적 장(場)의 개폐이론

대대적 인지구조는 강신표의 모든 논문 속에 관통하고 있는 대표적 모델이다. 다시 말하면 그의 기타 모델은 대대적 인지구조의 응용이나 변용ㆍ확대이다.

대대적 인지구조는 무엇보다 관념적 코드(conceptual code)이다. 사실(진리)은 관찰자가 보는 대로 존재한다. 이는 사실이 대대적으

---

60) 박정진(1989), '한마당 철학으로 이르는 길', 《문화예술》(통권 121호), pp. 30~46, 한국문화예술진흥원, 서울.

로 존재한다고 전제하고 사실 속에서 그 대대성을 발견하는 것을 목적으로 한다. 대대성은 가장 원초적인 분류(분석)를 전제하게 되는데 이를 강신표는 음양(陰陽)으로 보고 있다.

다시 말하면 강신표의 BSTD모델은 동아시아에 보편적으로 전해 내려온 음양이론(학)을 현대적인 학문 모델로 부활시킨 것이라 볼 수 있다. 구체적으로 그는 이것을 형판(template)과 변환(transformation)이라 부르고 있다. 이것은 때로는 이원적 변증법(double-harness), 연쇄삼단논법(chain syllogism 3/4), 연쇄논법(1/4 sorite 3/4), 시니즘(1/4 sinism3/4) 등으로 불리기도 했다.[61]

이러한 이론은 확실히 인과론이나 삼단논법, 변증법과는 다른 측면이 있다. 개개의 존재(being)보다는 존재와 존재 사이의 관계, 또는 조화에 치중하는 경향이 있다.

말하자면 존재에 대한 인식을 위한 최소한의 분류 코드 같은 것으로 이원대립항(binary opposition)을 설정하고 있다. 다시 말하면 개념은 이원대립하는 코드로 구성된다. 강신표의 음양이론은 비록 서구의 과학결정주의에 의존하지는 않지만 적어도 '인식-존재론'의 맥락에서 음양을 다루고 있다. 따라서 변화(생성)를 설명하는 일종의 설명 틀로서 전통적인 음양론을 적용한 셈이다.

---

61) 강신표(1985), '한국전통문화의 구조적 원리', ≪한국문화연구≫, pp. 23~24, 현암사, 서울.

〈표 11〉 B. S. T. D 모델과 D. S. C. O 모델

B. S. T. D B=Binary opposition S=Space T=Time D=Dialectical Reciprocity	D. S. C. O D=Dynamics S=Situation(Space) C=Close(Context) O=Open(Out of Context)
㉠ 대대적 인지구조	역동적 장(場)의 개폐이론
㉡ 일원적 이원론(이분법)	이원적 일원론(이진법)
(이원적 理氣)	(일원적 氣理)
㉢ 언어(구조)	비언어(상징)
㉣ 의미구조	의미작용
㉤ 일상언어·문법(문장)	비언어 이미지(상징·체계)
㉥ 텍스트(Text)	컨텍스트(Context)
㉦ 先 정태적 모델/後 동태적 모델	先 동태적 모델/後 정태적 모델
㉧ 관념(개념)	이미지(氣素, 氣疏)
㉨ 환유(metonymy)	비유(metaphor)
㉩ 음양의 구조적 운동	음양의 전자기파적 운동
㉪ 이성	상상력 신내림
㉫ 구조(상징)인류학	예술(상징)인류학
㉬ '집단, 급수, 의례'	'상징 – 의례'

이에 비해 나의 '역동적 장(場)의 개폐이론'인 DSCO는 '인식 – 존재론'의 맥락이 아니라 '생성 – 변화론'의 맥락에서 전통적인 음양론을 현대화한 것이다. 나의 이론은 이원대립하는 코드의 여러 조합을 가지고 대상(사물)을 설명하는 틀로 이용하게 된다. 물론 여기서 코드들은 절대적인 것이 아니고 지극히 상대적인 것이며 고정된 의미를 가지는 것이 아니고 의미가 맥락에 따라 매우 가변적이다. 결국 맥락(context)에 따라 의미가 결정되고 나아가서 법(text)이 결정될 뿐이다. 맥락을 떠나면 그 의미는 무의미해진다. 따라서 폐상태는 하나의 맥락에 의해서 결정되며 코드를 생산하는 단위가 된다. 폐상태는 존재론적 상태이고 개상태는 생성론적 상태가 된다. 우주는 개상태와 폐상태의 조합에 의해 이루어지는데 개상태와

폐상태가 결합체가 우주인 셈이다. 우주는 또한 여러 코드의 다발과 그들의 결합체가 된다. 우주는 이러한 결합체의 합생물(合生物)이며 복합물(複合物)이다. 결합체의 결합력이 강하면 존재론적인 상태가 되고 결합체의 결합력이 약하면 생성론적인 상태가 된다.

따라서 DSCO는 무엇보다도 인간의 지각과정을 언어행위에 고착시키지 않고 비언어적인 여러 과정을 일종의 리듬(전기적 리듬)으로 파악한다. 리듬은 가장 단순한 상징(언어)일 수 있지만 연속적인 것이며 결코 한 맥락에서 인식과 그 대상을 이원화시키지 않아도 된다.[62] 그것은 인식이고 대상이며 변화이며 생성, 그 자체이기 때문이다. 다시 말하면 구태여 언어로 설명하지 않더라도 전달(전도)이나 소통(느낌)이 가능한 세계를 설정하고 있다.

결국 전기적 전도라는 것은 언어를 수많은 전기적 언어로(일종의 컴퓨터 언어) 환원시킬 수 있으며 언어와 사물을 이원화하지 않는다는 뜻이다. 전기(電氣)는 우리가 이해할 수 있는 기(氣)의 대표적인 부호이다. 이를 좀 극단적으로 말하면 사물과 언어가 하나가 된다는 뜻이다. 언어를 사물에 비해 높은 자리, 우월한 자리, 권력의 자리에 놓는 것을 싫어하는 것이다. 언어의 코드도 전기의 플러스(+), 마이너스(−)와 같이 이원적인 것의 하나이며 결국 수많은 디지털 세계의 일종이 된다. 아날로그 세계의 이면은 바로 디지털의 세계인 것이다. 이 두 세계는 별도의 세계가 아니라 하나의 세계의 두 가지 다른 측면인 것이다. 이러한 전기적 전도를 기(氣)라는 용어로 표현하고 있다.[63]

---

62) 박정진(1989), '상징 − 의례에 대한 理氣철학적 고찰', ≪한민족≫ 제1집, pp. 200∼228, 한민족학회 편, 敎文社, 서울.

이와 아울러 기(氣)가 언어화하는 과정을 상징(symbol)으로 설정하고 있다. 그러나 상징이 언어나 혹은 사물과 반드시 일치하지는 않는다. 어떤 점에서 기(氣)가 함의하고 있는 전기적 전도(＋, －)는 인식을 위한 수단이라기보다는 존재, 그 자체요, 존재의 표현의 세계이다. 다시 말하면 음양(陰陽)으로 인식하는 것뿐 아니라 음양으로 살고 있는 세계를 뜻한다.

전기, 구조, 법칙은 사물과 인간을 설명하는 삼각구조를 이룬다. 전기적 전도가 인간의 뇌 활동에서는 구조적으로 변형되어 나타나고 구조적으로 생각하는 인간은 사물에서 여러 차원의 구조(언어구조)의 조합을 통해 법칙을 발견한다. 그러나 사물은 정작 전기적으로 구성되어 있다. 전기의 법칙과 언어의 법칙과 사물의 법칙은 우주를 법칙으로 환원하는 삼위일체이다.

BSTD가 학문과 연행(performance)의 갈림길에 있다면 DSCO는 연행(performance)과 삶의 갈림길에 있다. 이상의 논의를 좀 더 구체화해 보자.

(2) 일원적 이원론(이원적 理氣 · 이분법)/이원적 일원론(일원적 氣理 · 이진법)

앞에서 기술했듯이 BSTD는 시간과 공간(T.S)을 이원론으로 보고 그것의 동적 관계에서 일원적인 것을 추구하고 있다. 이에 비해 DSCO는 장(場)의 표현형으로 개 · 폐상태를 설정하고 있다.

---

63) 박정진(1989), '한마당 철학으로 이르는 길', ≪문화예술≫(통권 121호), pp. 30～46, 한국문화예술진흥원.

말하자면 DSCO의 개상태는 일원적이고 폐상태는 이원적이다. 폐상태는 하나의 맥락이며 안으로는 이원적이지만 밖으로는 개상태를 기다리게 된다. 이것을 동태적으로 표현하면 일(1)은 이(2)를 기다리고(1↔2) 이(2)는 일(1)을 기다리게 된다(2↔1). 이것은 생성론적 상태이다. 이것을 정태적으로 표현하면 3·1의 원리가 된다. 이것은 존재론적 상태이다. 정태론적 – 존재론적으로 보면 3이 되고 3은 동시에 나아가고자 하는 방향에서 또 다른 1을 기다리는 1이 되는 것이다.

또 BSTD는 이분법을, DSCO는 이진법을 표방한다. 둘 다 구조적 형태(+, -, 0)를 띠고 있지만 전자는 분석적 입장, 후자는 역동적 입장을 나타낸다.

(3) 언어(구조) · 사물/비언어(상징) · 기(氣)

BSTD는 언어를 구조화(고정화)하려고 하고, DSCO는 느낌(feeling) — 여기서의 느낌은 기(氣)와 통한다 — 의 세계를 언어화하려는 것에 반발하여 비언어적 커뮤니케이션을 유지하려는 경향과 함께 상징을 종합적으로 이미지화하려고 한다. BSTD가 '상징의 구조화'라면 DSCO는 '비언어의 상징화'이다.

(4) 의미구조/의미작용

BSTD 지각 이미지(sense – image)를 정태적·분석적·단편적으로 보는 반면 DSCO는 동태적·종합적·포괄적으로 보려는 경향을 갖고 있다. 전자는 의미구조에 치중하고, 후자는 의미작용에 치중한다. 전자가 구조에서 기능을 발견한다면 후자는 기능(작용)에서 구조를 유추한다. 다시 말하면 후자는 기능에 따라 구조가 달라질 수 있음을 열어 두고 있다. 법칙이나 구조는 작용에 따라 얼마든지 달라질 수 있는 것이다. 법칙이나 구조는 보는 자의 맥락에 따라 결정되는 것이지 본래 그렇게 있는 것은 아니다는 입장이다.

(5) 일상언어 · 문법/비언어 · 이미지

BSTD는 언어의 사물화 경향 때문에 언어를 구성케 하는 문법(文法)의 발견에 치중하고, DSCO는 비언어(소리, 색, 몸)의 상징체계 또는 이미지를 형성하는 데 치중한다. 전자는 일상언어나 문헌, 문예물을 연구대상으로 하고, 후자는 행위 · 실천(운동) · 연행을 주요 연구대상으로 하기 쉽다.

(6) 텍스트/컨텍스트

따라서 BSTD는 의미구조 · 체계를 텍스트화(일종의 변형생성문법)하는 것을 목적으로 하고 DSCO는 텍스트를 컨텍스트화함으로써 의미작용을 생성적으로 파악하는 한편 지각 이미지를 제 감각의 종합적인 형태로 파악하려고 한다.

(7) 先정태적 · 後동태적/先동태적 · 後정태적 모델

BSTO와 DSCO모델은 둘 다 정태적 · 동태적 상태를 인정하고 있다. 단지 전자는 확실한 개념이나 언어의 확인을 통해 동태적 상태를 설명하려는 입장이 강하기 때문에 선(先)정태적 입장이고, 후자는 어떠한 설명을 위한 틀(개념)보다 생성되는 사물, 그 자체를 우선하기 때문에 선(先)동태적 입장이다. 그러나 전자도 변증법적 호혜성을 표명하고 있고, 후자도 기(氣)의 결정성이 높은 폐상태를 인정하고 있기 때문에 동태성과 정태성을 각각 내포하고 있다. 말하자면 BSTD는 정중동(靜中動)의 입장이고 DSCO는 동중정(動中靜)의 입장이다.

(8) 관념(개념)/이미지(氣素, 氣疏)

따라서 BSTD는 지각 이미지를 관념화(개념화)하려는 경향을 보이고, DSCO는 관념과 이미지의 상호작용과 나아가서 지각 이미지의 전도·전이(transition)에 치중하여 사물을 온몸으로 느끼는 통각(統覺) 경향을 나타낸다. 나는 DSCO모델을 기(氣)철학을 토대로 설명한 적이 있다. 말하자면 위의 전이·전도상태는 기(氣)의 상태를 말하는 것이며 DSCO는 관념이나 개념보다는 느낌(feeling)의 최소단위로 기소(氣素)를 제안하고 있다.[64]

(9) 환유(metonymy)/비유(metaphor)

이상의 특성으로 볼 때 BSTD는 환유에, DSCO는 비유에 지각이미지를 끊임없이 환원시킨다. 물론 환유도 비유적 기능을 하고, 비유도 환유적 기능을 하기 때문에 양자가 만나는 점이 있다.

---

64) 박정진(1990), ≪무당시대 문화무당≫, pp. 97~99, 지식산업사, 서울.

마치 음양(陰陽)이 훌륭한 환유이면서 동시에 훌륭한 비유인 것과 같다.

두 모델이 음양이론을 기본 사상으로 하고 있는 것도 같은 맥락이다.

(10) 음양의 구조적 운동/음양의 전자기(파)적 운동

결국 BSTD는 언어적 경향 때문에 음양의 구조적 운동을 한다고 말할 수 있고, DSCO는 비언어적 경향 때문에 음양의 전자기(파)적 운동(전도, 전이)을 한다고 할 수 있다. 여기서 전자기(파)적이라 함은 단순히 물리적인 전자(파)적 법칙이라기보다는 보다 넓은 지각 이미지의 느낌(feeling) 또는 상호 교감을 말한다.

(11) 이성(理性)/상상력(신내림)

두 모델의 근본적인 힘은 어디서 연원하며 지향점은 어디일까? BSTD는 이성이고, DSCO는 상상력이다. 또한 BSTD는 '이성→구조'로, DSCO는 '상상력→이미지'로 향하고 있다. 특히 DSCO는 이미지 가운데서도 신내림이나 신에 대한 이미지를 최대의 것으로 간주한다.

(12) '집단 · 급수 · 의례' / '상징 · 의례'

강신표는 인지인류학적 차원, 사회인류학적 차원(생태적인 영역도 포함한다고 하지만 구체적인 성과는 없다.)에서 제한한 가설

'BSTD'이론을 확대·실험하고 있다. 그는 역시 사회인류학자답게 (문화인류학자라 하지만) 집단이나, 그것의 위계(hierarchy)인 급수를 인정하고, 다시 말하면 사회적 언어에 충실한 편이다. 그에게서 의례는 기존의 사회적 언어를 확인·강화시켜 주기도 하지만 기존언어(질서)의 모순을 치유(보완)하기 위한 — 이런 것은 주로 심리적인 영역이지만 — 것으로 해석된다.

말하자면 그에게는 구조의 한 변형(돌연변이)으로 의례를 보고 있다. 이에 비해 나는 기존의 사회적 언어 — 위계질서 — 를 하나의 '상징'으로 본다. 이것은 기존의 사회적 언어는 변하고 있으며 변화를 종용받고 있다는 입장을 말한다. 즉 '상징은 변화를 내포한 구조이며 기존구조를 변화시킨다.'는 명제하에 있다. 이상에서 강신표는 구조주의자의 입장이고, 나는 상징주의자의 입장임을 알 수 있다.

문화총체로서의 상징 - 의례

강신표는 사회인류학 일색의 한국 인류학계에 독특한 존재이다. 그는 사회구조의 발견을 사회학자들의 사회 실재론적 입장에서 구명하기보다는 일상언어를 통해서, 또는 조선조의 전통적 문법 속에서 찾으려 했다. 따라서 흔히 사회학자들이 범하기 쉬운 서구학자들의 법칙이나 방법론에의 종속을 탈피하는 한편 한국사회, 한국문화의 주체적 해석 — 이는 한국적 특수성의 보편화라 부를 수 있다. — 이라는 성과를 거두는 일면을 갖는다.

그러나 그는 문화를 언어로 보는 관념주의자의 입장 때문에 문

화를 사회구조에서 빠져나오게 하긴 했지만 그 같은 구출작전이
아직은 완전한 성공을 했다고는 볼 수 없다. 다시 말하면 문화의
언어적 환원(사회구조보다는 훨씬 운신의 폭을 넓혔지만)은 문화의
보다 많은 경험적인 차원을 놓치거나 등한시하게 되는 결과를 초
래하게 된다.

따라서 한국문화에 대한 보다 풍부한 이해를 위해서는 그의 언
어중심주의는 행위, 신체중심주의·물질(문화)중심주의로 발전해야
한다고 생각한다. 그것은 언어가 상징의 극히 일부분이며 많은 구
조의 가능성 가운데 하나일 뿐이라는 인식에서 출발하여야 할 것
이다. 즉 그의 주장대로 집단의 급수가 때때로 연출하는 이례적인
상황으로서의 의례(ritual)가 아니라 '상징의 확대과정으로서의 의
례'에 대한 관심이 요구된다.

이러한 의례야말로 각 문화가 단순히 생태적 적응을 위한 것으
로서가 아니라 그 같은 문화적 장치가 어떻게 생태적 적응에 성공
적이었는지를 알 수 있게 함으로써 생태학적 해석과 독립적으로
문화학적 해석이 자리 잡는 계기를 마련하는 것이 될 것이기 때문
이다. 의례(ritual)야말로 가장 총체적인 문화복합(culture complex)
바로 그것이다.

한국문화의 올바른 이해를 위해서는 의례연구를 통한 신화적 원
형의 발견이 지상과제이다.[65] 또 이 같은 연구를 위한 철학적 토대
가 절실하다.[66]

---

65) 박정진(1988), <예술인류학의 신화적 원형과 사례연구>, ≪문화예술≫(통권 118호),
   pp. 54~67, 한국문화예술진흥원, 서울.
66) 박정진(1989), <상징·의례에 대한 理氣철학적 고찰>, ≪한민족≫ 1집, pp. 200~
   228, 한민족학회 편, 敎文社.

그것은 단순히 '의례의 구조연구' 차원이 아니라 의례가 갖고 있는 문화적 환영(illusion), 즉 문화 이미지(image)를 밝힘으로써 '통각적으로 우리 문화를 이해하는 차원'(여기엔 감정이 살아 있다.)으로 승화되어야 할 것이다. <표 4>의 '상징→의례'는 우리 문화의 연구 방향을 제시하고 있는데, 의례를 연구함으로써 폭넓은 상징(의례→상징)과, 신화적 원형을 연구하는 계기가 될 것으로 나는 생각한다.

이것이 오늘날 상징인류학적으로 볼 때 한국인류학계의 또 하나의 연구과제이다. 이 같은 연구의 실천이 반드시 신화연구에서 비롯되는 것은 아니며 문화전반에서 이루어져야 할 것이다. 강신표에 대한 한국인류학계 내의 몰이해에 대한 공개적인 반성과 함께 그의 연구활동(모델)보다 더 광범위한, 경험적인 한국문화에 대한 '문화인류학적 연구 결과'가 나오길 기대한다.

A. N. 화이트헤드의 과정철학과 예술인류학

화이트헤드의 과정철학[67]은 존재(being)에 대한 생성(becoming)의 우위에서 출발하고 있다. 이것은 서양철학사에서 '만물유전(萬物流轉)'이라는 고대철학자 데모크리토스에서 구현된 적이 있는 것인데 이를 다시 부활시켜 새로운 생명력을 갖게 한 것이다. 화이트헤드의 공적은 만물유전을 출발로 하여 이것을 완전히 근대적 철학적 모습으로 구체화하였을 뿐만 아니라 동시에 흔히 만물유전(이것을

---

67) Alfred North Whitehead, ≪Process and Reality: An Essay in Cosmology≫, 1929. Corrected edition. Edited by D. R. Griffin and D. W. Sherburne. New York: The Free Press, 1978.

편의상 氣質이라고 할 수 있다)과는 반대로 보이는 이성(理性)에게도 창조적 기능과 열려진 가능성을 열어 놓음으로써 인류를 종교적 도그마에서 해방시키게 된다. 화이트헤드의 의미로 보면 종교란 흔히 '원초적 본능의 신'과 '결과적 본능의 신'이 유착되어 우상화되는 경향을 가지고 있다.

이성(理性)에도 두 가지 모습이 있는데 하나는 창조적 이성이고 다른 하나는 보수적 이성이다. 창조적 이성은 미래지향적이지만 보수적 이성은 과거지향적이다. 창조적 이성은 밖으로 나가려고 하는데 보수적 이성은 안으로 들어앉으려고 한다. 창조적 이성은 개방적인 데 반해 보수적 이성은 폐쇄적이다. 그런 점에서 이성은 닫힌 체계가 될 위험이 있다. 대체로 종교는 신성(神性)과 달리 보수적 경향을 가지고 있다. 그래서 종교는 쉽게 권력과 유착관계를 맺거나 권력자체가 되기 쉽다. 종교가 타락하는 것은 이 때문이다. 그러나 이에 비해 학문은 보수적이긴 하지만 이성의 창조성에 의존하기 때문에 도그마로부터 해방될 수 있다. 그러나 학문 또한 잘못하면 종교적 우상화의 노예, 희생물이 되기 쉽다. 왜냐하면 이성의 창조성을 계속 유지하기란 어렵기 때문이다.

다음은 국내에서 과정철학의 연구로 처음 박사학위를 받은 문창옥 박사가 쓴 『화이트헤드 과정철학의 이해』(통나무)의 서문 '이 책에서 배움을 얻고자 하는 젊은 사람들에게'에 쓴 김용옥의 글귀를 읽어 보자. 과정철학에 대한 아우트라인을 파악하기에 매우 유효하다.

"현재는 과정이다. 진정한 우주론은 과정일 수밖에 없는 것이다. 과정을 외면하는 모든 우주론은 종교적 입장에 불과한 것이다. 그것은 철학의 자격을 유(有)할 수 없다. 과정이란 다(多)에서 일(一)로의 창조적 전진을 말하는 것이다. 과정은 어떠한 경우에도 일(一)에서 다(多)로의 전진을 의미할 수 없다. 일(一)에서 다(多)로, 우주의 과정을 생각하는 모든 사유 속에 바로 창조론과 종말론의 독단이 스며들게 되는 것이다. 우주의 과정은 끊임없이 다(多)에서 일(一)로의 합생(合生)일 뿐이며 일(一)은 완성(만족)되는 동시에 다화(多化)되는 것이며 다중일(多中一)이 되는 것이다. '존재한다는 것', '무엇이라는 것' 그 자체가 이미 '다른 존재와의 실재적 통일성을 획득하기 위한 가능성을 갖고 있음'을 의미하는 것이다. 다(多)·일(一)·창조성, 이 세 가지는 과정적 우주의 가장 궁극적 범주다. 창조성이란 그것 자체로 독립된 실체가 아니라 우주의 가장 궁극적 사실을 성격 짓는 보편자들의 최후적 보편인 것이다.

다시 말해서 이 우주는 창조적일 수밖에 없고 창조적이기에 새로움의 합생이 가능하고 이행이 가능하고 끊임없는 잡(雜)에서 순(純)으로의 창출이 가능한 것이다. 우주는 끊임없이 다(多)에서 일(一)로, 잡(雜)에서 순(純)으로의 '역(易)'이라는 이 원리에서 생각해 볼 때 헤브라이즘의 창조설이나 요한복음의 영지주의(Gnosticism)적인 로고스의 창조나 주자학(朱子學)에서 말하는 '일분만수(一分萬殊)'의 논리는 모든 우주적 과정에 대한 불완전한 그림의 소산일 것이다."[68]

위의 글의 핵심내용은 바로 <우주의 과정은 끊임없이 다(多)에서 일(一)로의 합생(合生)일 뿐이며 일(一)은 완성(만족)되는 동시에 다화(多化)되는 것이며 다중일(多中一)이 되는 것이다>이다. 그런데 문명은, 아니 문명이 쇠퇴할 때는 이를 역(逆)으로 생각하고 사

---

68) 문창옥, "화이트헤드 과정철학의 이해" pp. 18~19, 1999, 통나무.

람과 사물에게 강요하게 된다. 다시 말하면 추상 속에 가두어 단순화·획일화하는 유혹에 빠지는 것이다.

다음은 위의 책에서 문창옥 박사가 '들어가는 말'에 쓴 구절이다.

"화이트헤드는 이미 철학의 위기, 아니 보다 더 정확히 말하자면 우리 시대의 문명의 위기를 예감하고 있었다. 추상을 추상으로 인식하지 못할 때 문명은 쇠퇴의 길을 걷는다. 흩어지는 추상관념들을 놓고 벌이는 사유의 유희는 인류를 불모의 황야로 이끌 것이며 결국 인류가 향유하는 문명은 몰락하게 되리라는 것이다. 문명의 융성은 구체적 사태와 이에 대한 충족적이고도 다양한 경험을 열어 놓는 데서 가능하다. 경험의 다양성을 추상 속에 가두어 단순화·획일화하는 정신은 결국 자폐증으로 고사하게 될 것이다."[69]

과정철학은 한마디로 열린 철학이다. 우주를, 철학을 열어 놓고자 하는 것이다. 닫힌 체계를 설정하고 이를 상대방에게 강요하는 것이 아니라 우주는 무한히 생성되고 변화하고 있는 열려 있는 체계이며 이에 인간이 적응하여야 함을 강조한다. 과정철학은 정통 존재론적 철학과 달리 현실적 존재(actual entity)의 있음(being)을 인정하지 않고 그것이 생성(becoming)에 의해 구성된다고 보고 있다. 이는 처음부터 절대적인 존재를 인정하지 않은 발상법이다. 나중에 언급하겠지만 화이트헤드는 영원한 객체(eternal object)를 인정하고 예기적 지각에 의한 객체적 불멸성(objective immortality)에 대한 지각을 인정하지만 최초의 있음(being)을 인정하지 않는다. 이러한 태도는 정통 철학의 존재와 인식이라는 이분법을 인정하지 않으면서 현실적 존재는 자신의 주체적 경험의 산물이며

---

69) 문창옥, 위의 책, p. 30.

그러한 의미에서 창조적 현실적 존재(actual entity)이다. 이 존재((actual entity)는 무(無)로부터의 창조가 아니라 경험이라는 것이 그렇듯이 다수(多數)의 타자(他者), 다시 말하면 여건들(data)의 자기화(appropriation)이다. 현실적 존재(actual entity)와 그것의 발전적 형태인 합생(합생: concrescence)은 내적으로는 결정되어 있지만 외적으로는 자유롭다.

그래서 화이트헤드는 철학의 존재에 대한 인식을, 인식이라고 하지 않고 파악(prehension) 혹은 느낌(feeling)이라고 한다. 이 대목은 매우 중요하다. 다시 말하면 화이트헤드에게는 느낌이 없으면 우주는 없는 것이다. 느낌에서 분리된 절대적 존재는 없고 단지 느낌의 위에서 절대적 존재가 있게 된다. 여기서 동양 철학에 익숙한 독자들을 위해 이것을 잠깐 설명하면 화이트헤드의 절대적 존재란 동양철학의 절대리(絶對理)로 보면 되고 화이트헤드의 영원한 객체(eternal object)는 이(理)가 된다. 조선조 중기 때 우리의 주자학자들은 이기일원론(理氣一元論), 이기이원론(理氣二元論), 사단칠정론(四端七情論)으로 밤을 지새웠는데 화이트헤드와 비교하면 이 '분리된 절대적 존재'를 인정하느냐, 못하느냐에 달린 논쟁이었던 셈이다. 도덕을 목표로 하던 퇴계 이황(李滉)은 절대적 존재를 인정하였고 경세를 목표로 하던 율곡 이이(李珥)는 절대적 존재를 인정하지 않았다. 그렇다면 율곡의 '기발이승(氣發理乘) 이통기국(理通氣局)'이 화이트헤드의 입장과 같다.

다시 화이트헤드로 돌아가자. 그렇다면 그 파악과 느낌이 이루어지는 과정, 미시적 과정(microscopic process)은 어떤가. 그 파악과 느낌에는 주체적 형식(subjective form)이 개입하고 또 그 속에 긍정적 파악(positive prehension)과 부정적 파악(negative prehension)이 있어서 사유화(appropriation)와 배제를 통해 내적 통일성을 기하게 된다. 이것은 매우 우연적, 계기적인(occasionally) 것이다. 역으로 그래서 우주는 현실적 존재((actual entity) = 현실적 계기(actual occasion)이기도 하다. 그 느낌의 여건(data)으로서 단순한 물리적 파악(physical prehension)과 함께 개념적 파악(conceptual prehension)을 하기 위한 한정형식으로서 영원한 객체(eternal objects)가 포함된다. 물리적 파악의 특징은 긍정성, 순응성, 안정성이고 개념적 파악의 특징은 부정성, 일탈성, 자율성이다. 물리적 파악은 물리적 극(physical pole)을 형성하고 개념적 파악은 정신적 극(mental pole)을 형성한다.

화이트헤드는 처음부터 현실적 존재(actual entity)를 설정하고 그것을 파악하고 느끼는 과정을 기술하면서 결국 물리적 극과 정신적 극을 이루는 것으로 기술하고 있다. 화이트헤드는 또 현실적 존재가 물리적 극과 이로부터 발생하는 정신적 극의 유기적인 결합으로 이루어져 있다고 말한다. 그래서 정신과 물질의 존재론적 이원성을 극복하게 된다. 물리적 극이 지배적인 것은 무기물이고 정신적 극이 지배적인 것은 고등 유기체의 중추신경 계통의 동물이다.

그런 점에서 우주를 역동적인 세계로 가정하고 있는 나의 예술인류학의 '역동적 장(場)의 개폐이론 = DSCO(Dynamic Space Close and Open) = 역동장(Dynamic Field)'과 매우 상통하고 있다. 우주는 어디까지나 느낌(feeling)의 총체이다. 나의 예술인류학은 '역동적 장(場)의 개폐이론 = DSCO(Dynamic Space Close and Open) = 역동장(Dynamic Field)은 물리적 극과 정신적 극에 이르는 과정 혹은 연속체를 기(氣)의 공간(Space: 場)의 두 가지 역동적 운동상태로 나누었다. 하나는 개상태(開狀態: Close)이고 다른 하나는 폐상태(閉狀態: Open)이다. 이 역동적 운동상태 가운데 계속 개상태를 향하여 앞으로 나아가는 것을 긍정적 피드백(positive feedback)운동이라고 하고 폐상태에 머물려고 하는 것을 부정적 피드백(negative feedback)운동이라고 명명하였다. 여기서 무기물은 역동적 장, 혹은 연속체 상에서 처음 폐상태에 가까이 있는 것이고 고등 유기체의 중추신경계통의 동물은 마지막 개상태에 가까이 있는 것이다.

여기서 공간(Space) = 장(場) = 상황(context) = 경우(situation) = '자리'는 물론 인류학에서 말하는 통시성(通時性)이 아니라 공시성(共時性, synchronicity)을 전제하고 있다. 공시성은 흔히 동시성(同時性)과 같이 번역되기도 하지만 정확하게는 시간이 있는데 같은 것이 아니라 시간의 선후 개념이 아예 없는 것을 말한다. 시간의 개념이 없다는 것은 동시에 공간의 개념도 없다는 것이 된다. 공간의 개념이 없다면 공간의 상하, 좌우 개념도 없는 것이다. 차라리 시간과 공간을 초월한 시공(時空)의 개념이 적당하다. 공간(Space)의 개념은 전통적으로 시간과 공간의 개념을 써 온 연장선상에서 그것을 극복하는 것이긴 하지만 편의상 차용하는 것이라고 보면 된다. 그런 점에서 공간(Space)은 시간의 대 개념으로서의 공간이 아니라 우주의 개념으로서의 공간이 된다. 그것을 굳이 장(場)이라고 하는 이유가 여기에 있다.

장(場)이라는 개념은 반드시 하이젠베르크의 불확정성의 원리와 아인슈타인의 상대성원리(에너지는 질량 곱하기 빛의 속도의 제곱)가 적용되는 영역이다. 다시 말하면 인류학에도 불확정성의 원리와 에너지의 원리가 적용되는 것이 바로 예술인류학이다. 이럴 경우 우리는 전통철학인 정·기·신(精·氣·神) 개념을 상기해 볼 필요가 있는데 기(氣), 장(場)의 개념을 도입하면 흔히 기(氣)＝물질이라고 보는 전통적인 주기론자(유물론적 주기론자)와 달리 도리어 물질＝이(理)라는 입장도 가능하게 된다. 기(氣)는 한편으로 정(精)을 일으키고 다른 한편으로 신(神)을 일으키게 된다. 이것은 전통적인 삼재사상, 삼원론인데 이것을 이원론인 물질과 정신으로 대입하면 보는 이에 따라 기는 정신이라고 할 수도 있고 물질이라고 할 수도 있게 된다. 기는 물질과 정신을 일으키는 것이지 그 어느 한편에 소속되는 것이 아니다.

화이트헤드의 의미에서 볼 때 현실적 존재를 기(氣)로 대입하면 정신적 극이 신(神)이 되고 물리적 극이 정(精)이 되는 셈이다. 정·기·신(精·氣·神)이라는 개념은 원래 삼원적이면서도 동시에 일원적인 것(3·1원리)이기 때문에 존재론적 이원성을 처음부터 극복할 필요도 없다. 처음부터 일원적이기 때문이다. 화이트헤드의 과정철학은 일견 정·기·신(精·氣·神) 개념을 '현실적 존재(actual entity)＝기(氣)'라는 개념을 중심으로 재구성한 것과 흡사하다. 이것은 기(氣)라는 개념의 현대적 부활이라고 하여도 무리가 없을 것 같다. 그동안 인간의 학문은 이(理)를 통하여 정신과 물질의 이원성을 극복하고 다스려 왔다고 해도 과언이 아니다. 그러나 이제 그 임무가 기(氣)로 넘어온 셈이다. 기(氣)를 중심으로 새로운 학문적 전통을 수립하는 데는 동양의 천지인(天地人), 정기신(精氣神)의 삼원론이 매우 효과적인 것 같다.

나의 예술인류학은 물론 기(氣)를 중심으로 문화론을 전개하고 있는데 기(氣)를 정신과 물질의 매개로 본다. 이는 한 문화를 연구하면서 그 문화의 기(氣)에 도달하지 않고는 한 문화, 즉 한 문화의 정신과 물질을 제대로 알 수 없다는 것을 주장하는 셈이다. 인류학의 다른 학문과의 차별성을 짓는 가장 큰 특성 가운데 하나인 장기 체류관찰(participant observation)은 바로 이 기(氣)를 이해하기 위한 훌륭한 방법인 것이다. 인류학자들은 실지로 그것을 실천하면서도 정확하게 왜 그것이 훌륭한지를, 그것의 철학적 바탕이 무엇인지를 아직껏 모르고 있었던 셈이다. 바로 기(氣)의 소통을 위한 것이었다.

기(氣)의 소통이 가장 활발히 일어나는 것은 물론 다른 문화 연구에서보다 자기 문화 연구에서 일 것이다. 그런 점에서 고백의 민족지적 가치를 제기하였다. 이는 마치 사회학에서 문예사회학이 있는 것과 같다. 문예사회학과 같은 레벨에서 '예술을 대상으로 한 인류학'을 제안하고 다른 한편 조사연구자가 마치 배우가 연기하듯이 조사지의 문화에 의기투합(意氣投合)하여 빠져드는 것을 '예술적 접근 인류학'이라고 하였다. 이 둘을 예술인류학이라고 명명하였다.

화이트헤드로 다시 돌아가자, 화이트헤드는 지각과정에 대해서도 인과적 효과성의 지각(perception in the mode of causal efficacy) = 물리적 지각(physical perception), 현시적 직접성의 지각(perception in the mode of presentational immediacy), 예기적 지각(anticipatory perception)을 주장한다. 인과적 효과성의 지각은 현실적 존재 속의 과거의 잔존에 대한 우리의 경험을 모든 현실적 존재의 기본적 경험으로, 유비를 통해 일반화한 것이다. 예기적 지각은 현실적 존재의 본성에 내재해 있는 객체적 불멸성(objective immortality)에 대한 지각이다. 또 현시적 직접성의 지각은 과거와 미래의 사이에서 상호 내재하는 간접적 지각이다.

화이트헤드는 인과적 효과성의 지각과 현시적 지각을 분리하여 말했지만 인간의 일상적 지각은 항상 이 두 양태의 혼합으로 이루어져 있다고 말한다. 이러한 혼합된 지각을 상징적 연관, 혹은 상징적 지시(symbolic reference)라고 말한다. 이 상징적 연관에 의해서 현재를 과거와 미래에 걸쳐 있는 것으로 지각한다. 이 상징적 연관은 바로 상징작용(symbolism)이다. 화이트헤드는 말한다. "인간의 정신성은, 그 경험의 어떤 구성요소가 다른 구성요소에 관한 의식, 믿음, 정서 및 용도 등을 이끌어 낼 경우 상징적으로 기능하고 있는 것이다. 전자에 속한 일련의 요소는 상징이고 후자에 속하는 일련의 요소는 그 상징의 의미를 구성한다. 상징에서 의미로의 전이(transference)를 가져오는 유기적 기능이 상징적 연관이라고 일컬어진다."

화이트헤드는 이 상징적 연관이 성립하려면 두 지각이 갖는 공통의 기반이 필요하다고 역설하는데 그 기반을 감각여건(data)과 장소(locality)에 두고 있다. 감각여건이란 다름 아닌 물리적 파악과 함께 영원한 객체(eternal object)들의 조합이고 장소란 지각자에게 주어진 연속체, 연장된 현재, 현재화된 장소(presented locus)라고 말한다. 이때의 장소란 나의 예술인류학의 장(場: Space)과 흡사하다. 나에게 이(理)는 기(氣)의 일분수(一分殊)이다. 이(理)는 기(氣)의 한 점(一點), 한 포인트(a point, standpoint)이다. (理)는 연속적으로 생성되는 우주인 기(氣)의 세계에 있어서 끊어지는 한 가능성이지, 실제로 끊어진 것은 아니다. 이러한 한 점, 한 포인트가 올려 있는 장(場)이 바로 화이트헤드가 말하는 감각여건과 장소(locality)이고 이것이 현재화된 것이 '현재화된 장소'(presented locus)이다.

나는 '역동적 장(場)'의 개폐이론＝DSCO(Dynamic Space Close

and Open, Dynamic Situation Context and Out of context)＝역동장 (Dynamic Field)의 장(場: Space)은 물리적인 것이 아닌, 현재화된 장소를 의미하는 것이었다. 이때의 장소란 물리적 장소가 아닌 것 이며 굳이 그 존재적 성격을 말하자면 끊어진 한 점, 상징적 연관 이 이루어지는 바로 역시 '현실적 존재(actual entity)＝기(氣)'인 것 이다. 현실은 기(氣)의 거대한 덩어리인 셈이다. 이것은 거대한 상 황(situation)이며 컨텍스트(Context)이다. 여기서 인간은 새로운 텍 스트(Text), 이(理), 영원한 객체(eternal object)를 창조하는 현실적 존재(actual entity)인 것이다.

이(理)가 창조적이지 않을 수 없는 이유는 우주를 끊어서, 토막 내어서 보았기 때문이다. 그래서 끊은 것, 토막 낸 것을 이어야 하 고 그것을 잇기 위해서는 끊임없이 창조적이지 않으면 안 되는 것 이다. 이(理)가 창조적이지 않으면 안 되는 것은 바로 이(理)의 특 성에서 비롯되는 것이다. 바로 끊어 버리는 것에서 사물과의 교감, 느낌이 차단되는 것이고 물론 우주적 소통이 차단되는 것이고 이 를 기(氣)가 차단된다고 말할 수 있다. 이(理)라는 것은 한정된 공 간에서 적용되는 것이고 그 공간을 벗어나면 새로운 이(理)를 만들 지 않으면 안 된다. 이것을 마치 문이 열리고(開) 닫히는(閉) 것에 비할 수 있다. 그리고 문이 열리고 닫히는 장소, 무대를 전기(電氣) 나 자기(磁氣)의 장(場)에 비하면 생성적인 우주의 모습을 설명하는 데에 근접할 것이다. 그래서 '역동적 장(場)의 개폐이론'이 된다.

우리가 알고 있는 대부분의 일상적 지각은 실은 상징에 속한다. 그런 점에서 일상을 연구대상으로 하는 인류학에서 문화는 상징에 속하지 않을 수 없다. 철학자 화이트헤드는 상징작용(symbolism)을 위에서와 같이 설명하는 데 반해 인류학자인 레슬리 A. 화이트는 인간을 다른 동물과 달리 상징행위를 할 수 있는 존재로 보고 상징행위를 통해 생성된 문화는 다른 사물(thing)과 다르다는 관점에서 상징물(symbolate)이라고 말한다. 이 상징물은 "상징행위(symboling)의 산물, 즉 상징행위에 의거한 사물 혹은 사건"이다. 이 상징물이 바로 문명과 문화를 구성하는 재료가 된다. 레슬리 A. 화이트는 상징은 비신체적인 맥락(non－somatic context)에서 본 것이라고 규정하고 있다. 이에 비해 화이트헤드는 상징은 인간이 사물을 지각하는(perception) 메커니즘으로 보고 있다.

물론 인류학자 레슬리 A. 화이트의 상징과 화이트헤드의 상징은 논의의 차원이 다르다. 레슬리 A. 화이트는 상징을 연구의 대상으로 보고 있고 이러한 상징은 문화적 상징으로 이미 고정되고 폐쇄된 과거체에 속하는 것인 반면 화이트헤드는 대상을 지각하는 것으로 메커니즘으로 보고 있기 때문에 현재진행형의 또는 미래지향형의 상징이라는 특징을 가지고 있다. 레슬리 A. 화이트는 의미구조에 치중하는 반면 화이트헤드는 의미작용에 치중하고 있다. 그러나 적어도 인류학자는 화이트헤드의 상징에 대한 입장에서 큰 원군을 얻을 수 있다.

이에 비해 나의 상징은 의미의 역동성과 전환을 강조하는 한편 우리가 일상에서 지각하는 상징의 형태(그것이 어떠한 차원의 것이든 간에)를 중시하는 입장이다. 레슬리 A. 화이트가 비신체적인 맥락에서 상징을 규정한 반면 나는 오히려 신체적 맥락(somatic context)에서 상징을 규정하며 따라서 신체적인 지각 혹은 느낌에 따라 상징의 의미가 다원다층의 변형을 만들어 낼 수 있다고 보는 것이다. 신체, 즉 몸을 떠나서는 상징이 고정되어 버린다고 본다. 상징이야말로 문화적 총체성을 연구하는 방법으로 보고 있는 것이다. 그런 점에서 나의 입장은 레슬리 A. 화이트에게서 상징의 중요성을, 화이트헤드로부터 상징의 가변성과 의미의 전환을 배운 셈이다. 어쨌든 인류학자에게는 문화의 형태로서의 상징은 훌륭한 연구대상이 된다. 문화는 '상징의 숲'이라고 할 수 있다(물론 상징도 의미가 굳어지면 기호가 된다. 기호는 상징이 폐상태(閉狀態)로 되어 의미가 무기물처럼 거의 정지한 것이다).

문명은 기(氣)를 이(理)로 바꾼 역사에 지나지 않는다. 그래서 문명은 이(理)라고 정의될 수밖에 없다. 여기, 이런 결정적 전환, 전도, 역전에 결정적 역할을 하는 것이 상징할 수 있는 힘이다.

다시 화이트헤드로 돌아가자. 여기서 객체적 불멸성(objective immortality)에 대한 논의를 우리의 이기(理氣)철학의 관점에서 다시 해 보자. 독자의 이해를 돕기 위해서 말한다면 객체적 불멸성은 퇴계 이황의 절대도덕(絕對道德), 절대리(絕對理)와 통한다. 앞에서 화이트헤드는 현실적 존재(actual entity)와 분리된 절대적 존재가 없다고 했는데 왜 여기서 객체적 불멸성을 들었느냐가 반문할 것이다. 이것은 존재론적(ontologically)인 차원에서 말한 것이 아니라 어디까지나 지각(perception)의 문제로서 객체적 불멸성, 절대리를 말하는 것이라는 점을 잊어서는 안 된다. 여기서 우리는 이기논쟁(理氣論爭)과 사단칠정의 문제의 혼란의 핵심을 짚고 넘어갈 계기가 되었다. 퇴계 이황은 그의 교육자적 입장이나 도덕주의에 따라 인간의 지각과정에 의한 최고의 과정인 성인(聖人)을 양성하는 것을 목표로 하였기 때문에 절대리, 절대도덕을 주장하였으며 율곡

이이는 우주론적 입장에서 '심성정의일로설'(心性情意一路說)을 전개하였던 것이다. 율곡은 어디까지나 느낌의 위에서 이(理)를, 절대리(絶對理)를 다루었던 것이다. 그래서 율곡은 이통(理通)한 다음에 반드시 기국(氣局)하여야 한다고 주장하면서 기일원론(氣一元論)으로 돌아오지 않음을 경계하였던 것이다.

다시 화이트헤드로 돌아가자. 화이트헤드는 대상에 대한 인식 자체를 느낌이라는 말로 대체하였다. 즉 순응적 느낌(comformal feelings), 개념적 느낌(conceptual feelings), 단순한 비교적 느낌(simple comparative feelings), 복잡한 비교적 느낌 또는 지성적 느낌(complex comparative feelings or intellectual feelings)이 그것이다. 지각과정을 거치면 이들은 다음과 같이 객체화되는데 과거가 현재에 내재하는 방식은 인과적 객체화(causal objectification)이고 미래가 현재에 내재하는 방식은 예기적 객체화(anticipatory objectification)이다. 또 동시적인 존재들 간에 간접적으로, 대칭적으로 이루어지는 상호 내재의 방식을 현시적 객체화(presentational objectification)이다.

이런 객체화에서 가장 중요한 점은 현실적 존재들은 그들의 시간적인 관계와 상관없이 상호 파악하는 것으로 이해되는 점이다. 다시 말하면 파악의 양태가 파악하는 계기와 계기 사이의 시간적 관계에 따라 달라질 뿐이다. 이러한 점은 나의 '역동적 장(場)의 개폐이론＝DSCO(Dynamic Space Close and Open)＝역동장(Dynamic Field)'이 역동적 공간(Space: 場)이라는 변수를 내세우면서도 시간(Time)이라는 변수를 생략한, 더 정확하게는 공간에 포함시킨 것과 일맥상통하고 있다. 다시 말하면 시간과 시간의 사이에는 공간의 양태만 달라질 뿐이다. 화이트헤드 이전에는 느낌이란 엄정한 학문적 용어가 아니었다. 화이트헤드는 또한 인식의 마지막에도 만족(satisfaction)이라는 느낌의 클라이맥스와 같은 말로 마무리했다.

한마디로 화이트헤드의 과정철학이라는 말을 하지 않는다면 '느낌의 철학'(Feelings of Philosophy)이라고 하는 편이 옳고 따라서 화이트헤드는 '느낌의 철학자'((Feelings of Philosopher)라고 하는 편이 옳을 것이다. 이에 느낌을 중시하는 나의 예술인류학이 화이트헤드의 과정철학을 토대로 이론적 구축을 하는 것은 당연한 일일 것이다. 그래서 나의 예술인류학은 '느낌의 인류학'(Feelings of Anthropology)이라고 할 수 있을 것이다. 나의 예술인류학, 느낌의 인류학은 기(氣)의 소통이 없이는 모든 연구는 공허한 것이라고 생각한다. 느낌이 통해야 연구가 주관적이든, 객관적이든 의미가 있는 것이다. 나아가서 느낌이 통해야 간주관성(間主觀性: inter-subjectivity)을 달성하는 것이다. 다시 말하면 간주관성이라는 것은 바로 느낌이 통하는 것이 된다.

결론적으로 말하면 나는 화이트헤드의 어려운 논리구성을 단순한 '역동적 장(場)의 개폐이론=DSCO(Dynamic Space Close and Open)=역동장(Dynamic Field)으로 구성하였음을 알 수 있다. 나의 이 이론은 물리적 파악이든, 개념적 파악이든, 물리적 극의 것이든, 정신적 극의 것이든 추상적이고 구체적인 모든 것을 포함한다. 만사(萬事)는 모두 일종의 기(氣)의 장(場: Space: Situation)에 불과하며 이때의 장(場)은 화이트헤드의 물리적 파악과 감각여건(data)을 포함하면서 지극히 현재화된 장소(locality)를 모두 포함한다. 이 말을 이기론(理氣論)에서 이(理)와 기(氣)를 모두 포함한다는 말이다. 그런데 그 장(場)은 개상태(開狀態)가 있고 폐상태(閉狀態)가 있는

데 기(氣)의 가장 낮은 단계의 폐상태는 무기물이고 이(理)의 가장 높은 단계의 폐상태는 유기체의 높은 정신활동이 이루어지는 객체적 불멸성의 지각단계이다. 만약 그렇다면 객체적 불멸성의 지각단계에 있는 인간은 무리적 파악을 하면서 동시에 고도의 지각 프로그램을 가지고 있는 셈이다.

인간은 어차피 고도의 정신적 활동을 하는 중추신경계통의 고등동물로서 지각활동에서도 언어에 크게 의존하고 있다. 따라서 언어가 때로는 사물의 위력을 발휘하는 것도 사실이다. 분명하게 말하면 언어는 '현실적 존재(actual entity)가 아니다. 그러나 언어는 인간을 통해서 간접적으로 존재의 위력을 발휘한다. 지금 인간이 말하고 있는 철학이나 이론조차도 이미 언어의 산물이고 언어는, 더 정확하게는 언어에 의해서 구성된 명제들은 기(氣)를 증명하고 있다. 다시 말하면 유기론(唯氣論) 자체가 이미 고도의 언어의 구성물, 프로그램이라는 점에서 유리론(唯理論)을 주장하게 하는 것이다. 이(理)는 현실적 존재(actual entity)는 아니지만 그래서 현실적 존재인 기(氣)를 다스리고 있는 것이다. 우주는 이상하게도 진정한 주인이면 주인의 행세를 하지 못하게 되어 있다. 다시 말하면 기(氣)가 주인 행세를 하지 못하고 있다. 기(氣)는 이(理)를 낳았는데 자신이 낳은 이(理)에게 지배를 당한다. 창조적이기 때문에 창조한 것에 지배를 당한다. 이게 모순구조이다. 인간은 언어를 현실적 존재가 아니라고 폄하해서는 안 된다. 이기(理氣)의 관계도 또한 닭이 먼저냐, 달걀이 먼저냐의 시비에 말려들게 된다. 유리론을 주장하는 사람도 기(氣)의 생멸의 법칙에 따라 죽지 않을 수 없고 유기론 자체가 이미 이(理)의 산물인 것이다. 이기(理氣)도 서로 물고 물리는 관계에 있다. 이것은 인과론으로 보면 모순이다. 그러나 순환론으로 보면 모순이 아니라 일종의 존재양식이다.

나는 예술인류학에서 '언어(理)↔사물↔상징↔기(氣)'가 서로 가역반응하는 관계라는 것을 주장하였다. 여기서 물론 기(氣)는 가역반응의 중심이 된다. 이들 존재의 양태들은 단지 열린 상태와 닫힌 상태를 갖는다. 그리고 그 양태는 다원다층적이다. 기(氣)가 언어로 반응하여 집중되면 그것은 바로 텍스트를 의미한다. 그러나 기(氣)가 본래로 돌아오면 컨텍스트를 의미한다. 기(氣)의 우주는 컨텍스트의 우주가 된다. 기(氣)에 의하면 어떤 과거의 텍스트도 중요하지 않다. 인간은 우주에 태어나자 의미를 부여하는 존재이다. 의미를 부여한다는 말을 언어를 사용한다는 말에 다름 아니다. 언어는 우주를 더욱 풍성하게 한 장본인이다. 언어는 기(氣)와 정반대의 편에서 대립된다. 인류의 문화는 바로 언어가 기(氣)를 다스리는 일종의 형식을 보여 주고 있다. 그것이 바로 문화유형이다.

〈표 12〉 과정철학의 구성적 모습과 DSCO의 대비

과정철학:
① 현실적 계기(actual occasion)＝현실적 존재(actual entity)
② 정신적 극(mental pole)
③ 물리적 극(physical pole)
④ 중성(neutral)·중성적 일원론(neutral monism)
⑤ 영원한 객체(eternal object)·한정 형식으로 기능
⑥ 현실적 존재와 영원한 객체와의 관계
⑦ 순수 가능태(pure potentiality)
⑧ 실재적 가능태(real potentiality)
⑨ 창조성＝다(多)와 일(一)의 변화를 이루는 무규정적인 힘
⑩ 자기초월적 주체(superject subject)·객체적 불멸성(objective immortality)
⑪ 결과적 본성의 신(神)(생성론적 우주)
⑫ 원초적 본성의 신(神)(존재론적 우주)
⑬ 합생(the phases of concrescence)
⑭ 만족(satisfaction)

DSCO:
① DSCO 운동의 O의 관점에서 본 일원론
② DSCO 운동을 정기신론과 음양론으로 본 양의 극단
③ DSCO 운동을 정기신론과 음양론으로 본 음의 극단
④ DSCO 운동을 C의 관점에서 본 일원론
⑤ DSCO 운동의 C상태의 조합
⑥ DSCO 운동의 C와 O상태의 경계선 상의 존재와 작용에 관한 표현
⑦ DSCO 운동을 O의 상태를 전제한 맥락에서 본 C상태의 순수한 가능태
⑧ DSCO 운동을 C의 상태를 전제한 맥락에서 본 O상태의 실재적 가능태
⑨ DSCO 운동을 C와 O의 연속적인 조합과 작용으로 본 표현
⑩ DSCO 운동의 포지티브 피드백의 맨 앞쪽 극단에 선 인간의 모습
⑪ DSCO의 운동을 O상태를 출발점으로 한 표현과 그 결과
⑫ DSCO 운동을 C상태를 출발점으로 한 표현과 그 결과
⑬ DSCO 운동을 다원다층의 메커니즘으로 표현
⑭ DSCO 운동을 균형론의 관점에서 최종적으로 표현

〈표 13〉 과정철학의 합생의 위상과 DSCO의 대비

과정철학의 합생의 위상(the phases of concrescence).
① 순응적 느낌(comformal feelings).
② 개념적 느낌(conceptual feelings).
③ 단순한 비교적 느낌(simple comparative feelings).
④ 복잡한 비교적 느낌 또는 지성적 느낌(complex comparative feelings or intellectual feelings).
⑤ 결합체와 거시세계(nexus and macro – comic).
⑥ 원초적 본성의 신(神).
⑦ 결과적 본성의 신(神).
⑧ 만족(satisfaction)

<DSCO 운동의 다원다층의 결합의 위상>

① DSCO 운동의 C와 O의 조합의 첫 번째 단계
② DSCO 운동의 C와 O의 조합의 두 번째 단계
③ DSCO 운동의 C와 O의 조합의 세 번째 단계
④ DSCO 운동의 C와 O의 조합의 네 번째 단계
⑤ DSCO 운동의 C와 O의 조합의 마지막 단계
⑥ DSCO 운동의 C와 O의 조합을 O의 상태를 전제한 맥락에서 본 C의 순수한 가능태
⑦ DSCO 운동의 C와 O의 조합을 C의 상태를 전제한 맥락에서 본 O의 순수한 가능태
⑧ DSCO 운동을 균형론의 관점에서 최종적으로 봄

과정철학과 이기(理氣)철학, 공(空)사상의 유비(類比)

과정철학은 매우 난해한 편이다. 그래서 과정철학을 쉽게 전달하기 위해서 이기(理氣)철학과 불교의 공(空)사상의 용어를 비교해 보는 것이 매우 효과적일 것이다. 물론 서로 다른 체계가 완벽하게 대응되거나 번역될 수 없다. 그것은 역시 '살아 있는 해독자'들의 느낌에 종국적으로 의지할 수밖에 없다.

아래의 등식은 약간은 의미상 차이가 있을 수 있지만(동양과 서양의 문화체계가 다르기 때문에) 동양문화권에서 거꾸로 과정철학을 이해하기 위한 최선의 등식이며 비유일 것이다. 먼저 이기철학과 과정철학의 항목에서 각 번호는 대응된다. 예컨대 이기철학의 ① 항목과 과정철학의 ①항목이 대응된다. 또한 불교의 공사상의 ① 항목과 과정철학의 ①항목이 대응된다. 다른 항목도 마찬가지이다. 인류의 각 문화가, 동양과 서양이 서로 비교될 수 있다는 것은 인류의 보편성을 증명하는 것이기도 하다. 화이트헤드가 과정철학을 창안하기 이전에 동양의 주자학과 대승불교는 이미 과정철학과 같은 내용을 고민하였음을 알 수 있다.

<**표 14**> 전통 이기철학과 과정철학의 대비

전통 이기철학:

① 기(氣)=일기(一氣)=기대무외(其大無外)・기소무내(其小無內)

② 신(神)=양(陽)

③ 정(精)=음(陰)

④ 무극(無極)=태극(太極)

⑤ 이(理)=일리(一理)

⑥ 이기불상리(理氣不相離)・이기불상잡(理氣不相雜)

⑦ 절대리

⑧ 상대리

⑨ 이발기발(理發氣發)・이기공발(理氣共發)

⑩ 신(神)

⑪ 기발이승(氣發理乘)

⑫ 이통기국(理通氣局)

⑬ 기발이승(氣發理乘)・이통기국(理通氣局)=기발이이승지(氣發而理乘之)・이발이기수지(理發而氣隨之)=중리(衆理)

⑭ 중도(中道)=윤집궐중(允執厥中)

과정철학:

① 현실적 계기(actual occasion)=현실적 존재(actual entity)

② 정신적 극(mental pole)

③ 물리적 극(physical pole)

④ 중성(neutral)・중성적 일원론(neutral monism)

⑤ 영원한 객체(eternal object)・한정 형식으로 기능

⑥ 현실적 존재와 영원한 객체와의 관계

⑦ 순수 가능태(pure potentiality)

⑧ 실재적 가능태(real potentiality)

⑨ 창조성=다(多)와 일(一)의 변화를 이루는 무규정적인 힘

⑩ 자기초월적 주체(superject subject)・객체적 불멸성(objective immortality)

⑪ 생성론적 우주, 결과적 본성의 신(神)

⑫ 존재론적 우주, 원초적 본성의 신(神)

⑬ 합생(the phases of concrescence)

⑭ 만족(satisfaction)

〈표 15〉 불교 공사상과 과정철학의 대비

불교의 공사상:
① 공(空)＝색즉시공(色卽是空)・공즉시색(空卽是色)＝일즉일체(一卽一切)・일체즉일(一切卽
＝일기일리(一氣一理)・일리일기(一理一氣),
② 수(受),
③ 상(想),
④ 행(行),
⑤ 식(識),
⑥ 무량(無量)세계＝만다라,
⑦ 법신(法身),
⑧ 응신(應身),
⑨ 해탈(解脫)＝일심(一心)＝진여(眞如)＝원성실성(圓成實性)

과정철학:
① 과정철학의 합생의 위상(the phases of concrescence),
② 순응적 느낌(comformal feelings),
③ 개념적 느낌(conceptual feelings),
④ 단순한 비교적 느낌(simple comparative feelings),
⑤ 복잡한 비교적 느낌 또는 지성적 느낌(complex comparative feelings or intellectual feelings),
⑥ 결합체와 거시세계(nexus and macro－comic),
⑦ 원초적 본성의 신(神),
⑧ 결과적 본성의 신(神),
⑨ 만족(satisfaction)

위의 여러 등식을 자세히 푸는 것은 아마도 몇 권의 책으로 풀어도 모자랄지 모른다. 나로서는 전통철학과 최첨단철학을 연결시키려는 피나는 작업이었기 때문이다. 내가 무엇을 안다고 하는 것은 나의 모든 시간과 대상의 모든 시간이 만나서 하나가 되어 소통을 이루는 것을 말한다.

순전히 우리 식으로 말하면 화이트헤드의 과정철학은 매우 동양적 세계관을 가지고 있으며 '불교철학과 주자학을 합성한 철학'이라는 느낌을 받게 된다. 이를 역으로 말하면 서양은 화이트헤드를 통해서 동양문화의 정수인 소통할 수 있는 다리를 마련한 셈이다.

또 서양 철학과 과학의 한계를 극복하려는 서양 사람의 노력의 결실로서, 물론 동양적 지식의 세례를 직접·간접으로 받은 상태에서 화이트헤드가 과정철학을 완성하였을 것으로 보인다. 이것은 서양의 오리엔탈리즘의 빛나는 쾌거이며 승리일지 모른다.

이런 관점에서 '현실적 존재'를 기(氣)로 보고 '영원한 객체'를 이(理)로 보면 이(理)는 달라질 수 있는 것이 되고 이(理)의 패턴의 변화가 없으면 지속이 있을 따름이고 이(理)도 궁극적으로는 데이터가 된다. 이 말은 이(理)가 수동적이면서 선택되는 것임을 말한다. 이는 흔히 종래의 존재론적 철학이나 뉴턴 역학이 말하는 것과 정반대의 입장이 된다.

이러한 관점은 불교의 제법무상(諸法無常)을 설명해 낼 뿐만 아니라 부질없는 이기논쟁(理氣論爭)을 극복하게 한다. 하지만 만물은 모두 기(氣)의 산물이라고 하더라도 사람의 특징은 다른 동물에 비해 바로 이(理)에 있다. 이(理)를 기준으로 보면 존재론적 철학이나 뉴턴 역학이 맞고 기(氣)를 기준으로 본다면 과정철학(생성론적 철학)이나 상대성원리가 맞는 것이다. 사람의 존재적 특징은 기(氣)를 바탕으로 하지만 기(氣)에 있는 것이 아니고 이(理)에 있게 되는 것이다.

특히 화이트헤드는 창조성과 '영원한 객체'를 매개하는 개념으로 신(神)을 상정하고 있다. 신은 두 가지 성격으로 말하였는데 하나는 '원초적 본성으로서의 신'이고 다른 하나는 '결과적 본성으로서의 신'이다. 전자는 흔히 '이성신(理性神)'이라는 말로 불리기도 한 것이고 후자는 흔히 '살아 있는 신' 일종의 감성신(感性神), '무소부재(無所不在)한 신'으로 불리기도 한다. 인간은 흔히 이 두 가지의 신을 하나로 뭉쳐 버림으로써 종교적 도그마에 빠지게 된다. 종교가 도그마가 되지 않고 이성이 창조성을 계속 발휘하기 위해서는 둘은 가까이 있되 서로 섞이지 않아야 한다. 이것이 우리의 이기론(理氣論)이 근본적으로 바탕에 깔았던 이기불상리(理氣不相離) 이기불상잡(理氣不相雜)의 문제이다.

종교적 도그마의 가장 고형(古形)은 샤머니즘으로 이것의 귀신에 신들림[接神]은 뒤에 고등종교의 성령(聖靈), 보신(報身)과 실은 같은 성격의 것이다. 단지 바로 귀신은 이 같은 창조성이 원천적으로 봉쇄됨으로써 도그마에 머물렀던 것이다. 그런데 실지로 이 종교적 도그마는 인간의 삶을 영위하는 데 도움을 줄 뿐만 아니라 비록 지나간 것이고 창조적인 것은 아니지만 현실세계에 힘으로써 발휘된다. 불행하게도 다수의 인간은 창조적이지만은 않은 것이다. 인간은 기존의 한정적 형식(forms of limitation)과 기존의 이상적인 형상(ideal form)에 안주하기를 즐긴다. 이것은 일종에 과거의 귀신에 매달리는 것과 같다. 따라서 창조적 이성으로 계속 사물과의 긴장관계를 유지하지 않으면 과학조차도, 학문조차도 귀신에 빠지는 것이다.

집단적 삶을 살아가는 인간은 당대에 가장 앞서간 이성(理性)에 의존하지 않을 수 없다. 그래서 그것은 새로운 창조적 이성이 나타날 때까지 종래의 이성은 일종의 도그마로 발휘되는 것이다. 다시 말하면 인류의 철학적, 과학적, 그리고 종교적 과정 자체가 바로 과정철학적 전개의 한 예가 되는 셈이다. 물론 여기서 창조적 결과들을 소화하지도 못하면서 나타난 사이비 종교, 신흥 종교가 나타나서 혹세무민하겠지만, 기존의 종교들도 새로운 창조적 결과들에 동참하지 못하면 전락하여 사이비 종교나 신흥 종교와 오십보백보의 차이에 지나지 않는다. 이것은 비단 종교에서뿐만 아니라 학문에서도 마찬가지이다. 사이비 선비인 향원(鄕原) 같은 부류는 그 대표적인 예이다. 작금에 우리나라에 사이비 종교와 사이비 선비가 횡행하는 것은 바로 문명의 변화에 대해 안이하게 대처하고 창조적인 자기명제를 만들지 못해(자기의 명제를 창조적으로 만들지 못해) '느낌을 위한 유혹(lure for feeling)'을 제대로 받지 못한 때문이다. 느낌(feeling)에 이르지 못하면 제대로 실천을 하기 어려울 뿐만 아니라 제대로 이해하기도 힘들다. 기존의 이(理)조차도 느낌(feeling)과 기(氣)의 도움이 없이는 창조적으로 재생산될 수가 없다.

예술인류학의 상징적 변수와 화이트헤드를 비교하면 이(理, 言語) = 이성(理性), 기(氣) = 현실적 존재(actual entity), 상징(symbol, 象徵) = 상징적 관계(symbolic reference), 사물(事物) = 객체적 불멸성(objective immortality)이 된다.

메를로 – 퐁티의 지각현상학과 예술인류학

메를로 – 퐁티의 지각현상학은 여러 모로 나의 '역동적 장의 개폐이론(DSCO) = 역동장(Dynamic Field)이론'을 뒷받침해 주는 철학적 업적이다. 메를로 – 퐁티는 주관적 세계와 객관적 세계를 모두 부정하면서 그것을 통합하는 것으로 '인간의 몸'을 들고 있다. 다시 말하면 그의 지각현상학은 한마디로 '몸의 현상학'이라고 말할 수 있다.[70] 그는 객관적 세계로부터 몸을 탈환해야 하는 한편 지각하는 주체 또한 지각되는 세계임을 동시에 증명하는 데에 몰두했

---

70) 조광제, 《몸의 세계, 세계의 몸》, 2004년, 이학사. 서울.

다. 그는 몸, 즉 물체의 환영에 의해 유혹되고 매혹되어 자신을 양도하고 결국 '보는 자'와 '보이는 자'가 서로 위치를 바꾸고 둘은 결국 하나가 된다고 주장한다. 또 보는 자는 보이는 것들, 즉 가시적인 것들의 영역에 편입되어 있다는 것이다. 이 가시성의 신비를 가능케 하는 것이 바로 몸이라는 것이다. 이로써 전통적으로 주체와 객체 혹은 주관과 객관의 이분법은 부정되기에 이른다.

메를로-퐁티는 나아가 지각에서의 대상-지평의 구조를 제안하면서 대상의 시각적 지평의 열림은 대상의 실체성을 근거 짓는다고 한다. 그는 '나의 시선 이전에 있었던 것과 마주할 수 있는 까닭은 단지 시간과 언어의 매개에 의해서이다.'라고 전제하고 '나의 현재가 흘러가 과거와 다가올 미래를 자신 속에 압축시킨다고 할지라도 그것을 소유하는 것은 지향적인 상태에서일 뿐이다.'고 한다. 메를로-퐁티의 대상-지평의 구조는 나의 컨텍스트(context) 개념과 상통하고 있다. 나의 텍스트(text) 개념은 메를로-퐁티의 개념에서 보면 나의 시선이 대상을 규정한 것--이것은 대상에 대해 한 측면을 정립한 것--이지만 나의 컨텍스트는 텍스트를 해체하거나 새로운 맥락을 열어줌으로써 오히려 실체에 도달하게 한다. 메를로-퐁티의 지평은 매우 익명적인데 이것은 장소의 상황의 전모는 알 수 없을 뿐만 아니라 시간이라는 거대한 지평에 휩싸여 있는 것이다. 메를로-퐁티의 실체는 본질에 해당하는 것으로 지금까지 서양 철학사에서 본질과 현상은 이분화되어 있었지만 메를로-퐁티에 이르러 하나가 된다. 그는 '대상이 지닌 무한한 시간적인 지평의 열림에서 대상의 실체성이 흘러나온다'고 말한다.

이는 결국 종래와 같은 대상을 이미 부정하는 것인데 메를로-

퐁티의 이러한 입장은 나의 '역동적 장'이 개상태(open)와 폐상태(close)가 있다는 것을 가정하고 바로 어느 쪽을 대상이나 실체로 하든 대상과 실체가 하나임을 말하고 둘은 매우 가변적임을 말하는 것과 매우 유사하다고 할 수 있다. 메를로-퐁티는 결국 몸을 '세계에의 존재'(세계 속에 있으면서 세계를 향해 나아가는 몸의 존재론적 성격을 표현한 것)라고 말한다. 메를로-퐁티는 몸은 국소적이고 선형적인 인과성에 의해 운동하지 않는다고 한다. 예컨대 유기체의 신경체계는 결코 국소적이고 선형적인 인과성에 따라 작동하는 것이 아니라 그 대신 소여들의 공간적인 배열을 바꾸고 그 결과 대상들의 지각을 바꾼다고 한다. 여기서 공간적이 배열을 바꾼다는 개념은 매우 중요하다. 이는 어떤 '장'(場)이 열리면서 소여들이 바뀌고 새로운 배열이 된다는 뜻이다. 나는 주체이든 객체이든 '역동적 장'(力動的場)이라고 하였는데 이는 주객이 없다는 것에 다름 아니다.

나는 또 장(場)과 장(場) 사이는 인과적으로 연결되는 것이 아니라 포지티브 피드백 혹은 네거티브 피드백을 한다고 가정하였다. 인과성을 부정하는 것은 바로 절대적 하나를 부정하는 것이고 물론 절대적 장(場)을 부정하는 것이다. 장(場)이라는 말에 절대성을 부정하는 의미가 내포되어 있다. 이것은 동시에 하나 속에는 반드시 둘이 있다는 것을 전제하는 것이 되고 둘은 결국 조합된다는 것을 의미하고 운동에 의해 소여가 바뀌면 다시 배열이 이루어진다는 것을 의미한다. 메를로-퐁티는 불인증현상(不認症現象)을 두고 내부 없는 외부로 생리학적으로 설명할 수도 없고 외부 없는 내부로 심리학적으로 설명할 수 없다고 한다. 그는 '살아 있는 몸은 내부 없는 외부가 되고 주체성은 외부 없는 내부, 즉 무관심한 관망자가 되었다.'고 하고 이는 몸에 의거한 '열려 있는 상황'으로 설명한다. '세계에의 – 존재'는 인간의 몸에 대해서만 적용되는 것이 아니라 동물의 몸에서도 적용되는데 이는 존재자가 자신의 상황적인 세계에 적응해 가려 하는 생명적인 것이라고 역설한다.

메를로 – 퐁티는 몸을 공간성과 운동성으로 설명한다. 이는 점점 더 나의 역동적 장(Dynamic Space) = 역동장(Dynamic Field)의 개념에 가까워진다. 그는 몸틀이라는 개념을 만드는데 몸틀은 '내 몸 전체를 불가분의 소유상태로 지탱하고 각각의 위치를 인식하되 그것들 모두가 감겨드는 곳인 하나'라고 규정한다. 몸틀은 습관에 의해 개조된다고 한다. 이것을 몸의 구조화라고 말한다. 메를로 – 퐁티는 몸틀은 역동성을 띤다고 말한다. "실제로 내 몸의 공간성은 외부 대상들의 공간성과 같은 것이 아니다 혹은 '위치의 공간성'(une spatialite de position)이 아니라 '상황의 공간성'(une spatialite de situation)이다." 이는 내가 '역동적 장의 개폐이론 = 역동장이론'(Dynamic Space(Situation), Close(Context) and Open(Out of Context))에서 공간(space)을 상황(situation = context)으로 규정한 것과 매우 상통한다. 즉 공간(space) = 상황(situation) 혹은 상황의 공간(space of situation)인 것이다.

역사적인(시간적인) 설명과 역동적인(혹은 現動的인) 설명은 다르다. 역동적인 설명은 구조적인 설명이다. 몸은 바로 역동적 구조이다. 더 정확하게는 몸은 시간이 구조로 남아 있는 형태이다. 메를로 – 퐁티의 철학은 바로 '몸의 철학'이라고 할 수 있다. 우주는 바로 몸이다. 몸은 바로 상황인 것이다. 메를로 – 퐁티는 몸과 상황의 운동을 구체적인 운동이라고 하고 이에 비해 추상적 운동은 인위적인 것이라고 한다. 구체적인 운동은 몸 자신의 근원적이고 자연스러운 운동이고 추상적인 운동은 일부러 만든 운동이라고 한다. 추상적인 운동은 바로 지각과 연결시키고 구체적인 운동을 운동이라고 하면 둘은 분리되지 않고 하나로 통일되어 있다. 그런데 구체적인 운동을 억압하고 추상적인 운동만을 내세울 때 지각이 운동과의 동일 차원을 벗어나 지성적인 영역으로 편입되면서 정립적인 의식이 되는데 이는 추상적인 운동은 구체적인 운동이 전개되는 완전한 세계의 내부에 반성과 주체성의 지대를 새기는 것과 같다. 추상적인 운동은 구체적인 운동이 변형된 것이다. 결국 반성과 주체성도 몸 자신에 근원을 두고 있는 것이다. 내가 주체이든 객체이든 하나의 '장'(場)으로 가정한 것은 바로 메를로-퐁티의 주객이 없는 '몸'과 같은 것이라고 여겨도 별로 무리가 없어 보인다.

메를로-퐁티는 몸에도 지향성이 있다고 한다. 이를 그는 지향궁(l'arc intentionnnel)이라고 하였는데 이는 선형적인 인과성이 아니라 지향적인 동기부여와 대상의 지평적인 상황성이 통일되는 상태를 전반적으로 일구어 내는 능력을 말한다. 그는 지향궁이라는 용어를 반사궁(l'arc reflexe)의 대립어로 쓰고 있다.[71] '운동은 운동에 대한 사유가 아니고 몸 공간은 사유된 혹은 표상된 공간이 아니다'라는 말은 의미심장하다. 운동과 토대는 따로 존재하는 것이 아니라 유일무이한 전체를 인위적으로 분리해서 구분한 계기들일 뿐이다. 운동과 토대는 상호 주체성의 것이다. 이를 좀 더 부연 설명하면 세계는 이제 대상이 아니라 주체이며 흔히 대상 혹은 남이라고

---

71) 조광제, 위의 책, pp. 191~193.

하는 것도 주체로서 등장한다. 흔히 주관이라고 한 것은 주관이 아니라 주체이며 객관이라고 한 것은 주체의 한 방향의 결과일 뿐이며 결국 세계는 주체이든 객체이든 실체만 남는다. 그런데 상호 주체성에서는 주체와 객체는 대립되는 것이 아니라 하나의 통합된 실체가 된다. 결국 세계에는 주체만 있는 것이 된다. 이것은 '체화된 주체'이다.

몸의 운동과 시공간성을 말하면서 그는 '우리의 몸은 공간 속에 있다고 말해서도 안 되고 시간 속에 있다고 말해도 안 된다. 우리 몸은 공간과 시간에 거주한다.'고 한다. 그는 단적으로 '나는 내 몸이다.'라고 말한다.[72] 이는 데카르트의 '나는 생각한다, 고로 존재한다.'는 코기토와 비교하면 전혀 다르다. 메를로-퐁티가 말한 위의 명제는 '나는 내 말이 아니다.'라는 의미를 강력하게 풍긴다. 인류 문명사에서 몸과 가장 대립적인 관계에 있는 것은 말이다. 무엇보다도 몸은 상대적인 세계이고 말을 절대적인 세계이다. 말은 비록 상대적인 세계를 말하더라도 그것이 절대적인 것이 되고 몸은 비록 절대적인 것을 말하더라도 상대적인 세계가 된다. 메를로-퐁티는 분명 말과 생각에 얽매여 있는 것을 부정하고 말과 생각은 내 몸의 일부에 지나지 않는다고 한다. 이는 물론 관념론적 전통도 아니고 경험론적 전통에서도 벗어난다. 다시 말하면 몸이라는 개념을 통해서 몸을 중심으로 관념과 경험을 통합하고 있는 셈이다. 그렇다면 몸은 무엇인가. 인간의 몸은 성적(性的)인 것에서 벗어날 수 없다. 여기서 성적이라는 것은 물론 양성적(兩性的)인 것이다.

인간은 태어나면서 죽을 때까지 남녀 혹은 암수라는 구분을 벗

---

72) 조광제, 위의 책, pp. 194~196.

어날 수 없다. 이는 체화된 의식, 성적인 틀에 속한다. 흔히 구도자들이 욕망에서 벗어날 때 가장 큰 장애가 되는 것은 바로 체화된 양성, 암수라는 의식이다. 그런데 두뇌의 후두부에 전반적인 손상을 입은 사람은 성적인 틀(un schema sexuel)이 발동하지 않는다. 이 말은 정상적인 사람에게는 지각은 성적인 틀에 의해서 지탱된다는 것을 말한다. 메를로-퐁티는 지각을 사물들 혹은 세계에의 참여(engagement)라고 말한다. 몸과 사물들과 서로 융해되어 있다. 메를로-퐁티는 지각되는 대상들은 기본적으로 감정적인(affectif) 방식으로 힘을 발휘한다고 본다. 그는 경험주의자들이 말하는 순수한 감각자료(sense data)는 없다고 본다. 대상 혹은 존재자는 일반적으로 욕망에 의해 혹은 사랑에 의해 우리에 대해 존속하게 된다고 한다. 지성은 경험을 관념으로 받아들이지만 욕망은 몸과 몸으로 연결된다. 성도 실존적인 지향을 한다는 뜻이다. 그가 말하는 몸의 지향성은 부챗살처럼 동시에 퍼지면서 전방위적(全方位的)이고 다극성(多極性)을 띤다. 이 말은 반성과 같이 일관되게 한 방향으로 진행되는 것이 아니라 이미 세계와 다양한 관계를 맺고 있는 모습으로 나타난다.

메를로-퐁티는 이렇게 말한다. "성은 인간의 삶에서 초월되어 있는 것도 아니고, 무의식적인 표상들에 의해 인간 삶의 중심에서 형상화되는 것도 아니다. 성은 인간의 삶에서 대기처럼 한결같이 현전(現前)하는 것이다." 또 이렇게 말한다. "성은 아주 특수하게 몸의 영역에 거주하면서 그 영역에서부터 마치 향기 내지는 소리처럼 발산된다. (중략) 성은 애매한 분위기로서 삶과 공존한다. (중략) 성과 실존의 사이에는 상호 침투가 있다. 즉 실존은 성 속으로 확산되고 성은 실족 속으로 확산된다. 그래서(중략) 어떤 결정이나 행동을 '성적'이라거나 '비성적'이라고 구분하는 것은 불가능하다." "결국 성을 억압한다는 것은 성에 대한 의식과 의지를 억압하는 것이 아니라 몸의 실존 자체, 즉 인간 자체를 억압하는 것이 된다는 것이다." "생물학적인 실존은 인간실존에 연결되어 있고, 인간 실존의 고유한 리듬과 무관하지 않다."[73]

메를로-퐁티에 있어서 '체화된 주체'[74]는 중요한 개념이다. 그러나 이 개념을 이해하는 것은 쉽지 않다. 왜냐하면 "체화된 주체는 인식론적인 주체로 변형되기 일쑤고 체화된 주체가 사는 세계는 즉자적인 세계로 변형되기 일쑤"이기 때문이다. 이는 대상을 주체로 인식한다고 하면서도 대상이 되면 이미 주체로 인식하기보다는 대상으로 인식하기 쉽고 동시에 체화된 주체는 이미 대상이 없기 때문에 대상으로 인식한다고 하면서도 이미 세계를 주체적으로, 즉 즉자적으로 인식하기 때문이다. 결국 주체와 대상이라는 말은 이미 실존을 표시하기에 한계에 있게 된다. 실존은 몸을 중심으로 전개되는 현전하는 계기일 뿐이다. 메를로-퐁티는 이렇게 말한다. "체화된 의미는 중심적인 현상이고 몸과 정신, 기호와 의미는 이 중심적인 현상의 추상적인 계기들이다." 메를리-퐁티는 실존은 우연적인 본성의 영역을 필연적인 의미의 영역으로 바꾸는 활동성 자체라고 한다. 실존은 비결정적이기 때문에 실존에 있어서도 어느 것이 본성이고 어느 것이 자유인가를 결정할 수 없고 어느 것이 우연이고 어느 것이 필연인가를 결정할 수가 없다고 한다.

---

73) 조광제, 위의 책, pp. 238~244.
74) 조광제, 위의 책, pp. 245~265.

여기서 짚고 넘어가야 하는 것은 동양의 음양사상에 대한 것이다. 음양사상은 서양의 물리학적 세계관 혹은 기계론적인 세계관에 의해 현대에서 뒷자리로 밀려났지만 세계를 음과 양의 대립된 세계로 보면서 인간의 중심을 지켰던 동양사상은 메를로-퐁티의 의미맥락에서 보면 매우 체화된 의미에 속한다. 음양은 성적인 암수보다는 훨씬 확장된 개념-거시 우주의 세계-이면서 경우에 따라서는 매우 미세한 개념-미시 원자의 세계-인 탄력적인 개념이다. 세계를 이미 서양의 존재론적인 대상이 아니라 실존적인 주체로 이해하고 매우 주체적이고 지향적인 개념으로 음양사상을 주창한 동양, 더 정확하게는 동아시아의 한자문화권(음양문화권) 사람들은 매우 현명하였다고 할 수 있다. 몸과 세계를 연결시키는 철학으로 음양사상만한 것이 인류문화사에 없을지도 모를 일이다. 동아시아 사람들은 세계를 대우주라고 하고 인간을 소우주라고 한다. 이는 매우 유비적이고 메타포적인 말이지만 몸을 중심으로 세계를 지향하는 입장에서 볼 때 이보다 더 빼어난 사상은 없을 것 같다.

나는 나의 '역동적 장의 개폐이론'(DSCO)＝역동장(Dynamic Field) 이론을 구체적으로 설명하는 방식으로 다원다층의 음양론은 주장한 바 있다. 이 다원다층의 음양론은 다름 아닌, 세계를 기존의 텍스트가 아닌, 현전하는 상황의 컨텍스트로 이해하면서 느낌(feeling)과 교감(sympathy)의 몸체로 정의하였다. 세계는 몸을 중심으로 음양의 무수한 대립된 항으로 이루어져 있고 이를 알지 못하면 한 사람, 한 문화를 이해하였다고 할 수도 없고 이를 달성하기 위해서는 결국 한 사람, 한 문화를 민족지(Ethnography)로 기술하기 전에 먼저 서로 교감하여야 한다는 점을 역설하였다. 이것이 바로 상호주체성의 실천이다. 인류학자들이 조사 현지에서 장기체류를 하는 것은 이미 그것을 실천하고 있는 것임에 틀림없다. 그러한 점에서 인류학자야 말로 개인과 집단의 문화연구를 예술로 끌어올리는 사람들임에 틀림없다. 인류학자들은 사람이 사는 방식을 대상으로 하는 작가 혹은 예술가들이다. 그런데 문제는 음양사상의 음양이라는 것이 대립되는 것으로 그치는 것이 아니라 항상 통합되는 데에 있음을 주지할 필요가 있다. 더 정확하게는 음양사상은 대립된 적이 없다. 분석을 위해서, 혹은 표현을 위해서 대립된 것이지 음양은 언제나 하나로 통일되고 조화되고 균형되어 있는 것이라는 점을 상기하지 않으면 안되고 이것으로 돌아가지 않으면 안 된다는 데에 있다. 따라서 한 개인, 한 문화는 어떻게 음양으로 나뉘는 것을 밝히는 동시에 어떻게 통합되는지를 밝히지 않으면 안 된다는 점을 알 수 있다.

다시 메를로-퐁티로 돌아가자. 메를로-퐁티는 몸에 대한 일종의 몸철학을 말하면서 그 대척점에 있는 말에 대해서도 단순히 몸의 반대편에 있는 것으로 만족하는 것이 아니라, 다시 말하면 말의 대척적 존재로서 말을 위치 짓는 것이 아니라 말 자체도 몸에서 비롯되는 것임을 강조한다. 그는 말한다. "몸은 어떤 운동적인 본질을 외침으로 변환시킨다. 몸은 단어의 분절적인 스타일을 음성적인 현상으로 전개하고 그가 다시 취하는 이전의 태도를 과거의 파노라마로 전개하며 운동의 의도를 실제적인 운동에 투사한다. 몸은 자연적인 표현의 능력이기 때문이다." 또 이렇게 말한다. "(중략)언어적이고 상호 주체적인 세계에 대해 우리는 더 이상 놀라지 않는다. 우리는 세계 자체와 이 언어적이고 상호 주체적인 세계를 더 이상 구분하지 않는다. 우리가 반성하는 것은 이미 말해지고 말하는 세계 내에서이다."

　메를로-퐁티는 세계를 바로 언어적이고 상호 주체적인 세계라고 규정한다. 또 '말(발화)이 몸의 동작이다.'라고 한다. 말에 대한 메를로-퐁티의 내용은 여기서 줄이겠지만 그의 지각의 현상학은 종래의 철학이 말에서 시작하여 몸에 이른 것으로 완성되는 것을 거꾸로 하여 몸에서 시작하여 말에서 끝나는 것으로 방향을 취하고 있다.

　메를로-퐁티가 몸의 입장에서 말이라는 것을 재정립하였듯이 역동성에서 비역동성을 재정립하고 혹은 생성에서 존재를 재정립하면서 한 개인과 한 문화, 나아가서 세계를 이해하려는 나의 노력에 메를로-퐁티는 매우 귀중한 존재임에 틀림없다. 끝으로 그의 공간에 대한 이해를 검토하고자 한다.

　메를로-퐁티는 우선 공간의 문제를 지향성의 문제로 본다. 공간에는 시각적인 것만 있는 것이 아니고 촉각 혹은 청각적인 것도 있고 따라서 제 감각이 공존하는 것이며 어디에선가 통일된 공간이라고 한다. 더욱이 공간에는 환상적인 공간, 기하학적 공간, 실존적인 공간 등 여러 공간이 있을 수 있다고 한다. 거울에 보이는 상은 좌우가 뒤바뀐 정립허상이고 빛이 볼록렌즈(수정체)에 생기는 상은 도립실상이다. 공간성이라는 것도 절대공간이 아니다.

　메를로-퐁티는 지각되는 공간이 객관적인 사물들 간의 관계에서만 나오는 것도 아니고 주관적인 의식의 구성에 의한 것만도 아니라고 한다. 공간은 주체가 역동적으로 상황 지어진 전체적인 존재상태를 지칭하는 것이고 공간성은 주체가 세계 속에 닻을 내리면서 내속되어 있다는 것이다. 우리가 흔히 접하는 공간을 '낮의 공간'이라고 한다면 '밤의 공간', '꿈의 공간'도 있다. '밤의 공간'은 공간성이 반성에 의해 구성된다는 주장을 부정하는 근거가 된다. '꿈의 공간'은 상승과 추락의 주제를 가지고 있는데 이는 호흡(생명)과 욕망(성충동)과 관련이 있다고 본다. 도덕적 공간도 높고 낮음과 관련이 있다고 본다. 원시인들의 신비적인 공간에 대해서도 그는 이렇게 말한다. "방향과 위치가 거대한 감성적인 존재물의 거주에 의해 결정되는 신비한 공간이 있다." 원시인들은 마치 내가 내 몸에 대해 느끼는 듯한 공간성을 현실 공간 전체에서 느낀다는 것이다. 원시인들은 공간을 마치 내 몸 자체의 공간처럼 느낀다고 본다.

결론적으로 메를로-퐁티는 제3의 공간으로 '인간학적인 공간'(l'espace anthropologique)을 제안한다. 그는 반성철학에 대한 공격을 하면서 "내용을 형식에 종속시키기 전에 내용 속에 형식이 상징적으로 잉태되어 있음을 다시 인식해야 한다."고 말한다. "인간학적인 공간은 그 자체 자연적인 공간 위에 건립된 것으로 제공된다.(중략) 자연적이고 원초적인 공간은 기하학적인 공간이 아니다." 결국 공간은 주관적이지도 않고 객관적이지도 않다. 메를로-퐁티의 인간학적인 공간은 나의 '역동적 장'(Dynamic Space)＝역동장(Dynamic Field)과 흡사하다. 나의 역동적 장은 공간이 매우 역동적이며 가변적이어서 따라서 고정되어 있지 않으며 그렇다고 아무렇게나 전개되는 것은 아니며 마치 문을 열고 들어가면 다른 문이 나오고 그때마다 다른 공간이 펼쳐진다는 것을 가정하고 있다. 말하자면 나의 '역동적 장'은 끝없이 열린 공간이라고 할 수 있다. 메를로-퐁티도 인간학적인 공간이라는 개념을 통해 열린 공간을 가정하고 있다. 그러나 그 공간은 자연적인 공간 위에 건립된다고 한다.

메를로-퐁티는 이렇게 말한다. "나는 자연 속에 던져져 있다.

자연은 그저 내 밖에서 나타나지 않는다. 즉 역사 없는 대상들 속에 나타나지 않는다. 자연은 주체성의 중심에서 보인다. 개인적인 삶에서 이루어지는 이론적이고 실천적인 결단들은 긴 시간을 건너서 나의 과거와 미래를 잘 잡을 수 있고 나의 과거에다 그 모든 우연적인 일들과 함께 규정된 의미를 부여할 수 있고 나의 삶에 역사성을 끌어들일 수 있다." 그는 현상을 이미 주체와 대상이 하나로 작동해서 일구어지는 것으로 이해하되 몸을 주체로 본다. 몸이 원초적으로 객관적인 세계에 속한 것이 아니라 세계를 향해 운동하면서 그 세계와 의사소통을 한다고 할 때, 객관적인 사유에서 본 즉자와 대자의 이분법을 내 몸과 세계가 가로지르면서 제3의 영역을 넘어간다. 이는 '체화된 의식'을 바탕으로 한다. 이는 또한 '실존으로서의 의식'이다.

주체(즉자)와 객체(대자)는 결코 둘이 아니다. '몸으로서의 주체와 객체'는 하나이기 때문에 양자택일을 해서는 안 되는 것이다. "나의 주체성과 타인으로의 나의 초월성에 동시에 기초가 되는 중심 현상은 내가 내 자신에게 주어져 있다는 데서 성립한다. <나는 주어져 있다.> 즉 나는 내가 물리적이고 사회적인 세계 속에 이미 놓여 있고 참여해 있음을 발견한다. <나는 나 자신에게 주어져 있다.> 즉 이 상황은 나에게서 결코 은폐될 수 없고 내 주변에서 결코 낯선 필연성으로 존재하지 않는다. 상자 속의 물건처럼 내가 이 상황에 갇혀 있는 것은 아니다. 나의 자유, 즉 내가 나의 모든 경험들에 대해 주체가 되는 근본적인 힘은 내가 세계 속에 편입되어 있다는 것과 구분되지도 않는다. (중략) 나의 선험적인 장이 열리는 바로 그 순간에, 내가 봄과 앎으로서 태어나는 바로 그 순간에 그리고 내가 세계 속에 던져진 바로 그 순간에 이 운명은 결정적으로 주어졌다."

말하자면 반성을 피할 수는 있지만 비반성적인 것에로 열려 있어야 하고 내가 나의 경험에 대한 주인이 되더라도 그 경험을 타인을 향해 나아가는 것으로 여겨야 하고 내가 나에게 주어져 있고 그래서 나만의 고유한 세계를 형성하는 것 같지만 내가 상황에 처해 있고 세계 속에 편입되어 있음은 너무나 확실하고 내가 자유롭다고 해서 내가 상황에 처해 있지 않은 것은 아닐뿐더러 그 상황이 상자 속의 물건처럼 낯선 필연성에 나를 가두는 것이 아니라는 것 등을 인정해야 한다. "안에 있으면서 바깥에 거점을 두어야 하고 바깥에 나가더라도 안에 자신의 세계를 가질 수 있다는 것이다. 달리 말하면 바깥에 거점을 두어야만 안을 가질 수 있고, 안의 세계를 가져야만 바깥을 향해 나아갈 수 있다는 것이다."

메를로 - 퐁티의 '인간학적 공간'이란 바로 '몸의 공간학'이다. 여기서 공간학이라고 할 때 공간이란 종래 시간과 대칭되는 맥락에서의 공간이 아니라 일종의 주체와 객체가 상호 작용하는, 간주체적 공간을 의미하고 이것은 매우 상황적인 공간이 된다. 결국 '몸의 공간학'은 주체와 객체의 이분법을 극복한다는 점에서 주체적 공간학이라고 할 수 있다. 나도 '역동적 장의 개폐이론 = 역동장이론(DSCO)'에서 장(場)을 표현하는 단어로 '공간(Space)'이라는 단어를 '상황(Situation)'이라는 단어와 겸하여 쓰는 까닭은 바로 '공간(Space) = 상황(Situation) = 장(Field)'을 인식하였기 때문이다. 이것은 당연히 '간주체 = 주체'라는 등식에 도달하게 된다. 이때의 인간 개인의 몸은 우주의 전체의 몸과 하나가 되기 때문에 지금까지 객체로서 존재하였던 우주조차도 주체가 된다. 존재보다는 실존에, 인과보다는 과정에, 정지보다는 운동에 중점을 두고 있는 그의 지각현상에 대한 철학은 나의 상황론과 맥락을 같이한다.

메를로-퐁티는 "내가 코기토를 발견하고 식별하는 것은 내 존재 자체인 심오한 초월의 운동이다. 즉 그것은 나의 존재와 세계의 존재의 동시접촉이다."라고 말한다. 그는 "의식은 철저히 초월(transcendance)이다. 수동적 초월이 아니라 능동적 초월이다. 우리는 수동적인 초월일 경우 그것은 의식의 정지일 것이라고 이미 말했다. 내가 봄(voir)과 느낌(sentir)에 대해 갖는 의식은 자체 속에 갇혀 있는 심리적인 사건에 대한 수동적인 표시가 아니다.(중략) 내가 갖는 봄의 의식은 봄을 실행하는 것 자체다. (중략) 봄은 행위이다. (중략) 내가 초월적인 것들의 장에 원초적으로 열려 있음으로써만, 말하자면 하나의 탈자(脫自: une extase)에 의해서만 내적으로 준비되는 활동이다. 봄은 자기 자신에 도달한다. 그러면서 보이는 사물 속에 결합된다. (보이는 사물에게)붙들림(se sasir)은 봄의 본질이다. (보이는 사물에게) 붙들리지 않으면 봄은 정말 아무것도 아닌 것에 대한 봄이 되고 만다."라고 그 이유를 밝힌다. 봄을 실행하는 것 자체가 봄의 의식이라고 말하는 것은 봄의 의식이 그야말로 '체화된 의식'이라는 말이다.

메를로-퐁티는 '붙들림' 혹은 '사물 속으로 달아남'이라고 말하는 초월은 결국 '엑스터시(ex-stase) = 탈자(몰아)'인 셈이다. 지각하는 의식 자체의 근본성격은 탈자적이다. 그에게 코기토는 내가 세계로 열려 나가고 세계가 나에게로 들어오는 통로이다. 결국은 지각의 상황을 상상을 통해 이념화하는 과정에서 순수 기하학적인 사유와 진리가 생산되는 것이지, 순수 기하학적인 영원한 이념이 먼저 있고 거기로 귀환함으로써 순수 기하학적인 사유와 진리가 성립되는 것은 아니라고 말한다. 결국 코기토는 몸에 근거한 코기토일 수밖에 없다는 결론에 도달한다. 그는 또 '발화된 코기토'가 아닌 '침묵의 코기토'를 명시적으로 제시하고 그것이 발화된 코기토의 작용 가능성을 성립게 하는 존재론적 기반임을 제시한다. 그렇다면 그의 '침묵의 코기토'는 무엇을 말하는가.

"우리가 데카르트를 읽으면서 갖는 코기토는 낱말들로 된 그리고 낱말들을 바탕으로 이해되는 발화된 코기토이다. 이 코기토는 자신의 목표에 다다르지 못한다. 왜냐하면 우리 실존의 일부, 즉 우리의 삶을 개념적으로 고정시키면서 의심 불가능한 것으로 확증하는 일에 몰두할 때, 그렇게 몰두하는 우리의 실존 그 자체는 고정화와 사유를 빠져나가 있기 때문이다. 여기에서 언어활동이 우리를 감싼다고 결론지을 수도 있을 것이다. 그리고 마치 실재론자가 외부 세계에 의해 자신의 존재가 결정된다고 믿듯이, 혹은 신학자가 신의 섭리에 의해 인도된다고 믿듯이, 우리가 언어활동에 의해 인도된다고 결론지을 수도 있을 것이다. 하지만 그것은 진리의 절반을 망각하는 일이 될 것이다. (중략) 만약 '발화된 코기토'가 나에게서 '침묵의 코기토'와 만나지 않는다면 나는 '코기토'라는 낱말에서 그 어떤 의미도 발견하지 않은 것이다."

그는 '침묵의 코기토'를 설명하면서 "미리 존재하는 유일한 로고스는 세계 자체"라고 한다. 이는 또 무엇을 말하는가. "우리는 영원한 진리 혹은 일자에의 참여를 경험하지 않는다. 정작 우리가 경험하는 것은 되잡음의 구체적인 작용들이다. 이 작용들에 의해 우리는 시간의 우연성 속에서 우리 자신들과의 관계들 그리고 타인들과의 관계들을 서로 결합시킨다. 한마디로 말해 우리가 경험하는 것은 '세계에의 참여'이다. '진리에의 존재'는 '세계에의 존재'와 구분되지 않는다. 우리는 시간에 붙들릴 뿐이다. 우리는 시간을 소유하지 않는다."

우리는 여기서 눈여겨볼 것이 있다. 메를로-퐁티가 말하는 '침묵의 코기토'라는 말과 '유일한 로고스', '진리에의 존재＝세계에의 존재'라는 일련의 말들이 갖는 뉘앙스이다. 이들은 우리의 동양철학에서 일리(一理)라고 하는 것과 통한다는 점이다. 다시 말하면 '침묵의 코기토＝유일한 로고스＝진리에의 존재＝세계에의 존재'라는 등식이다. 메를로-퐁티는 처음에 출발은 '간주체성'에서 했는데 이는 어떤 종류의 절대론(존재론)에 대해서도 부정한 때문이었다. 그런 그가 제3의 공간으로 '인간학적 공간'을 제안하고 그 구체적인 것으로 '몸의 공간', 즉 '체화된 공간'을 든다. 그러던 그가 다시 '체화된 의미'의 생산을 위해 다시 유일한 로고스에 도달하는 과정을 밟는다. 이 과정은 주기론자(主氣論者)들이 이기(理氣) 논쟁을 하는 과정에서 이(理)에 대항하기 위해서 기(氣)를 주장하지만 그것은 다시 중리(衆理)를 인정하는 것이 되고 중리를 다스리기 위하여 결국 일리(一理)로 다시 돌아가는 것과 같다.

메를로-퐁티는 시간론에서 시간이란 몸 자신이 이미 상황에 처해 있는 데서, 즉 '세계에의 존재'라는 데서 드러나는 것임을 알게 된다. 시간의 출구와 입구는 역시 주체인 나의 몸 자신과 대상인 세계인 것 같다. 대상인 세계 속에서 나와 주체인 나의 몸속으로 들어오고, 주체인 나의 몸에서 나와 대상인 세계 속으로 들어가는 회전/역회전의 운동을 반복하는 것이 시간이라 할 수 있을 것 같다. 그런데 사실 시간의 두 방향의 회전운동은 하나의 운동이다. 즉 같은 시간이다. 마치 동일한 원의 운동이 위에서 보면 이쪽으로 돌고 밑에서 보면 반대쪽으로 도는 것으로 보이는 것과 같다. 그러니까 주체의 시간은 대상의 시간으로 전환하고 대상의 시간은 주체의 시간으로 전환하는 것처럼 보이지만 주체의 시간이 곧 대상의 시간이고 대상의 시간이 곧 주체의 시간이다.

결국 이는 이기철학으로 볼 때 결국 이(理)는 기(氣)가 되고 기(氣)는 이(理)가 되는 셈이다. 즉 이(理)＝기(氣)라는 등식이 성립된다. 절대론과 존재론을 부정하던 메를로‒퐁티는 간주체성이라는 중간(과정)에서 출발하여 '몸이라는 장(場)'을 통해 결국 주체와 객체를 물리쳤지만 결국 다시 양극에 있는, 일종의 절대론인 주리론(主理論)과 주기론(主氣論), 즉 이(理)와 기(氣)가 말은 다르지만 결국 같다는 결론에 도달한다.

철학도 말의 이분법에서 출발하여 그것을 부정하고 새로운 이분법을 창출하는 연속적 의식운동(혹은 역동적 장)으로 볼 때 일종의 거대한 신화군(神話群)이라고 볼 수밖에 없다. 주체와 객체, 관념과 경험, 이성과 감성, 이(理)와 기(氣) 등 철학의 낯익은 용어와 개념들은 이미 처음부터 신화적 이분법에서 출발한 것으로 이들도 역시 자신이 쳐 놓은 순환론에 빠져 버리게 된다. 새로운 철학은 단지 스스로 새로운 순환론에 빠짐을 인식하는 과정에 지나지 않는다.

철학은 따라서 신화적 담론에 의해 세계를 구성하고 살아가던 원시인들의 신화가 매우 불합리하게 보임에 따라 새로운 '비순환의 담론＝인과론'의 형식을 창출하기 위하여 신화의 순환론을 일시적으로, 혹은 어떤 폐쇄된 상태(작동적 조건)에서 '인과론＝합리성'으로 전환하여 순환론에 빠지지 않았음을 보여 주는 잠시 동안의 속임수, 주술에 지나지 않는다. 아니면 변화하는 우주(역동적인 우주)에 발맞추어 '말을 사용하는 인간'이 새로운 철학적, 혹은 담론적 유행을 만들어 낸 '철학적 패션＝철학적 옷 입기'에 지나지 않는 것이 된다.

'역동적 장'은 사회현상뿐만 아니라 유기체의 생물학적 팽창(개방, 확장) 내지는 수축(폐색)에도 적용되며 예컨대 "부교감신경은 열림과 팽창에 관계하고 부교감신경은 닫힘, 위축에 관계하게 된다."[75] 생물에 있어서 역동적 장은 바로 오르가즘이 일어나는 것이다. "오르가즘 반사는 신체 전체의 통일적인 경련이다. 오르가즘 속에서는 우리는 경련하는 원형질 덩어리일 뿐이다. 15년 동안의 오르가즘 연구 이후에 드디어 정신질환의 생물학적 핵심에 파고들 수 있게 되었다. 오르가즘 반사는 번식하는 모든 생물에게서 발견된다. 예를 들어 단세포동물과 같은 원시적인 일련의 생물유기체에서 오르가즘 반사는 원형질 경련의 형태로 나타나는데, 오르가즘 반사를 발견할 수 있는 가장 기초적인 단계는 수정란 분열이다."[76]

생물학적 에너지의 두 방향은 바로 '역동적 장' 이론이 잘하면 큰 이론의 가능성을 열어 준다고 할 수 있을 것이다. 역동적 장의 개폐라는 것은 경계가 있으면서도 서로 소통하는 문을 가진 것을 말하는데 이는 존재와 비존재, 존재와 생성, 존재와 실존, 나아가서

---

75) Wilhelm Reich, ≪오르가즘의 기능≫, 1927년, 윤수종 옮김, 2005년, pp. 333~337, 그린비, 서울.

76) Wilhelm Reich, 같은 책, 391~393.

이성과 감성을 나누기도 한다. 존재의 이중성과 복합성을 의미하는 셈이다. 이는 기계와 전기, 전기와 생명, 생명과 호흡, 호흡과 우주 등 여러 차원의 존재들이 다원다층적으로 우주를 구성하고 있음을 말한다. 이것은 중심과 주변의 끝없는 연장일 수도 있다. 이때의 장(場)이라는 것은 특정한 시공간의 장소가 아니라 운동이 이루어지고 있는 장소성을 의미한다. 특정의 정지된 공간이 아니라 변화무쌍함이 이루어지는 계기(occasion) 혹은 연기(緣起)를 의미한다. 경계는 경계가 아니다. 존재는 존재가 아니다.

4. 기(氣)철학 · 신과학(new science)에서 본 예술인류학

여기서 기(氣)철학에 대한 논의를 전개할 생각은 없다. 다만 기(氣)철학적 입장이 적어도 인류학에서는 어떻게 활용되느냐에 초점을 두고자 한다.

기(氣)는 확실히 인간의 사물에 대한 언어(이해구조)를 파괴·생성하는 힘을 가지고 있다. 인류학에서는 이것을 감정(emotion), 욕구(need), 정서(sentiment), 느낌(feeling) 등으로 이해한다. 또는 최근에는 실천(praxis)이나 연행(performance)의 개념으로 다루고 있다. 예술(상징)인류학은 확실히 이것을 기초로 하고 있다. 왜냐하면 인간의 지각 이미지(sense-image)를 통하여 동태·포괄·전체적으로 파악하려고 하기 때문이다. 이는 구조 인류학이 구조 언어학의 전통 위에서 음성(sound)을 음소(音素 phoneme)·형태소(形態素 morpheme) 등으로 묶어 최소한 영속적인 의미를 갖게 함으로써 종국에는 언어적(verbal) 커뮤니케이션을 이루는 것과 사실 반대방향을 갖고 있다. 즉 지각 이미지(sense-image)를 원초적인 기(氣)의 형태로 파악하려 함으로써 비언어적(nonverbal) 커뮤니케이션을 추구하고 있기 때문이다.

의미구조 = 개념화, 의미작용 = 상징화

언어는 인간의 신체(몸)와 사물의 원초적인 교감을 왜곡시키거나 은폐시키는 작용을 한다. 언어의 사물에 대한 우위는 문자문화권의 오랜 전통에 기인하는 것인데 흔히 인간이 본래부터 그러했던 것처럼 착각하게 만든다. 예술인류학은 '의미구조＝개념화'라는 종래의 등식을 '의미작용＝상징화'로 확대하고자 하는 기도(企圖)를 함의하고 있다. 의미구조＝개념화는 이미 과거의 의미이고 의미작용＝상징화는 현재진행형이고 미래의 의미이다. 개념은 이미 확실하게 굳어진 의미이고 상징은 불확실하지만 지금 생성되고 있는 의미이다.

기(氣)의 한 형태인 소리(sound)를 언어(language)로 환원시키는 것을 구조언어학·구조인류학이 밝혀냈으나 한 걸음 더 나아가 예술인류학은 언어(language)를 다시 기(氣)로 환원시키는 작업, 또는 기(氣)의 상태에서 파악함으로써 보다 많은 상징·의미 구조를 통합적인 차원에서 발견할 가능성을 열어 놓은 것이다. 그래서 문화는 우주와 마찬가지로 기(氣)의 실재(actual entity)임을 증명하고자 하는 것이다. 예술인류학에 의해 이제 죽은 문화가 아니라 살아 있는 문화에 대한 느낌이 있어야 한다. 구조인류학에 의해서 의미구조를 파악하는 데에 그치는 것을 지양해야 한다. 예술인류학에 의해 인류학자는 한 문화의 진정한 주체가 되는 길을 여는 셈이다. 그것은 결국 자기 고백이 되는 셈이다. 이것은 자문화이든, 타 문화이든 마찬가지로 적용된다. 자문화에 대해서도 느낌이 미진할 수도 있고 혹은 느끼지 못할 수도 있고 타 문화에 대해서도 진정 느낄 수 있기 때문이다.

화이트헤드는 "인간의 정신성은, 그 경험의 어떤 구성요소가 다른 구성요소에 관한 의식, 믿음, 정서 및 용도 등을 이끌어 낼 경우 상징적으로 기능하고 있는 것이다. 전자에 속한 일련의 요소는 상징이고 후자에 속한 일련의 요소는 그 상징의 의미를 구성한다. 상징에서 의미로의 전이를 가져오는 유기체적 기능을 '상징적 연관'이라고 일컬어진다."라고 말한다.[77] 화이트헤드에겐 상징(symbolism)은 곧 상징작용이고 상징작용에 의해서 의미가 생성된다. 상징은 개념적 의미와는 다르다. 개념적 의미는 이미 굳어져 의미생성을 하기보다는 생성된 의미를 구조화하고 다른 사물과 사태를 판단하는 틀로 기능한다. 이것이 굳어진 의미, 즉 언어이다. 상징이야말로 가장 탄력적이고 적응력이 있는 의미이다. 화이트헤드는 또 상징은 시간적 선후관계가 없다고 했다. 상징은 언어를 기(氣)로 환원시킨 것이다 (상징↔언어↔氣).

우리 전통문화에는 정·기·신(精·氣·神)의 개념이 있다. 적어도 이 가운데 기(氣)의 개념은 서양문화권에는 생소한 개념이며, 굳이 대응시킨다면 에테르(ether) 또는 에너지(energy)에 가까울 것이다. 그러나 이것은 어딘가 기계적 우주관의 냄새가 난다. 기(氣)의 개념은 무엇보다도 기계적 우주관이 아닌 생성적 우주관의 산물이다.

기(氣)는 모이고(積分) 흩어진다(微分), 즉 취산(聚散)한다. 그리고 그것은 무한히 역동적으로 교환(교감)관계를 이루는 우주의 본원적 세계이다. 기(氣)를 논할 때는 우선 몇 가지 전제가 필요하다. 첫째, 서양철학에선 아직 기(氣) 개념이 없다는 점이다. 따라서 서양철학의 용어로 기(氣)를 설명할 수는 없다. 인도철학의 공(空)의 개념이 기(氣)의 개념으로 통하는 중간개념이다. 또 서양철학의 유(有)개념과 동양철학의 무(無)개념을 연결하는 개념이 공(空)개념이다. 다음의 표를 참조하면 이해가 쉬울 것이다.

---

77) A. N. Whitehead, 1927 Symbolism: Its Meaning and Effect, p 8, New York: Macmillan Company. 문창옥 1999 "화이트헤드 과정철학의 이해" p. 238 통나무.

有(氣)←物·心←空間(空·時間)←空(構造)→空氣→氣(無)

위의 표에서 공(空)과 구조(構造)가 만나고 있다. 서양의 구조주의가 후기구조주의(post‒structuralism)에 이르러 '구조는 텅 빈 것이다.'라는 것으로 발전하는 것과 일맥상통하고 있다. 따라서 서양의 구조라는 개념은 동양의 기(氣)와 통하는 개념이다. 예술인류학이 기(氣) 철학의 토대 위에 서양의 구조·상징인류학의 전통을 이어받고 이를 토착인류학의 한 모색으로 내가 상정하고 있는 소이가 여기에 있다.

즉 기철학과 구조·상징인류학을 통합함으로써 예술인류학은 그 학문적 체계를 마련한 것이다.

구조주의가 구조언어학에서 체계화되고 구조인류학으로 확대 발전하였다는 것은 주지의 사실이다. 구조언어학의 가장 큰 업적은 음(音)의 자기 완결적 독립적 체계를 바탕으로 음운론(音韻論)·형태론(形態論)·통사론(統辭論) 등으로 언어가 조립·구성되어 있다는 것을 밝힌 점이다.

의미·문법·텍스트: 메타포·상징·기(氣)

하나의 언어는 선택된 음(phone)을 기초로 하고 있고 두 개 이상의 단음(單音)이 조합되어 의미가 부여된다. 이것을 부호화(기호화) 과정이라고 한다.

부호화는 다시 말하면 코드화인데 자연과학이란 이 코드의 한

면만을 시각에 의지해서 연결하고 텍스트화한 것에 불과하다. 물론 이 시각은 현미경이나 망원경에 의해 연장되는 것은 사실이다.

그러나 말로 표현되지 않는 것, 보이지 않는 것은 부정하는 게 자연과학의 특성이다. 인문과학은 보이지 않는 것이라도 말(언어)로 표현된 것은 연구의 대상으로 삼아 왔다. 사실 지금까지 우리는 이 두 가지 학문적 전통 — 언어·보이는 것 — 에 의지해서 소위 과학(science)해 온 것에 다름 아니다.

그런데 구조주의적 학문적 전통이 인문과학의 근본적인 문제들을 해명함으로써 다시 말하면 코드(개념)의 양면성을 밝히고 코드를 컨텍스트화함으로써 코드의 이분법이 사실 결정론적인 성질의 것이 아님을 입증한 셈이다.

코드도 관계 속에서 유의미하다는 점에서 일종의 메타포이다. 따라서 예술인류학은 인문과학의 연구대상이 되었던 예술적 표현물(특히 메타포)들이 이제 '대상이 아닌 수단'으로, 즉 코드로 전화됨을 뜻한다. 즉 이는 표현으로서의 예술이 아닌 '방법으로서의 예술'을 뜻한다. 코드와 메타포는 서로 중층적 구조를 이루며 상호 작용하고 있다.

인류의 역사 속에서 지금까지 생성적 우주관은 비유(metaphor) 즉시(詩)적 언어 속에 유지되어 왔다. 이 시적 언어(상징언어)는 잊힌 채로 사실언어에 봉사해 왔던 것이다. 그러나 이제 이 시적 언어·상징언어를 위해 사실언어는 봉사하지 않으면 안 된다. 그것만이 인간의 삶을 풍부하게 한다.

시적(상징) 언어는 단순한 언어적 창작물이 아니고 생성적 우주의 구조적 반영이었으며 이를 역원적(逆源的)으로 고찰하기 위해서

루시앙 골드만(Lucien Goldmann)의 문학사회학의 발생적 구조주의[78]나 폴 리꾀르(Paul Ricoeur)의 현상학적 해석학[79]의 도움을 빌리지 않으면 안 된다.

초월적 언어(meta - language)의 마술사

예술인류학자는 이 '시적 (상징)언어'를 역사 속에서 찾는 '지식(상징)의 고고학자'이다. 예컨대 이 고고학자로서의 예술가는 주관적인 것과 객관적인 것을 초월함으로써 사회적 연관성(대부분의 사람들이 인식하지 못하는)을 드러내 보여 주게 된다.

예술인류학자들이 다루는 상징들은 추상적인 것이 아니라 매우 구체적인 것이며 초시공적(超時空的, 시간과 공간을 초월한다는 뜻)이다. 따라서 과거와 현재(미래)를 자유자재로 넘나든다. 상징이란 비행기를 타고 역사를 즐기는 여행가라고 할까.

그러나 이 상징을 대상으로서 고정시킨다면 고정시킨 만큼의 상징만을 볼 수밖에 없다. 이는 상징의 표현으로서의 언어가 아니라(상징 〉 언어) 언어의 표현으로서의 상징(언어 〉 상징)에 불과하기 때문이다.

언어가 의미를 함의하는 것이라면 상징은 기(氣)를 반영하는 것이다. 그러한 상징을 통해 실은 기(氣)의 역사적·현재적 움직임을 표현할 수 있는 것이다. 예술인류학은 이 기(氣)를 설명하기 위한 노

---

78) Lucien Goldmann, ≪Method in the Sociology of Literature≫, 박영신·오세철·임철규 옮김(1984), ≪문학사회학방법론≫, 현상과 인식, 서울.

79) Josef Bleicher, ≪Contemporary hermeneutics≫, 권순홍 옮김(1983), ≪현대해석학≫, pp. 238~256, 한마당, 서울.

력의 일환으로 사실언어로 설명이 불가능한 우주적 교감(交感)의 세계를 예술적(시적) 언어, 즉 메타포로 설명해 보고자 하는 시도이다.

언어 이전의 우주는 어떻게 가능한 것일까. 우주는 매우 메타포리칼(metaphorical)한 세계이다. 언어 이전의 세계는 개방된 마음(open mend)만이 아니라 개방된 세계(open physics)를 가정하고 있으며 우주 만물이 하나로 통하는 것을 상상하고 있다. 이러한 세계는 어떤 결정론(determinism)이나 타성적(惰性的)인 구조(structure)나 제도(institution), 그리고 일정한 텍스트(text)가 없는 세계이다.

단지 인간은 우주 속에서 마치 항해를 위해 나침반을 만들듯 텍스트를 만들었을 따름이다. 삶의 방편으로서 -

우주가 바다라면 텍스트는 나침판에 불과하다. 나침판은 항해를 도울 수는 있어도 바다가 되지 못한다. 나침판은 인간이 알고자 하는 '남과 북'을 가리켰을 따름이다.

라이프니츠의 단자(單子):
기철학의 기소(氣素, 氣疏)＝마이너스(－)단자＝무궤(無櫃)

예술인류학은, 기존의 인문과학이 소위 과학의 입장에서 예술을 본 것에 반해 예술의 입장에서 과학을 보며 이를 종교에 연장시키는 것이라고 말할 수 있다. 과학의 대상이 되던 예술이 이제 수단이 되어 과학과 종교를 향하고 있는 셈이다.

〈표 16〉 자연과학, 인문사회과학, 신과학, 예술인류학

과학 ＼ 단위와 우주관	최소 기본단위	우주관	비고
자연과학	원소(元素), 파동 (뉴턴역학, 아인슈타인 상대성원리)	기계적 우주관	기계론 에너지론
인문사회과학	음소(音素)→ 의미소(意味素)	구조적 우주관	형식, 체계, 제도, 유형,
우주과학 (신과학)	기소(氣素, 氣疏): 마이너스(－)單子	생성적 우주관	정, 기, 신 (精, 氣, 神)
예술인류학	은유(metaphor) 환유(metonymy)	구조적・생성적 우주관	과학, 예술, 종교를 통합함

<표 16>은 기존의 과학(학문)체계와 신과학체계를 비교하고 이러한 체계 속에서 예술인류학이 어떻게 양 세계(체계)를 통합하는가를 표로 간략하게 표시한 것이다. 특히 신과학의 입장에서 기소(氣素)라는 새 용어를 나는 사용했다. 기소란 라이프니츠가 단자를 '사방에 유리창이 없는 물체'에 비유한 데 비해 '사방에 유리창이 있는 물체'를 가상하여 개념 규정한 신용어이다. 따라서 기소는 마이너스(－) 단자의 의미를 갖고 있다. '사방에 유리창이 없는 물체'라는 뜻은 결국 갇힌 세계가 아니라는 뜻인데 이러한 개념은 한민족의 전통 경전인 천부경(天符經) 속에 '무궤'(無櫃)라는 개념으로 나타난다. 무궤라는 말은 결국 궤짝, 상자가 아니라는 말인데 오늘 잘 알려진 개념으로 보면 <공(空)＝주(主)＝머리(腦)＝이(理)＝중(中)＝태극(太極)＝원(元)＝현(玄)＝무(无)＝원(圓)＝공(公)＝공(共)＝하나(一)＝천(天)＝0> 등의 개념일 것이다.

존재(being)의 세계가 아니라 생성적(becoming)의 세계를 위해서는 기소라는 개념이 유용하리라고 본다. 기(氣)철학적 우주관은 이

기소가 가득 차 미분·적분, 취산(聚散)하는 세계일 뿐 아니라 무한히 교환되는 세계를 상정하고 있다. <표 17>은 과학과 예술과 종교의 특성을 극도로 단순화시킨 것이다.

〈표 17〉 코드, 메타포, 기소(氣素)

코드(code)	수평적	문법	거울	과학
메타포(metaphor)	수평적 수직적	영감	가면	예술
기소 (氣素, 氣疏)	원융적(圓融的) 순환적(循環的)	신인합일 (神人合一,totemism)	기(氣) (신내림)	종교

지금까지의 얘기를 좀 더 쉬운 말로, 즉 대중적 용어로 표현하면 '코드와 메타포' 대신에 '거울과 가면'이라는 용어를 통해 설명할 수 있을 것이다. 과학이라는 말은 다름 아닌 사물의 거울효과를 강조하고, 예술은 사물의 가면효과를 강조하고 있다. 과학은 사물이 '이렇게 존재하고 있다.'고 보여 주는 노력을 하고 예술은 사물에는 우리가 볼 수 없는 '여러 겹의 가면이 있음'을 암시해 왔다. 이러한 과정에서 거울(과학)은 가면의 한 역할, 가면(예술)은 거울의 한 역할을 해 왔다고 할 수 있다. 이것은 언어(거울)와 상징(가면)의 관계를 말함이다(코드＝언어＝환유＝거울, 메타포＝상징＝가면) 상징은 언어와 기(氣)의 변증법적 역동관계의 산물이다. 따라서 상징을 언어적 맥락에서 해방시킨다면 상징을 통해 기(氣)를 추적할 수 있으며 상징은 기소의 캡슐이라고 할 수도 있을 것이다[언어(language)⇌상징(symbol)⇌기(氣)]

상징을 텍스트에 구속시키지 말고 컨텍스트로 해방시켜라

이것을 텍스트(text)와 컨텍스트(context)로 바꾸어 말하면, 상징 (구조)을 텍스트 속에서 구속하지 말고 컨텍스트로 해방시키면 기 (氣)를 느낀다는 말과 같다. 우주는 컨텍스트의 연속이다. 단지 인간은 여기서 텍스트를 찾을 뿐이다. 이것을 풍류도로 말하면 풍류도인은 텍스트를 알되 그것에 구애되지 않고 해방되며 컨텍스트에서 다시 텍스트를 생산할 줄 아는 인간이다.

'예술'이라는 말을 인류학의 접두어(수식어)로 사용한 것은 이 밖에도 사실 모든 기존의 학문(science)에 대해 도발적인 의미를 갖고 있다. 인류의 문명사를 볼 때 어쩌면 그 문명사는 '종교 또는 예술에서 학문(science)으로의 길'이었는지 모른다. 여기서 학문이라 함은 물론 인문과학과 자연과학, 그리고 그 중간적 존재인 사회과학도 포함한다. 이 학문의 길은 물질에의 복종 · 재구성(자연과학) 또는 그것에의 뒷받침(물질주의, 유물론)이 아니면 언어(language)에의 환원 (reductionism) 또는 환류(feedback)에 다름 아닌 것이었다(인문과학).

그것에 대해 부단히 인간의 본성을 외쳐 온 부류의 인간이 이름하여 '예술가'라는 존재이다. 이 말은 우리(인간)의 잃어버린 본성을 오늘에 가장 집약적으로 보여 주는 존재가 예술가이며, 각종 예술적 형태(또는 작품)에서 우리는 본성을 되돌아볼 수도 있다는 가능성으로 통한다. 이러한 예술과 학문의 갈등관계를 가장 적나라하게 보여 주는 분야가 사실 사회과학분야이다. 사회과학의 제도 (institution) 연구는 사회적 언어연구를 말함이며 그 사회적 언어가어떤 주기나 체계(구조) 또는 여러 형태의 변형으로서 존재하며, 변하는가를 보여 주는 것이다. 그러나 사람이(우리가) 어떻게 살고 있고 그 제도의 변화의 원동력이 무엇이냐에 대해서는 아직까지 그렇게 선명한 결론을 짓지 못하고 있다. 이에 예술인류학은 예술 그 자체를 특정의 예술작품이나 예술가에게만 전유물처럼 관련짓는 것이 아니라 일종의 '보편적 삶의 방식'으로 보편화·일반화하려는 의도를 갖고 있다.

대칭구조와 천지인(天地人) 삼재사상, 음양(陰陽)사상:
구조, 대칭, 은유, 상징

서양의 과학은 비대칭구조의 산물이다. 비대칭구조는 원시미개사회의 인식이나 철학의 문제만이 아니라 인류의 보편적인 구조이다. 우리의 무의식에는 반드시 대칭구조의 흔적이 있으며 오늘도 여전히 그 위력을 발휘하고 있다. 자연과학의 수식과 등식이 생기기 전에 우리 조상들은 대칭구조 속에서 살아 왔다. 대칭구조는 어떤 것인가. 쉽게 말하면 전통적인 천지인 삼재사상, 음양오행사상, 주역 등도 대칭구조의 산물이다. 서양의 정반합 변증법도 실은 대칭구조에 속한다. 변증법은 서양의 것이기 때문에 흔히 비대칭구조로 오인하기 쉬운데 실은 삼재사상이나 음양사상과 같이 대칭구조이다.

아리스토텔레스의 논리학––삼단논법을 비롯하여 서양의 인과론은 물론 비대칭구조이다. 또 인과적 산문은 비대칭구조이다. 신화가 아닌 소설의 이야기와 과학의 논문 등은 비대칭구조이다. 인간이 만들어 낸 대칭구조의 출발은 물론 신화이다. 이를 신화체계라고 한다. 대칭구조, 혹은 대칭성의 원리를 이야기하다 보면 놀라운 발견을 하게 된다. 신화체계와 종교체계는 모두 대칭구조의 산물이라는 것을 알 수 있다. 이를 역으로 말하면 대칭구조의 산물은 결국 종교, 신화가 된다.

대칭구조의 결정적인 특징은 바로 모순점(교차점, 가역점, 균형점, 중용점, 대칭점 등으로 명명할 수 있다)을 가지고 있다는 사실이다. 바로 모순점 때문에 순환이 가능하게 된다. 대칭구조는 모순을 가지고 있고 결국 순환론을 추구한다는 것을 알 수 있다. 이는 '모순이야말로 진리다.'라는 테제가 된다.

1. 천부경(天符經)을 비롯한 모든 경전들의 종교적 담론이 대칭구조의 산물임을 알 수 있다. 예컨대 천부경의 첫 구절인 일시무시일(一始無始一: 하나는 시작인데 시작이 아닌 하나이다)은 바로 모순구조 속에 있다. 일종무종일(일종무종일: 하나의 끝인데 끝이 아닌 하나이다)도 마찬가지이다. 결국 이들은 쉽게 말하면 '시작은 끝이다.'라고 하는 순환론에 빠져 있다. 순환론이라는 것은 인과론을 추구하는 과학에서는 모순이라고 하지만 종교는 바로 여기에 의존한다.

2. 동양의 태극음양사상, 주역, 십간십이지 등도 대칭구조의 산물이다. 이들은 모두 대칭구조, 즉 음양이라는 요소들을 가지고 결국 조합을 하는 것이다. 음양이라는 것이 사상으로 팔괘로, 그리고 아무리 복잡하게 증식되어도 결국 음양의 조합과 순환을 벗어날 수 없다. 음양사상을 토대로 하는 모든 생각과 담론의 구조물들이 모두 종교와 비슷한 효과를 가지는 것은 이 때문이다. 주역과 십간십이지 등도 여기에 포함된다.

3. 서양의 변증법도 실은 대칭구조의 산물이다. 서양의 논리학은

아리스토텔레스의 삼단논법을 따르고 있지만 헤겔의 변증법인 정반합(正反合)은 실은 삼단논법이 아닌, 천지인 삼재사상이나 태극음양사상과 다를 바가 없다. 변증법은 단지 정태적인 대칭구조를 운동구조로 변화시킨 것에 불과하다. 다시 말하면 의식, 혹은 무의식의 대칭구조를 역사적 구조로 변형시킨 것이다. 헤겔의 변증법을 물질에 적용한 것이 바로 유물론이다. 유물론이 모순에 빠지는 까닭은 대칭구조의 산물이기 때문이다. 유물론이 종교가 되는 것도 같은 이유이다.

4. 결국 대칭구조는 '시작이 끝이다.' 혹은 '끝은 시작이다.'라고 하는 테제와 함께 결국 순환의 어딘가에는 모순점을 가지고 있다. 모순은 진리가 아닌 것이 아니라, 전혀 새로운, 아니 인류가 오랜 옛날부터 가지고 있었던 진리이다. 결국 인류는 원의 진리, 순환의 진리를 먼저 가지고 있다가 근대 과학에 이르러 결국 직선의 진리, 인과의 진리를 가지게 된 셈이다. 전자는 무의식의 지층, 깊은 곳에 자리하고 있는 셈이다. 결국 후자는 의식의 얕은, 지표에 해당한다고 말할 수 있다.

5, 순환론은 결국 전체론에 기여한다. 다시 말하면 '부분은 전체이다.' 혹은 '전체는 부분이다.'라는 세계이다. '일즉일체(一卽一切), 일체즉일(一切卽一)'이라고 하는 화엄의 세계, '공즉시색(空卽是色), 색즉시공(色卽是空)'이라고 하는 반야의 세계이기도 하다. 전체론은 잘못하면 정치적 전체주의에 빠질 위험도 있다. 무의식의 마음에서 전체주의는 일종의 깨달음이나 원융, 세계의 일원상에 도달한 것으로 바람직하지만 의식의 역사에서 전체주의는 바로 대칭구조가 비대칭구조로 변질되어 '선과 악', '친구와 적'으로 변하여

파시즘에 이르게 된다.

유물론이 계급투쟁의 종교로, 파시즘이 전체주의의 종교로 둔갑한 것은 바로 대칭구조가 비대칭구조로 변질된 때문이다. 그러한 점에서 인류는 2차 세계대전과 전후 공산주의 운동을 겪으면서 심각하게 대칭구조와 비대칭구조의 질병을 겪은 셈이다. 오늘날 중동의 이스라엘과 팔레스타인의 전쟁도 바로 이러한 모순구조의 함정에 속한다. 이를 통해 인류는 종교가 질병이 될 수 있다는 것을 예상할 수 있다. 대칭 - 순환구조가 자연의 조화와 균형의 감각을 잃어버리고 비대칭 - 인과구조라는 문명의 이데올로기로 돌변하면 인류의 재앙이 된다.

6. 대칭구조는 신화와 종교와 이데올로기에만 적용되는 것이 아니라 관계론적 수학에도 그대로 적용된다. 다시 말하면 진법(進法)이나 집합(集合), 군론(群論)은 바로 대칭구조의 수학이라고 할 수 있다. 이들 관계론적 수학은 결국 대칭구조의 순환(循環)과 어떤 조건 위의 요소(要素)의 모임, 치환군(置換群)과 연속군(連續群) 등을 수학적으로 증명한 것이다. 이는 역으로 대칭성의 원리를 이용한 담론들을 수학적으로 표기할 수 있다는 것을 의미한다. 예컨대 동양의 복희팔괘와 문왕팔괘가 수식으로 표현될 수 있는 것은 당연하다.

7. 결국 우리는 인과론을 제외한 모든 관계론과 순환론이 실은 대칭구조의 산물임을 알 수 있다. 따라서 대칭성의 원리는 원시 · 미개인들의 원리만이 아니라 인류의 무의식의 심층구조에 자리하고 있는, 지금도 살아 있는 원리이며 21세기의 문명인이라고 자처하는 우리들도 즐겨 이용하고 있는 원리라는 것을 알 수 있다. 역으로 대칭성의 원리를 통해 우리는 조상인류에 대한 이해는 물론,

종교전쟁, 이데올로기의 함정 등을 알 수 있다. 결국 인류는 '진리가 아닌 것이 모순이다. 모순은 진리가 아니다.'라는 테제와 '모순은 진리이다. 모순이야말로 순환론의 진리이다.'라는 테제라는 두 가지의 원리(Logic)를 가지고 살아가는 존재임을 알 수 있다.

8. 아인슈타인이나 하이젠베르크 등 최첨단 물리학자들도 이분법을 넘어서 상대성원리와 불확정성원리로 '세계가 하나라는 사실'에 동참하고 있다. 미개·원시 사회와 동양의 사상 등 인과론을 제외한 모든 관계론은 결국 대칭성의 원리의 산물이다. 대칭성의 세계에서는 모순이 순환적 우주구성을 위한 문제해결의 포인트(실마리)이지만 비대칭성의 역사에서는 이것이 모순의 분쟁과 질병을 낳아 인류로 하여금 전쟁과 파시즘에 빠지게 한다. 다시 말하면 아무리 좋은 논리도 놓일 데에 놓이지 않고 잘못 놓이면 인류에게 재앙이 된다는 것을 알 수 있다.

대칭구조가 비대칭구조로 넘어가면 바로 대립구조가 된다. 대칭조화와 대립갈등은 겉으로 보기엔 비슷할 수도 있지만 속내는 전혀 반대이다. 대칭조화는 긴장을 유지하면서도 상대를 인정하는 반면 비대칭의 대립갈등은 상대를 바로 적으로 본다. 동시에 비대칭구조의 절대성은 대칭구조의 조화나 초월에 해당한다. 말하자면 화이부동(和而不同)이나 부동화이(不同而和)가 된다. 인간의 무의식의 구조는 대칭구조이고, 의식의 구조는 비대칭구조이다. 조화와 갈등은 무의식과 의식 중 어느 것을 선택하느냐에 따라 입장이 갈린다.

선진국과 제국주의 국가는 항상 새로운 종교를 통해 자신의 나라는 물론이고 피식민지를 효과적으로 경영해 왔다. 제국주의 국가의 대부분은 비대칭구조의 나라이고, 피식민지의 대부분은 대칭구조의 나라이다. 여기서 가장 바람직한 것은 대칭구조와 비대칭구조를 적절하게 적용하고 조화를 꾀하는 것이다. 이는 개인의 일상에서도 원용될 수 있다. 어떤 때는 대칭구조로 생각하다가 다른 때는 비대칭구조로 생각하는 것이 드물지 않게 있다. 종교가나 예술가는 대칭적으로 사고하는 반면, 과학자는 비대칭적으로 사고한다(표 18).

보통 인간의 삶, 그 황홀한 예술

부연하면 '보통 사람들의 삶' 자체를 예술의 입장에서 연구·이해한다는 뜻이 된다. 이는 학문과 예술과 종교를 '인간화'하는 매우 인간중심주의 경향을 깔고 있다. 예술인류학은 앞에서 언급했지만 '기(氣)철학적 입장'을 깔고 있다. 이 말은 예술인류학이 '기(氣)의 인류학'임을 말하는 것이다. 또 지극히 상황적이고 과정적인 인류학임을 말하는 것이다. 예술인류학은 형태보다는 기능을 우선한다. 이는 정(靜)보다는 동(動)을 우선하는 것과 맥을 같이한다.

예술인류학은 언어적 언어(verbal language)를 비언어적 언어(nonverbal language)의 극히 일부(정태적인 형태)에 불과한 것으로 본다. 여기에는 소위 사물을 객관화한다는 미명하에 언어로 환원시키려는, 또는 언어를 사물화하려는 끊임없는 과학적 노력에 대한 시니컬한 비난도 섞여 있다. 이것은 성(性, 몸)을 언어(제도·이데올로기)로 구속해 온 문명사에 대한 도전이며, 성에 대한 '구속'보다는 이에 대한 보다 적절한 '조절'(coordination)이 바람직하다는 제안도 포함되어 있다. 그 조절은 매우 자유주의적인 의미의 것이다. 다시 말하면 성(性)의 구속보다는 성의 표현으로서의 언어의 중층적(重層的) 각 단계(여기서는 비언어적 언어를 언어에 포함한다)를 해방하는 것을 상정하고 있다. 이것은 문명사의 방향과 반대방향이다. 예술인류학은 구조와 상징의 의미를 동태적으로 추적할 수 있는 방법이라는 점을 강조하고 싶다.

〈표 18〉 대칭성의 원리에 대한 종합

대칭성의 원리
--에코페미니즘(Eco-Feminism)--

1. 천지인 삼재사상: 天, 地, 人
(3.1체계, 천부경, 모든 종교의 경전사상)

2. 태극음양론: 太極, 陰, 陽
(2.1체계, 음양오행, 주역, 십간십이지)

3. 변증법: 정반합(正→反→合(正))
(변증법은 삼단논법과는 다르다)

4. 순환론
(시작이 끝이다. 모순점)

5. 전체론
(부분과 전체는 하나)

6. 수학의 진법(進法), 집합(集合), 군론(群論)
(실체론적 수학이 아닌 관계론적 수학)

7. 인과관계를 제외한 모든 관계론 및 순환론
(천부경, 불교의 12연기론, 기독교의 선악론 및 심판론)

8. 아인슈타인의 상대성원리, 하이젠베르크의 양자론 등
(이분법을 초월한 모든 이론)

*미개·원시 사회와 동양의 사상 등 인과론을 제외한 모든 관계론은 결국 대칭성의 원리의 산물이다. 이것은 매트릭스 인류학(matrix anthropology)이다.

---

5. ‘한’철학과 시·공(時·空)의 통합

총체성과 방법론의 모순

근대학문이 서구문명에 의해 주도된 것은 주지의 사실이다. 근대학문의 가장 핵심적인 부분은 그 분석적인 능력에 있으며 그것은 또한 기하학적인 것에서 함수적인 것으로의 이행으로 나타났다. 이 같은 이행과정은 정태적인 분석에서 동태적인 분석이라는 특징을 보이는데 비록 정태적인 이분법(二分法)에서 출발한 서구문명이 동태적인 우주를 잡으려고 끊임없는 노력을 한 것으로 평가할 수 있을 것이다.

근대학문은 실체론적 수학이나 존재론적인 철학, 진화론 등 종국에는 물리학적인 환원으로 특징지워지는데 이러한 업적들은 결국 자기가 쪼개어 놓은(분석한) 사물(사실)들을 원모습 대로 돌려놓지 못하거나 이해하지 못함으로써 편의(수단)는 달성했어도 진리(진실)는 왜곡하거나 한시적(限時的)인 것으로 파악하고 마는, 잘못된 해부학의 미봉책에 불과했던 점이 많다.

이 같은 맹점은 인류학에서도 마찬가지로 존재한다. 인류학이 인간을 연구하면서 그 장르를 문화(인류학)와 체질(인류학)로 나누는 전략을 택했어도 — 그 하위분야는 더욱 많이 나누어지지만 — 그것을 끝내 통합하지는 못하고 있는 실정이다. 과연 문화는 학습에 의해 전해지고, 체질은 유전에 의해 전해지며 전자는 후천적(後天的)이고, 후자는 선천적(先天的)인 것으로 만족해야 할 것인가.

양자 사이에 어떠한 관계가 궁극적으로 존재하는가를 동태적으로 파악하는 길은 없을까. 계급적 대립이나 성(性)의 대립, 문화적 지배·종속 등 전반적으로 제국주의적 생존경쟁을 벗어날 수는 없을까. 실제로 인간은, 세계는, 우주는 우리가 보는 대로 운행되고 있는가. 대상은 어떻게 있든 보는 만큼 이해(인식)되는 것이기 때문에 결국 우리가 '보아 온 것을' 그대로 '있는 것으로' 등식화해도 문제는 없지만 우리의 시각을 바꾸어 보는 것도 현 학문적 딜레마를 푸는 데 유의미할 것이다.

현대인은 분석하는 힘에 의해 많은 편의와 혜택을 누려 왔다. 그러나 분석이 만능(만사형통)은 아니다—특히 행복은 그렇지 못하다. 적어도 상호 보완적인 입장에서 처음부터 분석보다는 사물(사실)을 관계로 묶고 생성적으로 보는 학문적 혁명이 필요하다. 다시 말하면 존재하는 것을 나누는 방법보다 존재하는 것과 존재하는 것 사이에 내재하는 것의 변화를 해석할 수 있는—이런 점에서 동양의 역(易)이 대표적인 자리를 확고히 굳히고 있지만—방법으로서의 전환이 절실하다.

모든 학문의 이면(저변)에는 철학이 존재하고 있다. 근대학문이 위와 같은 딜레마에 빠진 것은 서양철학의 인식—존재론에서 비롯되는 것이지만—분석철학과 현상학이, 전자는 밖에서 객관성을 후자는 안에서 본질을 찾는, 철학적·문명적 괴리를 보이는 것이 적나라한 예이다.—이것조차 포용하는 '통합'의 철학이 요구되고 있다.

'한'철학

인류학은 문화를 총체적인 것으로 규정하고 있다. 그 총체적인 것을 총체적인 것으로 이해하기 위해서는 새로운 학문을 위한 철학(원리)을 필요로 한다(또한 구체적인 방법론을 필요로 한다). 그렇기 위해서는 보다 신축성 있는 철학의 모색이 이루어져야 할 것이다. 예컨대 존재(론)와 생성(론)을 한꺼번에 포용할 수 있는 철학이 필요하다.

'한'철학은 아직 국내에서조차도 많이 알려지지 않았지만 용어의 어원까지도 토착적인 것으로— 예컨대 이기(理氣)철학은 전통적인 것이지만 동시에 중국, 일본, 한국 등 동아시아 삼국에서 유행한 것이지만 '한'철학은 한국만의 철학이라는 점에서— 그 개념의 탄력성이 매우 높다.

'한'은 우리 문화의 정체성(identity)을 논할 때 쓰이는 말이다. 예컨대 '한'은 한국, 한겨레, 한글, 한식, 하느(나)님, 한얼 등 국가, 민족, 사상, 그리고 생활전반에 걸쳐 우리 문화의 원형(원리)으로 작용해 왔다. '한'은 한문(漢文)으로 '韓, 漢, 汗, 干, 旱, 寒, 成, 桓, 丸' 등 여러 가지 글자로 표기된다.

'한'의 사전적 의미는—(one), 多(many), 同(same), 中(middle), 不定(about) 등 다섯 가지로 요약된다. '한'은 따라서 확정성과 불확정성을 동시에 포함한다. 좀 더 정확히 말해서 종래 문학(철학)이 확정성을 치중한 것을 감안할 때(확정성을 내포한) 불확정성을 그 특성으로 한다.

이것은 매우 상황적인 것을 뜻할 뿐 아니라 탄력적인 개념이다. 우리의 조상들은 자연과 더불어 매우 적응적(adaptive)이었으며 적응의 전략을 상징적(symbolic)인 차원까지 끌어올렸다. 상징과 적응(symbol and adaptation)은 '한'을 통해서 하나(oneness)의 우주상을 구현했던 것이다. '한'은 일(一)과 다(多)로 대변될 수 있다. 이것은 하나이면서 둘인(一이면서 二인) 어떤 것을 가정하고 있다.

이(理)는 확실한 것을 추구하는 반면 기(氣)는 그것을 부정한다.

이(理)와 기(氣)는 그래서 끊임없이 물고 물리는, 서로가 서로를 내포하는 자기생산(자기복제)을 한다. 생물학(유전학)에서 DNA의 신비스런 자기복제도 이와 유사하지만 이것은 하나의 자기완결적 체계라고도 볼 수 있다. 이(理)는 존재(being)적인 것을, 기(氣)는 생성(becoming)적인 것을 대변함으로써 상호 보완적인 개념이다. '한'은 양자를 공유하고 있기 때문에 하나의 완성체(원형)이며 그 변형은 무궁무진하다고 할 수 있다.

다원다층의 음양학

기(氣)를 이(理)로 표현한 가장 완벽한 체계는 우리가 흔히 접한 음양학(이론)이다. 그것은 태극(太極)으로 표상되기도 했다. 음양은 끊임없이 변천을 할 뿐만 아니라 사물(사실)들의 관계를 표현하는 데 매우 편리하다. 그래서 관계를 즐기고 추구하는 학문이 파생하게 된다. 이것은 단순한 유희가 아니라 다원적(多元的)이고 다층적(多層的)인 음양관계를 나타낸다. 이러한 다원다층의 음양학은 '관계'를 치중하면서 동시에 '실체'를 논함으로써 '안과 밖'의 커뮤니케이션을 추구하게 된다.

이것이 앞에서 예를 든 '커뮤니케이션 디자인의 신화학', '커뮤니케이션 인류학의 신화학'이었다. 우리는(한국인은) 사물(사실)이나 사건(행위)을 상징으로 바꾸는 데 명수이다. 그래서 우리 주변에는 실체가 있지만 그것은 쉽게 상징으로 변하고 태극(太極)은 소용돌이, 나아가서 순수한 힘의 표시(氣勢)로만 남는다. 이러한 힘의 표시는 차로는 정치적 파당을, 때로는 무질서(폭력)로 —이것은 부정적인 경우이다 — 때로는 상부상조, 때로는 화평(和平)으로 — 이것은 긍정적인 경우이다 — 나타난다. 전자가 부(負, —)의 페스티벌(festival), 후자가 정(正, ＋)의 페스티벌의 한 예이다.

예술인류학의 미시모델: '언어⇄상징⇄기(氣)⇄사물'

페스티벌은 인류학에서 상징 - 의례(symbol - ritual)분야에서 많이 다루고 있는데 이것은 언어(상징)와 행위(의례)를 동시에 포함한다. 인간의 활동은 주로 언어나 상징으로 나타나고 활동의 원동력은 기운(氣運)이며 그 대상은 사물이다. (<도 4> 참조) 그런데 근대학문은 주로 언어중심이었으며 — 상징조차 개념이나 결정적인 언어로 고착되기 일쑤였다 — 언어는 시각(視覺)의존에 의해 사물로 취급되었다.

그러나 개념이나 언어에 대한 절대권의 부여는 인간의 지각 이미지 (sense - image)과정을 무시한 처사이다. 언어보다는 이미지(image)가 훨씬 본질적이며 이미지는 더욱이 통각적(統覺的)이라는 점에서, 인간의 신체를 총체적으로(머리를 몸과 분리하는 잘못된 서구의 관습과 달리) 본다는 점에서('총체적인 문화＝생활'을 보다 더 잘 볼 수 있는 이점도 갖추고 있어) 이미지를 중심으로 하는 학문적 노력이 기대되고 있다.

이미지를 다른 말로 하면 상징이다. 왜냐하면 이미지는 사물(사실, 사건) 그 자체가 아니며 사물을 나타내는(represent) 것이기 때문이다. 지각 이미지는 서로 통합적 메커니즘을 우리 신체 속에 간직하고 있다. 그 신체 속의 메커니즘은 현재 완전히 해명된 것은 아니지만 제 감각의 관계는 매우 상징적인 것임에 틀림없다.

따라서 나는 <도 4>에서와 같이 언어, 상징, 사물, 기(氣)라는 네 가지 변수를 설정하고 이들의 관계가 '한'철학의 특징인 '一이 면서 二'(하나이면서 둘)의 관계양상(형식)을 가지고 있는 것으로 가정했다. 이들 네 변수는 서로 합할 수도 있다. 다시 말하면 가역 관계에 있다는 것이다.

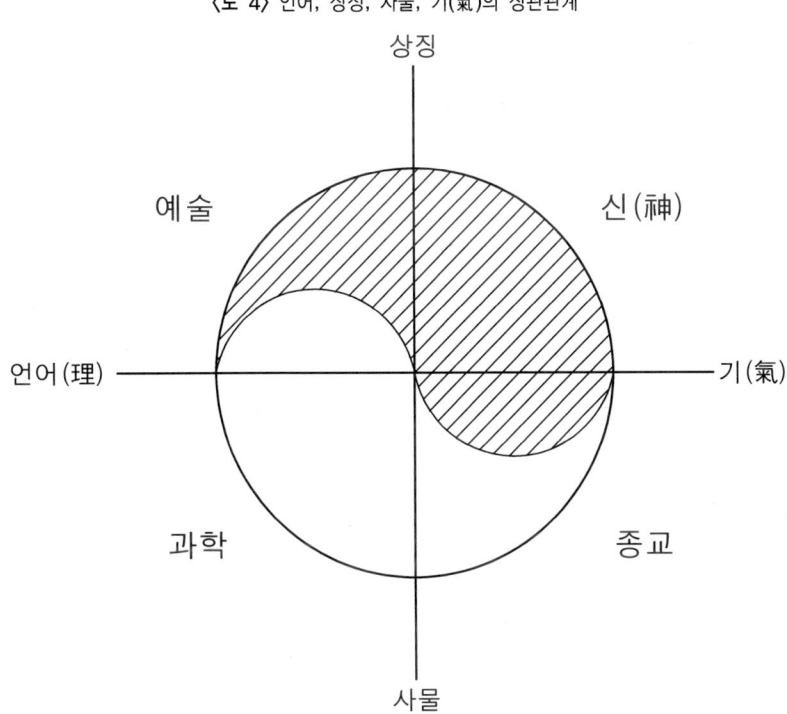

〈도 4〉 언어, 상징, 사물, 기(氣)의 상관관계

즉 언어, 상징, 기(氣) 사물이 '언어⇄상징⇄기(氣)⇄사물'의 관계에 있음을 말한다. 이들 변수들은 매우 역동적이며 이것은 <도 4>의 중앙에 태극 문양(☯)으로 표시되고 있다. 이들 변수는 수학적 변수가 아니라 방편적 변수이다. 이들 변수들은 다원다층의 음양학을 표현하는 것이다. 따라서 이들 변수들은 얼마든지 늘어날 수도 있고 줄어들 수도 있다. 말하자면 부챗살과 같이 펼 수도 있고, 접을 수도 있다. 펼 때는 다원다층의 음양학이 되지만, 접을 때는 하나밖에 없다. 이것은 예술인류학의 '역동적 장(場)의 개폐이론'＝DSCO(Dynamic Space Close and Open)의 또 다른 모델이다.

예술인류학은 또한 과학(학문), 예술, 종교를 네 가지 변수 속에 위치시킴으로써 이들을 통합적으로 보고자 한다. 마치 지각 이미지(sense-image)를 통합적으로 보듯이 말이다. 다시 말하면 '문화(생활)＝지각 이미지＝학문·예술·종교＝인간'이라는 등식을 성립시킴으로써 인간의 진면목을 전인적(全人的)으로 이해하고자 한다. 예술은 언어와 상징 사이(④ 영역), 과학은 언어와 사물 사이(③ 영역), 종교는 사물과 기(氣)사이(② 영역)에 존재한다.

그러나 <도 4>에서 가장 특징적인 것은 ①의 영역이다. 신(神)은 상징과 기(氣) 사이에 속하는데 기(氣)가 사물처럼 되는 게 종교라면 기(氣)가 상징으로 나타나는 게 신(神)의 영역이다. 전자가 '죽은 신'이라면 후자는 '살아 있는 신'을 말한다. 이것을 화이트헤드의 과정철학으로 말하면 전자는 '원초적 본성의 신(神)'이고 후자는 '결과적 본성의 신(神)'에 해당한다. 모든 종교는 '결과적 본성의 신(神)'에 해당한다. '결과적 본성의 신(神)'은 앞으로도 계속 생성될 수 있다.

<도 4>의 이러한 네 가지 변수를 한 몸에 가장 잘 보여 주는 것이 무당(shaman)과 풍류도인(風流道人)이다. 특히 ①의 영역을 가장 잘 나타내는 것이 무당의 '빙신(posession)'인데 '신(神)지핀다' '신들린다' 등으로 표현된다. 그들의 주문(呪文)·굿(ritual)·신내림의 세 요소는 언어·상징·기(氣)에 해당하며 이것이 그들의 몸에서 통합되고 어떻게 반응(영향)관계에 있는지를 경험적으로 보여 준다. 예술인류학은 과학(학문)절대주의에서 예술·종교 — 여기에는 신(神)이 가장 문제가 된다 — 의 시민권회복 또 독립선언, 나아가서 주도권 주장을 의미한다. 즉 과학과 신(神)의 자리바꿈을 의미한다. 모든 인간은 과학자라기보다는 무당이다. 예술인류학은 '문화의 무당론' 또는 '무교의 커뮤니케이션'을 추구한다.

따라서 결론적으로 예술인류학은 '커뮤니케이션의 인류학'이면서 동시에 '커뮤니케이션의 신화학'을 추구하고 있는 셈이다. 이것을 '한'철학과 결부시키면 '커뮤니케이션 한의 신화학'이라고 할 수 있을 것이다. 문화라는 총체성(wholism), 복합성(complexity), 인간이라는 전인성(全人性)은 한국인의 경우 '한'(혼)에 의해 그 키워드를 설정하게 된다. 예술인류학은 이를 위한 한국 문화적 노력이라고 말할 수 있을 것이다. 예술인류학이 찾아낸 해답은, 신화적 원형은 '음양(태극)', '음양의 조화'이다.

플라톤을 기(氣)로 합생(合生)하다

신이 자연과 인간을 창조하였다고 해야 인간의 마음이 편하다.

한 마디로 질서적(order)이다. 그러나 신이 자연과 인간을 창조한 것은 증명할 방법이 없다. 신은 인간 존재의 아포리아(aporia)이다. 그러나 인간이 자연을 창조한 것은 아니지만 인간이 신을 창조한 것은 점점 설득력을 얻어 가고 있다. 인간은 자신을 자연에 투사하고 그 환영을 신이라고 하였다. 이것은 '동굴의 우상'[80])이 아니라 '대자연의 우상'이다. 플라톤의 이데아(Idea)야말로 자연의 기운생동(氣運生動)을 우상화한 것에 다름 아니다. 단지 그 우상을 언어(문자)로 위장하였을 뿐이다.

플라톤은 지식을 고정된 체계로서 문자로 표시할 수 있다는 것을 믿지 않았다. 이데아(idea)는 근원을 묻는 애지(愛知: 無知를 아는 愛知의 과정으로서의 철학)의 과정에서 그 진행을 배후에서 떠받치는 것으로 보았다. 이데아의 본질은 '형상=에이도스(eidos)'이다. 실지로 형상이 없는 이데아는 생각할 수 없다. 이를 불교적으로 말하면 '색(色)=형상'이 없는 '공(空)=이데아'를 생각할 수 없는 것과 같다. 모든 이분법은 실은 그 상대(相對)의 기반 위에 서 있다. 결국 인간의 대칭적 사고가 비대칭적 사고로 전환하는 것은 둘 중에서 하나에 중심을 두고 나머지 사물을 배열하는 집중이다. 결국 시대와 환경에 따라 집중과 선택을 한 셈이다. 결국 철학도 '삶=생존'의 부산물이다. 크게 보면 철학은 삶의 편에 있다. 그러

---

80) 동굴의 우상에는 '플라톤의 것'과 '프란시스 베이컨'의 것이 있다. 먼저 플라톤의 것은 동굴에 결박된 자가 뒤에서 불타고 있는 모닥불에 의해 비친 그림자(소리를 포함)를 존재의 참모습이라고 보는 것이고, 따라서 동굴 밖으로 나오면 태양과 존재의 참모습과 참된 소리를 들을 수 있다는 것이다. 이에 비해 베이컨은 동굴에 있지 않아도 인간이 자신의 지식이 절대적인 진리인양 착각하는 상태를 말한다. 결국 동굴에 결박된 사람이나 동굴의 우상을 가진 사람이나 모두 세계에 대한 그릇된 생각, 우상을 가진 공통점이 있다. 인간은 누구나 여기에 빠질 위험이 있다.

나 죽음의 편에 있는 것이 종교이다. 여기서 죽음의 편이라는 것은 죽음에서 삶을 바라보고 다스리는 것을 말한다.

인간은 이데아와 신을 창조했다. 인간이 신을 닮은 것이 아니라 신이 인간을 닮았다. 신이 인간을 닮은 이유는 인간이 신을 창조했기 때문이다. 인간은 어떤 행위를 먼저 하고 나중에 그 이유를 안다. 생각을 먼저 하고 그 뒤에 사는 것이 아니다. 그런데 흔히 살다 보면 그 입장이 뒤바뀌는 것이다. 상대의 세계에서 절대의 탄생은 바로 이러한 뒤바뀜 때문에 발생하였다. 이데아와 신의 탄생도 실은 그 대칭성의 일부이다. 어쩌면 그 대칭성의 가장 높은 곳에서 다른 하위의 대칭성을 지휘하고 있다고 표현하는 것이 옳은 것이다. 인간은 이데아와 신이라는 두 바퀴에 의해 달리는 마차와 같다. 삶은 마차와 달리는 전체라고 표현할 수 있을 것이다.

결국 문자도 삶의 압력 때문에 출현하게 된다. 이러한 관점에서 보면 역사는 그 시대에 맞게 적당한 이분법, 혹은 새로운 이분법을 선택하는 것이고, 그 이분법이 생존에 도움이 되지 않으면 다른 이분법으로 옮겨 가면서 자기합리화를 하는 것이다. 이데아, 관념, 이상이라는 것의 이면에는 이러한 생존의 철학이 숨어 있다.

이데아, 혹은 이데올로기 자체가 이미 비대칭의 산물임을 알 수 있다. 이데아를 번역과정에서 관념(觀念)으로 번역한 것은 순수한 이미지라는 의미를 내포하고 있다. 그러나 그 후에 이데아는 고정된 지식체계가 되어 버렸다. 플라톤의 에이도스는 동양사상으로 보면 일종의 기(氣)에 해당한다. 기(氣)는 이데아, 즉 이(理)에 대칭되는 실체적 태반과 같은 역할을 하는 것이다. 플라톤은 이데아를 주장하기 위해 그것을 낳아 줄 자궁(matrix)과 같은 것으로 에이도스를 상정하였으며 이로 인해 플라톤은 완벽하게 관념론자가 될 자격을 갖추었던 것이다. 다시 말하면 플라톤이 이데아를 밀고 갈 원천적인 힘은 에이도스에 있었다고 말할 수 있다.

인간은 종종 갓 태어난 아이에 빠지는 바람에 아이를 낳아 준 어머니를 잊어버리는 경우가 있다. 이것이 인류의 역사이기도 하다. 이 점에 대해서 생각하는 것이 예술인류학에서 왜 중요한가 하면 인류가 이제 갓 태어난 아이에게 혼이 빠지는 것이 아니라 낳아 준 어머니에게 관심을 보일 때가 되었기 때문이다. 인류의 역사는 지금껏 수많은 아이를 생산하였지만 그 아이는 언제나 인류의 구원과 행복을 끝내 실현하거나 가져다주지 않았기 때문이다. 이것은 철학에서 종교, 그리고 과학과 예술, 즉 인류문화 전반에 이른다. 이 같은 실패에 대한 총체적 평가를 우리는 가부장제라고 명명할 수 있을 것이다. 정확하게 말하면 실패라기보다는 하나의 선택과 집중의 결과였다고 보면 된다. 우리는 이제 다른 선택과 집중을 하여야 할 시대에 직면하고 있는 셈이다. 여기에 인류학이 크게 기여할 수 있는 행운을 가진 것은 바로 인류학이 미개·원시 사회의 대칭적 사고에 먼저 눈을 돌렸기 때문이다.

미개·원시 사회는 대칭성의 보고이다. 이들 원주민 혹은 선주민 사회는 마치 개체발생에서 계통발생의 과정을 보여 주는 것과 같다. 어떻게 그 작은 과정에 그 큰 과정이 숨어 있고, 개체에서 전체가 숨어 있고, 순간에 영원이 숨어 있고, 작은 우주가 큰 우주와 닮았는지, 참으로 신비하다. 그러나 불교적으로 보면 소우주가 대우주가 바로, 즉(卽)으로 같은 것이 아니면 우주는 하나가 될 수 없다. 결국 하나가 되기 위해서는 모순이 진리가 되어야 한다. 우리는 선과 악, 하늘과 땅, 남자와 여자를 대립적으로 생각하지만 그것을 본래 하나의 명멸하는 대칭으로, 서로 반사하면서 서로 자리를 바꾸고, 서로의 기반이 되는 것이다. 하나라는 것은 대칭성의 수많은 것들이 서로 반사하면서 명멸하는 것임을 알 수 있다. 이렇게 보면 문명의, 혹은 현대의 비대칭적 사고는 일종의 강요이며 삶을 위한 압력이었다.

예술인류학의 대칭적 사고로 보면 참으로 플라톤은 대칭적 긴장을 견지함으로써 이데아론을 끝까지 밀고 갔던 것이다. 역설적이지만 플라톤은 대칭적 인간이었던 셈이다. 플라톤의 이데아는 참으로 에이도스라는 자궁에서 태어난 사내아이였던 셈이다. 이데아는 이에 비하면 일종의 남성적 머리, 페니스의 역할을 하였던 셈이다. 가부장제는 우주라는 여성에게 머리와 페니스를 들이밀면서 장차 여성이 생산한 아이를 자신의 것이라고 레테르를 붙인 것에 비유할 수 있다. 돌이켜 보면 소유라는 것은 이미 가부장제의 출발이었다. 여성은 토지와 같은 것으로 취급되어 재산이 되고 남자는 이것의 소유자가 되었다고 볼 수 있다. 모든 권력은 남자에 비유되어도 무방하다. 자연, 형상, 여자는 비권력의 위치로 전락한 것이 문명 혹은 발전이라는 것이다. 그러나 이것도 진화의 긴 과정에서 보면 인구증가에 따른 부양을 위한, 자연의 압력에 대응한 것이었는지 모른다. 호모사피엔스 사피엔스의 증가는 사피엔스 내부에서 여성을 희생하지 않을 수 없었는지도 모른다.

이브를 원죄의 주인공으로 만든 기독교의 신화는 상대성의 우주에서 여호와라는 유일신, 즉 절대신을 만들어 냈다. 이 헤브라이즘은 헬레니즘의 이데아와 만나 서양의 근대적 뉴턴물리학을 만들어 냈다. 이 강력한 대칭의 만남은 이들 사이에서 엄청난 위력의 비대 칭을 만들어 냄으로써 근대문명을 지배하였다. 이 가부장제의 정점 에서 '자유+자본주의'는 마르크스를 탄생시켰고, 마르크스의 '공 산+사회주의'는 여성적 덕목인 평등(平等)을 주장하기는 했지만 결국 계급투쟁의 도구를 잘못 선택하는 바람에 혁명을 불발로 끝 난다. 이들은 평등을 주장하는 것이 아니라 화평(和平)을 주장하였 어야 했다. 마르크스의 이론이 실패한 이유는 대칭구조를 계급구조 로 파악하여 투쟁을 역설하는 바람에 정작 인류의 생산을 감소시 키고 결과적으로 양식을 제공하지 못했기 때문이다.

마르크스와 엥겔스의 실패는 전적으로 여성성을 모르는 데서 온 것이다. 여성-모계사회를 안다는 것은 너무 오래된 일로, 그것을 기억하기에 인류는 가부장사회를 너무 오래 운영하였던 셈이다. 마르크스는 가부장제의 잘못은 알았지만 여성적 덕목을 제대로 몰 랐다. 마르크스는 원시공산사회를 그렸지만 그것이 모계사회인 줄 은 몰랐다. 마르크스는 자신이 벤치마킹한 루이스 모르간(L. H. Morgan)의 ≪고대사회≫[81]를 제대로 읽지 못했다.

---

81) L. H. 모르간은 ≪고대사회≫(1877년)에서 인류의 가족형태를 다음의 5단계로 구분하 였다. 난혼(promiscuity)→혈연가족(consanguine family: 형제가족)→집단혼가족(punaluan family: 집단과 집단의 결혼)→대우혼가족(syndyasmian family: 미개시대의 일부일처제 로서 부부의 결합이 약한 것이 특징이다)→가부장제가족(patriarchal family: 부권이 강 하여 대가족과 일부다처제가 가능하다)→단혼제가족(monogamian family: 현대사회의 일부일처제). 이 책의 가족형태는 공산주의 유물사관을 만들어 낸 마르크스와 엥겔스 에게 직접 영향을 주었다는 데에 의의가 크다. 원시공산사회라는 개념은 여기서 힌트 를 얻었다. 이들이 말하는 원시공산사회란 다름 아닌 모계사회를 말하는 것이라고 나 는 생각한다. 이상적 모계사회 혹은 모계사회의 유토피아가 바로 원시공산사회의 모델 이다. 모계사회가 아니고서는 원시공산사회를 실현할 수가 없다. 모계사회는 어쩌면 혈연과 권력에 대한 의식이 발달하지 않았던 자연 상태의, 여성이 아이를 낳는다는 성 적·사회적 구조에 기인하는 자연발생적 사회집단인 것으로 보인다. 말하자면 계급과 권력이 발생하기 전의 원시적·이상적 사회이다. H. Maine은 ≪고대법≫(1861년)을 통해 "인간의 최초의 가족이 난혼이나 모권가족이 아니라 부권가족, 부계가족이다. 사

에이도스에서 태어난 남자는 이데아의 귀족정치를 꿈꾸기도 하지만 결국 각 시대마다 필요로 하는 닫힌 지식체계가 되어 현대에 이르렀다. 따라서 창조적 이성은 시대에 맞게 계속적인 변신을 하여야 했지만, 시대적 사명이 끝나면 곧바로 폐기처분되어야 함에도 불구하고 도구적 이성으로 부패한 채 제도라는 틀 속에서 상당기간 통용되었다. 새로운 시대는 창조적 이성을 가진 천재들을 기다려야만 했다. 결국 이성이라는 것은 어떤 실체가 아니고 실체를 바라보는 일종의 틀에 불과하다. 그럼에도 이성의 타성을 마치 실체로 오인하는 경우가 역사적으로 비일비재하였다. 플라톤이 오해를 받는 이유는 플라톤 때문이 아니라 고정된 이데아 때문이다.

이데아(idea)보다는 어떤 원형(archetype)이 훨씬 실체에 가까운 이유는 원형은 이데아처럼 속이 비어 있는 것이 아니라 어떤 형상

회적 기본단위는 재산에 관계되는 것으로 사회조직도 고대에는 친족을 기초로 하였으나 현대에 이르러 지역을 기초로 하였다.”고 역설하였다. 메인의 진화도식은 친족에 기반을 두는 체계에서 영역에 기반을 두는 체계로(from systems based on kinship to those based on territoriality), 신분, 주로 친족신분(kin status)에서 계약으로(from status to contract), 민법에서 형법으로(from civil to criminal law) 사회가 진화했다는 것이 골격이다. 그러나 메인은 단선 진화론자는 아니었다. 이 밖에도 E. B. Tylor는 ≪문화의 기원≫(1958년)에서 문명의 진화과정을 ‘야만시대(savagery)→미개시대(barbarism)→문명시대(civilization)’로 단계화했으며, ≪원시문화의 종교≫(1958년)에서 종교의 진화과정을 ‘정령숭배(animism)→다신교(polytheism)→이신교(二神敎)→일신교(一神敎)’로 주장하였다. 문화론에서 진화론의 위치는 생물학에서와 비슷한 처지에 있다. 인류문화의 발전에 대한 이론은 진화주의, 전파주의, 구조기능주의, 구조주의 등 여러 가지가 있다. 그러나 문화인류학에서도 진화론은 고고학과 생물학에서와 같이 중추적인 역할을 한다. 진화론이 설명하지 못하는 많은 문화현상들이 있어서 이를 보완하는 이론들을 필요로 하지만 그렇다고 진화론은 없애 버리고서는 더욱더 난감하게 된다. 특히 시간적인(역사적인) 전개에 대해서 아무런 말을 못한다. 이에 20세기 들어 신진화론이 등장하기도 하였다. 신진화론에는 단선적 진화론 대신에 보편적 진화론(예, 에너지 사용의 증가), 다선적 진화론, 기술의 발전을 중심으로 하는 ‘문화적 물질주의’(경제·환경결정론), 그리고 개별문화의 특수진화와 전체문화의 일반진화를 동시에 인정하는 절충주의를 택하기도 한다. 모계사회와 관련하여서는 J. J. Bachofen의 ≪모권(母權)≫(1861년)이 주목된다. 그러나 모계사회에 대한 그 후의 여러 연구는 모계사회가 바로 모권사회는 아니라는 것을 사회기제를 통해서 설명한다.

을 가지고 있기 때문이다. 이데아는 자신을 비움으로써, 완전히 객관화된 개념의 시퀀스를 통해 다른 것을 재는 기준과 법칙을 만들려고 한다. 이데아에서 태어난 강력한 권력인 이성은 '순수이성=진(眞)'은 물론, '실천이성=선(善)'과 '판단력=미(美)'[82]로 자신의 영역을 확장하지만 이성은 형상을 생산하는 것은 아니었다. 형상은 바로 이성이 아니라 감성이 담당하기 때문이다. 예술인류학은 바로 이 때문에 필요한 것이다. 예술인류학이 단지 예술을 대상으로 하는 인류학이 아닌 이유가 여기에 있다. 예술은 종교와 함께 전우가 되어 비대칭에 맹종하는 과학에 경종을 울려 줌으로써 인류문명의 구원에 기여하고자 하는 바람이 있다. 종교라는 것도 실은 집단적 예술이다. 종교의 원류를 보면 역시 신화에 이르게 된다.

플라톤의 스승이었던 소크라테스는 아포리아(aporia), 즉 '알 수 없는 것'을 주장했다. 아포리아에서 빠져나오기 위해서가 아니라 아포리아에 머물기 위한 철학적 술책이 바로 미토스(mythos)와 디알렉티케(dialektike), 즉 문답법(問答法)이다. 아포리아에 있는 자가 미토스의 형상을 거부하고 아포리아에서 묻고 있는 존재 자체에

---

82) 칸트(I. Kant, (1724~1804))의 ≪순수이성비판≫(1781), ≪실천이성비판≫(1788), ≪판단력비판≫(1790)이 그 대표적인 것이다. 칸트는 순수이성비판에서 신적형이상학(神的形而上學)과의 결별을 선언한다. 칸트는 실천이성비판에서 전통철학의 형이상학적 주제인 신(神)과 영세(永世) 등을 도덕의 바탕 위에 재정립한다. 칸트는 판단력비판에서 인식과 실천의 문제를 종합하게 되는데 미(美)와 유기체의 인식이라는 장면분석을 통해 목적론적인 인식의 구조를 명백히 한다. 철학은 아무리 변형되어도 결국 이성을 중심으로 볼 수밖에 없다. 그러나 삶은 철학을 위해서 존재하는 것은 아니다. 삶은 철학이 아니다. 그 후 삶에 있어서 감성과 실천을 회복하려는 여러 철학이 생겨났다. 쇼펜하우어의 '생(生)의 철학', 니체의 '권력의 철학', 헤겔의 '정신현상학', 마르크스의 '유물론', 하이데거의 '존재의 철학', 샤르트르의 '실존의 철학', 그리고 레비스트로서의 '구조주의', 화이트헤드의 '과정철학'에 이르렀지만 아직 여성성과 모성의 회복은 요원하다. 우주만물의 실체는 이성이 아니라 감성이고 남성이 아니라 여성이다. 삶은 결국 예술이고 종교이다. 삶은 결국 이(理)가 아닌, 기(氣)의 취산(聚散)이다. 권력은 생명의 대가이다. 다시 말하면 생명에너지를 사회적 지위와 바꾼 것이 권력이다.

대해서 '무엇인가'를 '말' 속에서 질문하는 데에 디알렉티케가 성립한다. 신화는 아포리아(aporia)에 있는 자가 자기정체성의 확인을 위하여 아포리아 밖에서 근원과 관련된 형상을 우주론적 규모에서 틀을 만들어 투영하는 것이다. 미토스는 언제나 그것을 부정하는 '디알렉티케'에 직면한다.

아포리아에 있는 자의 질문은 '무엇(A)인가, 아닌가', 즉 'A와 A가 아닌 것'으로 분리함으로써 가능하게 된다. 이 질문에 대답함으로써 인간은 이 양자(A와 A가 아닌 것)를 포괄하는 전체와의 관계를 가지게 된다. 전체와 부분과의 뒤얽힘에서 다(多)를 꿰뚫는 하나(一)를 보는 것이 철학자이다. 소크라테스는 대화의 상대를 아포리아에 빠뜨려 무지(無知)를 자각시켰다. 아리스토텔레스는 '아포리아에 의한 놀라움으로 철학이 시작된다.'고 하였다. 플라톤은 대화에서 '로고스의 전개로부터 필연적으로 생기는 난관'을 아포리아라고 하였다. 삼 자의 입장이 조금씩 다르다.

여기서 우리가 확인할 수 있는 것은 플라톤은 이데아를 설정하였으며, 아리스토텔레스는 이데아의 재생산을 가정하고 있는 데 반해 소크라테스는 끝까지 아포리아를 놓지 않는 자세를 보이고 있다. 이는 소크라테스의 경우 무지(無知)를 고수함으로써 무지에서 바로 무(無)로 향하고 있다고 해도 과언이 아니다. 그럼으로써 무(無)야말로 진정한 아포리아의 정체라고 말한다. 서양철학의 비조인 소크라테스는 역설적으로 지식의 무력함과 공허함에 대해서 일찍부터 간파하였으며 오늘날 동양철학으로 보면 불교적 무(無)와 공(空), 혹은 무위자연(無爲自然)에 대해 선험적 입장, 경계선상에 있었음을 유추할 수 있다. 소크라테스의 입장을 플라톤과 비교하면 자궁과 태반의 여성적 어두움에 머물러 있었음을 알 수 있다.

인간은 로고스(logos)와 미토스(mythos) 사이에서 끊임없이 질문을 하며 전체를 관통하는 하나(一)를 발견하고자 하는 존재이다. 철학은 경이(驚異)에서 출발하고 신화는 불가사의(不可思議)에서 출발한다는 점에서 둘은 만나는 접점이 있다. 그리스인들은 이야기를 미토스라고 하였다. 모든 이야기는 궁극적으로 신화이고 종교인지도 모른다. 플라톤은 미토스를 도그마로 하고 그것에서 고정된 철학을 구성하는 것을 원치 않았다. 그러나 인간은 그것을 쉽게 도그마화해 버렸다. 대자연에서 태어난 인간이 대자연을 향하여 외치는, 유아독존(唯我獨尊)의 자기인식이 신(神)이고 부처이다. 신이 인간을 닮았다. 부처는 자신의 아래에 많은 신을 배치했다.

플라톤의 이데아와 미토스의 관계를 표현하면 <도 5>와 같다. 이 둘의 관계는 대칭적이다. 비대칭적 사고는 하나의 대칭적 사고를 어느 한편에 서서, 혹은 편파적으로, 혹은 집중적으로 발전시키는 것임을 알 수 있다. 학문과 학문 사이, 분과학문 내에서의 여러 학파, 학문과 예술과 종교의 사이 등이 매우 대칭적으로 성립되는 것은 바로 매우 분류학적인 세계와 같다. 우리가 학문이라고 하면 분과에 빠져서 거의 비대칭적 사고를 일관하지만 시야를 넓혀서 혹은 장기지속적으로 바라보는 에콜로지(ecology)에 이르면 대칭적 사고를 하게 된다. 이를 종(種) 혹은 류(類)의 사고라고 말할 수 있을 것이다. 동서양문명을 합생적 입장에서 정리를 하여 '네오샤머니즘(neo - shamanism) - 에코페미니즘(eco - feminism)'의 시각에서 바라볼 수 있을 것 같다.

<図 5〉 '네오샤머니즘(neo - shamanism)
- 에코페미니즘(eco - feminism)'에서 바라본 이데아와 미토스의 대칭적 의미

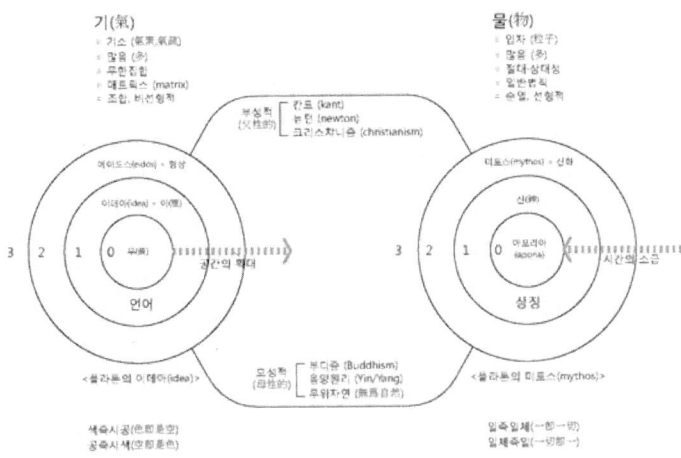

결국 서양문명은 '칸트(Kant) - 뉴턴(Newton) - 기독교사상(Christianism)'
의 코드로 볼 수 있다. 이에 비해 동양문명은 '부디즘(Buddhism) - 음양
(Yin/Yang)사상 - 무위자연(無爲自然)'의 코드로 볼 수 있다. 물론 양자의
소통을 위해서 아인슈타인의 상대성원리(Relativism), 하이젠베르크의 양
자론, 화이트헤드의 과정철학 등이 크게 기여함은 물론이다. 동양사상이
현대의 과학에 앞서 기(氣)와 무(無), 물(物)과 신(神)에 대한 세계관의 형
성에서 앞섰다고 하더라도 그것을 수식으로 표현하지는 못했다. 역시 과
학적 수식에서는 서양의 현대과학 문명의 업적을 인정하지 않을 수 없다.

그런데 왜 동서양문명을 합생하는 그림에 '네오샤머니즘 - 에코
페미니즘'의 시각을 붙였는가? 여기엔 다분히 서양문명의 부성적
특성과 동양문명의 모성적 특성과 관련이 있을 것이다. 샤머니즘은
미신이 아니라 인간의 종교적 원형이다. 에코페미니즘은 애니미즘

에서 토테미즘, 고등종교에 이르기까지 종교의 진화는 환경과 밀접한 관련이 있음을 반영한다. 고등종교 이전은 마치 인류의 집단무의식이나 진화과정의 계통발생에 상응하는 것이라고 볼 수 있다. 그런데 이것이 역사적 의식이나 비대칭적 사고의 바탕인 것이 확실하다. 우리는 숨어 있는, 뒤에서 노력하는 바탕은 모르고 앞에서 드러나는, 떠들었는지도 모른다.

현대인이 가장 적응하지 못하는 것은 무엇일까. 조상인류가 잃어버린 것 가운데서－－. 아마도 신(神)과 물(物)을 하나로 바라보는 것일 것이다. 신과 물을 이원적으로 바라보는 것은 극복하여야 한다. 신물(神物), 물신(物神)은 하나이다. 흔히 물신숭배(fetishism)는 문명인에게 일종의 미신이나 수치로 받아들여진다. 그러나 잘 생각해 보라. 물이 신이 아니고, 신이 물이 아니라면 어떻게 세계가 하나가 되겠는가. 물과 신에는 단지 등급의 차이가 있을 뿐, 결국 근원은 하나인 것이다. 이게 일원적인 세계상이다.

기(氣)의 예술인류학: 다즉일(多卽一), 색즉공(色卽空)

서양의 존재론적 입장(being)에 대해 대칭적 입장에 섬으로써 불교는 요즘으로 말하면 생성적 입장(becoming)에 서게 된다. 말하자면 '유(有)에 대해 무(無)'로, '이다(是)에 대해 아니다(非)'로 대응한다. 존재론적 입장을 부정하기 위해서는 그렇게 대응했지만 이를 기운생동의 입장에서 보면 유무(有無)도 아니고 시비(是非)도 아니다. 기운이라는 것은 취산(聚散)이기 때문이다. 기운이라는 것은 모이고 흩어지는 것일 뿐이다. 거꾸로 말하면 기운생동이라는 것은 유무나 시비로 설명할 수 없다. 그렇기 때문에 기(氣)의 문제를 이기(理氣)의 일원(一元) 혹은 이원(二元)으로 풀어 보려고 노력하는 것은 애초부터 모순에 봉착하는, 끝없는 논쟁에 들어가는 것이 된다. 왜냐하면 이(理)는 존재론의 입장에 있고 기(氣)는 생성론의 입장에 있는 것인데 이를 하나의 차원에서 논쟁한다는 것은 불합리한 것이기 때문이다.

기(氣)의 문제는 생멸(生滅)의 문제로 풀기도 하지만 기(氣)는 완전히 멸하는 것도 아니기 때문에 소기의 목적을 달성할 수 없게 된다. 반드시 같은 경우는 아니지만 생멸문과 진여문은 마치 생멸＝기(氣), 진여＝이(理)의 입장이 되는 것이다. 그래서 '일이이(一而二: 하나이면서 둘), 이이일(二而一: 둘이면서 하나)'이라고 애매모호함, 이중성으로 끝을 맺는다. 그런데 바로 서양의 합리주의적 전통에 의해 모순이라고 하는 것과, 애매모호함, 이중성이야말로 우주의 진면목이라고 할 수 있다. 원시미개 사회의 사람들은 대칭적 원리에 의해 이러한 애매모호함이나 이중성을 용인한다.

그런데 현대의 문명인들은 비대칭적 사고에 의해 이러한 것을 모순이라고 매도한다. 비대칭적 사고로는 결코 풀 수 없는 문제들이 많다. 비대칭적 사고는 이분법으로 결코 넘을 수 없는 장벽을 쳐 놓고 논리전개를 한다. 비대칭적 사고의 이분법은 대칭(對稱)의 세계를 대립(對立)으로 바꾸어 놓고 논쟁과 전쟁을 하는 셈이다. 말하자면 상대를 적으로 만들어 놓고 괜히 싸움을 벌이는 것과 마찬가지이다. 이는 마치 곡선의 세계를 직선의 세계로 환원시키려는 노력에 비할 수 있다. 이는 운동의 세계를 정지의 세계로 환원시키려는 우둔함에 비할 수 있다.

이제 존재와 비존재, 이기(理氣)와 생멸(生滅)의 문제, 나아가 유
심(唯心)과 유물(唯物)의 문제를 '운동(運動) = 기(氣)'의 문제, 다시
말하면 기운생동(氣運生動)의 문제로 풀 필요가 있다. 말하자면 이
런 것이다. "운동이 있는 곳에 기가 있고, 기가 있는 곳에 운동이
있다. 파동이 있는 곳에 기가 있고, 기가 있는 곳에 파동이 있다.
궤도가 있는 곳에 기가 있고, 기가 있는 곳에 궤도가 있다."

결론과 새로운 제안

지금까지 예술인류학의 기본이 되는 철학과 방법론, 나아가서 모
델(패러다임)제시와 함께 사례연구를 살펴보았다. 또 예술인류학의
생성배경이 된(한국) 문화와 비교문화론, 문명사적 관점에서 본 예
술인류학의 등장의 당위성을 고찰했다.

문화의 가장 큰 구조는 '문화/자연'이라는 구조임은 두말할 것도
없다. 이 같은 주장의 배경에는 개인과 우주적 질서를 '조건적인
것'(condition)에서 '모체적인 것'(matrix)으로, 큰 체계(열려진 체계)
와 작은 체계(닫힌 체계)로 동시적으로 나아가는, 다시 말하면 통합
적ㆍ총체적ㆍ순환적으로 보는 사상이 깔려 있다.

프랑스의 아날학파는 문화의 상부구조를 심성사(지성사), 하부구
조를 물질사로 규정하고 문화를 시(時)계열로(역사적으로) 정리했다
는 점에서 특기할 만하다. 독일의 프랑크푸르트학파가 좌파적 입장
에서 서구사회이론을 비판하긴 했으나, 특히 하버마스의 소통이론

조차도 '언어'에 결정론을 부여하긴 했지만 궁극적으로 비판은 '전체의 부분'이라는 결론을 얻는 데 그쳤다. 그리고 문화를 사회구조의 틀에 가두었다.

나의 문화이론은 '문화를 자연의 부분'이라는 차원에서 언제나 자연을 향하여 '열린 시각'을 가질 것을 어떠한 이론보다 앞세우고 있다. 그런 점에서 나의 문화이론은 이해보다는 느낌을 중시하는 이론(이해<느낌)이다. 또 남성적이라기보다는 여성적이다. 더 정확하게는 여성적인 느낌을 우선하고 남성적인 이해를 하는 것을 원칙으로 하는 것이다.

나의 문화이론이 <예술인류학(藝術人類學)>의 이름으로 기(氣) 중심의 인류학, 예술에서 시작하여 <예술-기(氣)-느낌-여성-순환(循環: 組合)-자연-종교>라는 거대한 순환의 체계를 갖는 것은 이(理) 중심의 인류학 <이(理)-이해(理解)-남성-인과(因果: 順列)-과학>의 주류에 대항하는 시도이다. 여기서 주의할 것은 왜 예술인류학은 예술에서 시작하여 종교에서 끝나는가, 하는 점이다.

이제 물리학, 자연과학에서도 상대성이론이 등장하였고, 인문학, 사회학에서도 상대성이론(relativism)과 같은 것이 등장할 때가 되었다. 이것이 바로 구조인류학(structural anthropology)이고 그 구조인류학을 역동적으로 바라본 것이 바로 예술인류학이다. 구조인류학은 분석은 하였지만 그것이 운동하는 역동적 모양을 보여 주는 데는 미흡했다. 이는 서양문화의 한계이다. 서양문화는 교환(communication)이론이나 등식(equation)에는 이르렀지만 그것의 우주적 운동의 모양은 보여 주지 못했다. 그 까닭은 바로 이성주의 때문이다. 이성은 감성의 한 예에 불과하다. 이성은 감성을 단지 기표(記標)로 처리한 것이다. 그러나 감성은 기의(記意)의 세계이다. 예컨대 서양의 절대신이나 과학은 바로 '기표(記標)의 하느님'을 찾는 과정의 문명이라고 말할 수 있다. 이에 비해 동양은, 더 정확하게는 동아시아는, 더 확장하면, 서양 이외의, 그것도 이성과 과학의 이름으로 시작한 근대 서양 이외에는 '기의(記意)의 하느님'을 찾는 과정의 문명이었다고 할 수 있다.

구조는 왜 역동하는가. 우주가 원천적으로 움직이는 이유를 알 수는 없다. 최초의 동인을 알 수 없는 이치와 같다. 적어도 이원대립적인 것들이 균형을 유지하다가 어떻게 인간의 뇌에서 역동하는지 알 수 없다. 그러나 그 운동의 형태가 어떻다는 것은 알 수 있다. 기(氣)의 운동은 다양하다.

적어도 인간의 뇌에서 일어나는 이원대립적인 것들의 대표적인 운동모양을 매크로하게 보면 태극의 모양이며 동시에 만다라의 모양이다. 태극은 하나의 원 안에서 음양이라는 양극을 두는 형태로 순환성을 표현하였고 만다라는 수직수평의 사방으로 퍼져 가는 형태로 순환성을 표현하였다. 그런데 그 모양을 마이크로하게 보면 수직으로 올라가는 탑의 모양과 수평으로 흘러가는 강물의 모양이다. 탑의 모양은 수직으로 올라가지만 중앙이 비어 있고 강물의 모양은 수평으로 나아가지만 허리가 비어 있다(참고로. 전자를 A자형 혹은 1자형이라고 하고 후자를 S(M, W)자형, 혹은 2자형이라고 할 수 있다. 전자와 후자를 합성하면 B자형 혹은 3자형이 된다. 말하자면 2자형이 되려는 것은 억지로 1자형에 맞춘 꼴이다. 3은 흔히 새로운 1이 된다). 탑이 실한 것은 그 비어 있음 때문이고 강물이 실한 것은 굽이치는 유연성 때문이다.

이것은 이원대립적인 것들의 불완전성, 혹은 불확실성을 말하면서 동시에 역동성을 말한다. 물론 이 둘의 통합된 형태를 생각할 수 있다. 탑과 강물의 모양이 서로 하나가 된 탑 같은 강물의 모양과 강물 같은 탑의 모양을 생각할 수 있다. 이것은 결국 이중나선형이라고 할 수 있다. 유전자, DNA의 모양이다. 적어도 이 기의 운동의 모양을 가장 포괄적으로 표현한 집대성은 주역(周易)이라고 하지 않을 수 없다. 음양(--, ━)의, 다시 말하면 하나는 속이 비어 있는 것과 속이 찬 막대기를 조합하여 사상을 만들고 다시 팔괘(☰ ☱ ☲ ☳ ☴ ☵ ☶ ☷)를 만들고 팔괘를 쌍으로 포개어 64괘를 만들었다. 주역이야말로 인간이 만들어 낸 상징, 기호 중에서 가장 자연을 닮은, 자연에 무한대로 접근하는, 자연에 무한소로 접근하는 기호이다.

신기하게도 한국의 태극기는 바로 팔괘 중에서 가장 중요한 건곤감리(☰ ☷ ☵ ☲)괘를 태극(☯)의 사방에 배치하여 도상을 만들었다. 건곤(☰ ☷)은 하늘과 땅인데 하늘은 실선으로 비어 있음이 없고 땅은 점선으로 모두 비어 있다. 그런데 재미있는 것은 물(☵)과 불(☲)이다. 물은 가운데가 실선으로 차 있고 바깥 변이 점선으로 비어 있고 불은 가운데가 점선으로 비어 있고 바깥 변이 실선으로 차 있다. 그런데 탑은 불의 모양이고 강물은 물의 모양이다. 문명은 흔히 불로서 상징된다. 자연은 흔히 물로서 상징된다. 참으로 주역의 괘는 단순하면서도 의미심장하다. 우주 삼라만상을 단순한 것의 복제, 혹은 중첩의 복잡화란 말인가. 유전자인 DNA구조도 생각보다는 단순한 구조가 아닌가.

예술인류학은 이 태극기의 도상을 적극 도입하였다. '언어(理)⇌상징⇌기(氣)⇌사물'. 물론 이 도상은 앞에서 예를 든 것 이외에도 얼마든지 변용이 가능하다. 예컨대 언어와 사물을 같은 것으로 포개고 (언어＝사물) '언어(사물)⇌상징⇌氣', 같은 이치로 상징과 언어를 포개고(상징＝언어) '상징(언어)⇌氣⇌사물', 같은 이치로 기와 상징을 포개고(氣＝상징) '氣(상징)⇌언어⇌사물', 같은 이치로 사물과 기를 포개어 (사물＝기) '사물(氣)⇌언어⇌상징'로 표현할 수도 있다.

또 언어와 상징과 기를 포개어 '언어(상징·氣)⇌사물', 상징과 기와 사물을 포개어 '상징(氣·사물)⇌언어', 기와 사물과 언어를 포개어 '氣(사물·언어)⇌상징', 사물과 언어와 상징을 포개어 '사물(언어·상징)⇌氣'로 표현할 수도 있을 것이다. 처음이 사상적 방법이고 그다음이 천지인의 방법이고 마지막이 태극적 방법이다. 따라서 '언어·상징⇌기(氣)⇌사물'이라는 것은 좌표적 변수가 아니라 그 자체가 변형되는 것이다. 이는 마치 음양오행이나 천지인, 한의학의 방법과 같다. 말하자면 예술인류학이라는, 인간을 종합적으로 연구하는 학문인 토(土)를 중심으로 '언어⇌상징⇌기(氣)⇌사물'이라는 네 변수가 마치 오행(五行)처럼 변하는 것이고 예술인류학이라는 인(人)을 중심으로 예컨대 '언어·상징⇌기(氣)⇌사물'이라는 세 변수가 천지인 삼재(三才)처럼 변하는 것이다. 같은 이치로 예컨대 '언어(상징·氣)⇌사물'이라는 두 변수가 변하는 것이다. 말하자면 부채처럼 접었다 폈다 할 수 있는 것이다. 예컨대 세 변수가 하나가 되고 나머지 한 변수와 가역반응을 일으키면 우주는 하나가 되는 것이다. 모든 이원대립항은 무의미한 것이 되고 만다. 서로 침투하고 분별이 없어진다.

이들 변수들은 처음부터 수학의 좌표가 아니라 상징적 좌표로 설정한 까닭에 좌표를 통해 공식이나 법칙을 만들어 내는 것이 아니라 단지 관계의 양상을 설명하기 위한 것이었지만 우주는 온통 혼돈으로 빠지고 만다. 이것을 혼돈이라고 하는 것도 실은 이성적, 수학적 질서의 개념을 기준으로 설명하는 것이지만 실은 혼돈이 아니라 그야말로 제대로 하나가 되는 것을 말한다. 혼돈이야말로 진정한 하나이고 질서야말로 분열이다. 혼돈은 그 자체로, 몸체로 하나가 되지만 질서의 하나는 절대자가 군림하는 억압의 하나이다. 결국 이성, 질서, 법칙, 도덕, 문화는 억압의 산물이다. 그렇다면 억압은 왜 일어나는가. 물론 자연으로부터 벗어난 까닭이다. 문제는 인간이 왜 자연으로부터 벗어나지 않으면 안 되었는가를 설명하는 것이 관건이다.

예컨대 이런 것을 가정해 볼 수 있다. 인간 종의 입장에서 보면 인간의 개체군을 늘여 나가는 것이 생물의 당연한 욕구겠지만 만약 그 인구증가가 다른 생물종의 심각한 희생을 바탕으로 한 것이라면 문제가 다르다. 말하자면 인간은 그 생물종의 불균형에 대해서 책임을 지고 보복을 당해야 한다. 그 자연의 보복이 억압이 아닐까. 그 인구를 적당하게 조절하였더라면 억압, 스트레스(stress)를 덜 받았을 텐데, 그 번식의 욕망을 억제하지 못하는 바람에 문명은 점점 더 발달하지 않으면 안 되게 된 것은 아닐까. 인간의 문명은 이제 지배−피지배의 구조에서 벗어나 서로 순환하지 않으면 안 되고 자연과도 순환의 관계를 회복하지 않으면 안 된다. 어쩌면 이런 자연의 순환을 회복하려면 문명의 키워드라고 할 수 있는 가부장제를 포기하여야 할지도 모른다. 가부장제야말로 모든 억압의 출발이기 때문이다. 가부장제말로 성(性)의 억압의 출발이고 왕(王)의 출발이고 성(聖)의 출발이고 과학의 종착역에 도달하게 한 제1 원인이 아닐까. 이것은 신학의 원죄와 같고 경제학의 본원적 축적과 같고 철학의 자아와 같은 것이고 과학의 원인과 같은 것이다.

우주의 모든 사상은 에너지이고 에너지의 변화이고 과학은 이제 자연을 지배하고 정복하는 것이 아니라 함께 살아가는 대상으로서 포괄하여야 한다. 나아가서 자연사의 과정으로서 과학이 존재하는 것이다. '열려 있다'는 것은 바로 '순환적이다'라는 사실에 다름 아니다. 문화가 순환인 것은 자연의 순환을 닮았기 때문이다.

신화(神話)계열 신화(神話), 신(神), 예술(藝術), 종교(宗敎)의 담론의 구조는 문제를 중심으로 볼 때 양 방향의 진행구조(순환론: 순순환과 역순환)로 어느 쪽으로 가더라도, 예컨대 신에게 문제를 제기할 수 없는 구조이다. 이것은 공간적 구조, 더 정확하게는 위상학적(위상학적) 구조이다. 그러나 과학(科學)은 한 방향의 진행구조(인과론)로 신 아니라 어떤 누구에게도 방향이 틀리면 문제제기를 할 수 있는 구조이다. 이것은 시간적 구조이다. 따라서 신화는 열린 구조이고 과학은 폐쇄된 구조(신이라고 할지라도 그 법칙에서 벗어날 수 없는, 특권을 누릴 수 없는 구조)이다. 인간은 이 두 개의 담론구조, 말하자면 하나는 열린 구조, 다른 하나는 닫힌 구조를 만들어 내어 언어를 생존의 방식에 이용하는 지혜를 발휘하였다. 세계는 이들 담론구조처럼 열린 구조와 닫힌 구조를 가지고 있다. 열린 구조는 상대적이 되고 닫힌 구조는 절대적이 된다.

유대교의 절대신 관념은 닫힌 신관(과학으로 향하는), 예컨대 '언어＝사물＝상징＝氣'이라는 등식과 같은 것이다. 경계선상의 틈, 혹은 가역반응, 혹은 불확실성을 인정하지 않는 것이다. 예컨대 신과 구세주는 얼마든지 생성되는 것인데 오직 여호와와 예수만이 절대신이고 구세주라는 것이다. 기독교의 논리대로라면 자동적으로 여호와(성부)와 예수(성자)는 일체가 되지 않으면 안 되고 이 시간차를 극복하기 위해서는 하늘과 땅을 연결하는 성령을 도입하지 않으면 안 된다. 물론 이 기독교의 삼위일체는 천지인의 변형이지만 문제는 다른 천지인, 혹은 천지인의 변형을 인정하지 않은 점이 다르다. 이는 내 답만이 정답이라는 논리이고 정답은 하나밖에 없다는 논리이다. 이것이 절대의 세계이다. 절대는 상대의 한 예이다. 이는 이(理)는 기(氣)의 한 예인 것과 같다. 또 기표(記標)는 기의(記意)의 한 예인 것과 같다. 또 이성은 감정의 한 예인 것과 같다. 하나가 하나라고 하면서 전체를 집어삼키는 것이다.

느낌의 세계는 닫힌 구조에서 열린 구조로 넘어오는 것이고 이해의 세계는 열린 구조에서 닫힌 구조로 넘어오는 것이다. 전자는 세계 자체(닫힌 세계)를 인정하고 자신의 체화(體化)를 통해 교감하려고 하고 후자는 세계 자체(열린 세계)를 자신의 체계화(體系化)를 통해 이해하려고 한다. 여성은 주로 몸 혹은 체화를 통해 살고 남성은 말 혹은 체계화를 통해 산다. 여성은 느낌으로 살고 남성은 이해로 산다. 여성은 이해되어도 느낌이 통하지 않으면 안 되고 남성은 느껴져도 이해되지 않으면 안 된다. 느낌의 삶이 진정한 삶인지, 이해의 삶이 진정한 삶인지, 그것은 조건의 문제이고 동시에 선택의 문제이다.

앞서 기술된 내용 중 '역동적 장(場)의 개폐이론'(DSCO)과 '한철학'은 특히 예술인류학이 지향하는, 단적으로 말하면 축제적 성격의 문화, 축제로 진행의 실마리를 풀어 가는 문화를 설명하는 훌륭한 틀이

될 것으로 짐작된다. DSCO이론은, 즉 '역동적 장(力動的 場)'의 '장
(場)', 공간(space)에 역점을 두고, 시간(time)을 공간에 포함시켜 버린
것이다. 반대로 '한철학'의 '한'은 여러 가지 의미(개념)를 함의하고
있다. 이것은 어떤 장소, 즉 공간(space)에 구애되지 않는 내용을 표방
하는, 다시 말하면 시간(time)이 공간을 포함하는 것이다. '역동적 장'
은 장소(space)에, '한'은 시간(time)에 역점을 두고 있고, 따라서 양자
는 서로가 걸맞은, 대칭적인 그릇과 내용물이 되는 셈이다.

여기서 나는 이 같은 내용을 우리네가 흔히 듣고 쓰는, 우리의
귀에 익숙한 '한마당 = 한(time) + 마당(space)' 철학으로 표기하고자
한다. '한'과 '마당'은 둘 다 순수 우리말이고 가장 변화와 포용력
이 풍부한 우리말이다. 우리 민족은 축제를 일컬어 '한마당 벌린
다', '굿판을 벌린다'라고 말한다. 벌린다는 것은 모든 것을 받아들
이는 '열려 있는 구조'이다. 이것이야말로 대칭적인 구조가 아닌가.
여기서는 모든 것이 용해되고 만다. 인간이 이룩해 놓은 모든 분류
(classification) ─ 분류학(taxonomy) ─ 는 그 경계선을 잃고 만다. 심
지어 하늘과 땅도 하나가 된다. 말하자면 천(天)·지(地)·인(人)이
인(人)을 중심으로 하나가 되는 것이다.

이것을 예술인류학의 모델 '사물⇌언어⇌상징⇌기(氣)'에서 보면
'사물→언어→상징'이 '기(氣)'로 환원(통합)되는 과정이다. 가장 반
철학적(反哲學的) 개념인 '한마당'이 예술인류학의 철학(원리)이다.
이 말은 서양철학의 언어－사물중심주의에 대한 가장 신랄한 도전
이며 혁명적 선언이다. 서양철학은 세상(우주)을 찢어 놓은 죄인(원
죄)의 자기합리화의 과정에 불과한 것이다. 또한 정신분열자의 추상
화에 불과하다. 하나(one, the first cause)에 대한 콤플렉스 때문에 전

체(oneness)를 상실한 비극이다. 오늘날 그것은 그리스, 로마 등 유럽을 거쳐 미국과 소련에 와 있다. 서양, 그것은 자연(自然)에 대한 무지(無知)의 역사에 지나지 않는다. 그들은 자연(自然)에 직선(直線)을 긋는다. 그리고 단면(斷面)만을 본다. 그러나 자연(自然)은 입체적 곡선(曲線) ― 位相的 ― 이며 드라마이다. 곡선은 직선을 포용하고 스스로 완전무결하다. 따라서 시작과 종말이 한곳에 있다.

미개원시사회를 통해서 현대문명인이 얻을 수 있는 구(舊)원리이면서 동시에 신(新)원리는 다음과 같다.

1. 무의식은 분류학적(分類學的)이다. 분류학은 대칭적이다.
2. 모순이야말로 진리이다. 모든 대칭은 교차하는 지점이 있다.
3. 시간은 없고 공간만이 있다. 공간의 역동이 시간이다.
4. 세계는 하나이다. 신(神)과 물(物)은 하나이다.

이제 우리가 가장 흔히 접하고 사용하는 '한마당'이 세계를 주도하는 철학으로 부각될 것이다. 그것은 예술인류학으로 구체화된다. '한마당'에는 시간적인 것(족보학), 공간적인 것(고고학)이 모두 상징(symbol)으로 변한다. 상징은 기(氣)를 나타낸다. 모든 것(all the thing)은 매개항(媒介項)에 불과하다. 매개항은 커뮤니케이션의 한 단계로 궁극적으로 과거와 현재, 미래를 서로 대화(對話)하게 한다. 상징은 매개항이다. 각 시대는 이것에서 신화적 원형을 찾아야 한다.
초역사적인 신화(神話)는 영원하다. 신화적 원형은 끝없이 재생산된다. 역사학자의 텍스트 작업은 신화의 한 장(章)에 불과하다.

예술과 종교는 어머니로부터 비롯되며 과학은 아버지로부터 비롯되는 것이다. 바로 우주에서 성(性)이라는 것이 갖추어지고 양성적 존재가 태어나면서 우주는 확장되고 인간에 이르러 그 확장은 점프를 하게 된다. 이는 생물학적으로 돌연변이의 산물인 인간이 거기에 걸맞게 심리적, 상징적으로 돌연변이된 것에 비유할 수 있다. 예술과 종교를 있게 한 어머니는 대칭적 세계를 관장하고, 과학을 있게 한 아버지는 비대칭적 세계를 관장한다.

삶＝예술은 결국 신(神)과 이성(理性)을 두 기둥으로 삼지만 남는 것은 결국 살다가 죽었다는 사실뿐이다. 그리고 생물학적 DNA를 자손에게 물려주고 죽은 호모사피엔스 사피엔스일 뿐이다. 인간의 어떠한 행위도 결국 자연을 은유하거나 환유한 것에 불과하다. 그러한 점에서 인간은 자연의 자기복제의 일종이다. 그러한 점에서 종교와 과학과 예술의 삼 자 가운데서 가장 중요한 것은 역시 예술이다. 인간은 자연의 자기복제의 예술이다. 인간은 자연이라는 자궁에 탯줄을 대고 있는 하나의 생물종일 뿐이다. 종교는 우주적 레벨의 집단상징의 예술이다. 과학은 마치 어머니에게 독립한 아들과 같다. 물론 그 아들은 다음 세대의 아버지가 될 것이다.

인류의 문명적 특징을 남녀의 성(sex)으로 구분하는 것은 과학적이지는 못하다. 왜냐하면 남자와 여자라는 성이 과학적인 기준으로 삼기에는 매우 불투명하고 유동적이고 결정적이지 못하다. 그러나 적어도 상징적으로 본다면 <여자-이미 만족한 존재-재생산-대칭적 존재(지혜자)-비권력-자연-행렬>의 시퀀스로 볼 수 있을 것 같다. 이에 비해 <남자-항상 부족한 존재-생산-비대칭적 존재(생산자)-권력-문명-방정식>의 시퀀스로 대응시킬 수 있을 것 같다. 그러한 점에서 인류가 여성적 특성을 가지고 있음은 일종의 구원이 될 수 있다. 현생인류도 자연에서 떨어져서 자연을 대상으로 마음대로 부리려고 하지만 결국 자연에 탯줄을 대고 있는 존재일 뿐이다. 죽음이라는 것은 탯줄, 자궁이 있는 자연으로 돌아가는 것이다. 여자와 남자라는 상징을 통해 인류문명을 보면 다음과 같다.

〈표 19〉 여자 - 대칭적 존재, 남자 - 비대칭적 존재

여자	이미 만족한 존재	재생산	대칭적 존재 (지혜자)	비권력	자연	행렬	⇕
남자	항상 부족한 존재	생산	비대칭적 존재 (생산자)	권력	문명	방정식	

발문

예술인류학으로 밝힌 한국적 심정의 원형

문화·예술현상에 대한 연구는
시간(역사)과 공간(사회) 속에 존재했던 인간의 삶에 대한
정신적 가치관의 연구로부터 비롯된다.

金在權(미술이론가·경희대강사)

이 책은 예술인류학이라는 새로운 학문적 코드로 한국의 문화·예술 현상의 상징(의례)을 연구 분석함으로써, 한국문화의 원형, 즉 '한국문화＝심정문화'라고 하는 가설을 증명해 보이고 있다.

일반적인 의미로 볼 때 어떤 특정 문화는 인종·언어·관습·신봉대상 등에 종속된 채 그 특성을 드러내게 되는데 이때 예술은 하나의 상징(의례)처럼 나타난다. 따라서 문화·예술현상을 연구하기 위해서는 시간(역사)과 공간(사회) 속에 존재했던 인간의 삶에 대한 정신적 가치관의 연구로부터 비롯되는 것이며 접근방식에 따라서는 여러 가지 시각의 차이를 드러내게 된다. 특히 오늘날의 문화·예술현상은 종래의 철학적이거나 역사적인 접근방법 외에 예술학·인류학·생태학·언어학·사회학·징후학·심리학 등 다양한 접근방법이 적용되고 있다.

이러한 점에서 볼 때 한국에서 저자에 의해 '예술인류학'이라는 새로운 학문 코드가 등장하게 됨은 아직까지 열악한 환경에 처해 있는 한국 인류학계의 학문적 위상에 새로운 변화가 일고 있음을 시사해 주고 있다.

한국문화의 골격은 기(氣)

저자는 이 책에서 예술인류학의 연구 범위를 타 학문과 연계하여 상세하게 비교 분석한 뒤 예술인류학의 기본이 되는 철학과 방법론, 그리고 모델(패러다임) 제시를 포함하여 예술인류학의 생성배경, 문화와 비교문화론, 문명사적 시각으로부터 비롯되는 예술인류학의 필요와 등장, 그리고 당위성을 피력하고 있다.

저자는 이 책에서 예술인류학은 학문적 대상이 아닌, 하나의 방법으로서의 문화 예술적인 상징(의례)을 연구 분석하고 있다고 말한다. 따라서 그 방법론에 있어서는 동양의 전통철학인 음양론(陰陽論) 중 양(陽)에 속하는 기(氣)를 주제로 선택, 과학(학문)과 예술 그리고 종교를 언어⇌상징⇌기(氣)⇌사물이라는 네 가지 변수에 위치시켜 이에 대한 상관관계를 통합적으로 고찰하고 있다.

저자는 기를 역동적인 힘을 지닌 하나의 에너지로 규정하고 기야말로 한국문화의 골격을 이루고 있으며 이로부터 비롯되는 상징(의례)을 연구를 통한 신화적인 원형의 발견만이 한국문화의 올바른 이해를 돕는 길이라고 서술하면서 이를 위한 철학적 토대가 요구되고 있음을 강조하고 있다.

특히 기가 언어화되는 과정을 관념론적 입장에서 체계적으로 설명하는 단계에서는, 상징적 자연주의 또는 자연적 상징주의 모델의 하나인 '역동의 장(場)의 개폐(開閉)이론(DSCO)'을 인류학자인 강신표가 제안한 '시간과 공간의 이원적 장치의 상호 교환의 변증법적 호혜성(BSTD)모델'에 대비시켜 비교 분석해 감으로써 자신의 DSCO이론에 대한 당위성을 주장하고 있는데 이는 한국 인류학계에 있는 최초의 본격적인 학문적 토론이라는 점에서 눈길을 끌고 있다.

여기서 저자는 강신표의 구조인류학적 코드에서 비롯된 이원론(이원적 理氣)을 자신의 예술인류학적 코드인 일원론(일원적 理氣)에 대비시켜 비교 논술하고 있다. 즉 강신표의 이원론은 음양대립의 이원적이기로, 시간과 공간을 이원론으로 보고 이것의 동적 관계에서 일원적인 것을 추구하는 분석적 입장의 이분법을 채택하고 있으며, 저자의 이원적 일원론은 장(場)의 표현형태로 개폐(開閉)의 상태를 설정, 개의 상태는 일원적이고 폐의 상태는 이원적인 것으로 역동적인 입장을 취하고 있다. 말하자면 강신표의 논리는 '언어의 구조화 과정에서 발전한 것'이라면 저자의 그것은 '감각의 비(非)언어적 상징화' 속에서 탄생된 이론이라 할 수 있다.

그런데도 불구하고 나의 전공분야인 예술학적 코드에서 본다면 이 두 사람의 이론적 주장은 모두 정당성을 지니고 있다고 판단된다. 왜냐하면 인간의 모든 창조행위는 '감각→사고→지각→개념→매체→행위→이미지 또는 상징'으로 나타나게 되는데 강신표의 이론은 사고(思考) 시스템 위에 세워지는 개념 분석적인 것이며 저자의 그것은 직관(감각)시스템 위에 세워지는 상징 분석적이기 때문이다.

동양문화 분석에 적합한 이론

사실상 이 두 개의 논리적 쟁점은 서로 다른 학문적 코드에서 비롯된 당연한 것으로, 서로 상충적 관계가 아니라 상호 보완적 관계이다. 즉 저자의 DSCO이론은 전통적 문화·예술, 그것도 동양의 문화·예술현상 분석에 적합한 이론이며 강신표의 BSTD이론은 서양의 문화·예술현상 그것도 현대문화·예술현상 분석에 적합하다고 본다. 왜냐하면 동양인은 서양인에 비해 감각적인 체질과 능력을 소유하고 있으며 서양인은 동양인에 비해 사고적인 체질과 능력을 지니고 있기 때문이다. 그 결과, 동양에서의 창조성은 무(無)개념이 패권적인 극화 현상으로 나타나며 서양에서는 개념과 방법으로서의 메시지가 극대화되는 현상을 볼 수 있게 된다.

특히 오늘날의 서양 현대예술은 과거 자신들의 전통예술에 존재해 왔던 관조적 형태를 철저히 거부함으로써 상징이라고 할 수 있는 이미지가 배격된 채 언어분석을 통한 개념이나 행위의 과정인 현상으로서의 문화예술을 형성해 가고 있는 것이다. 반면에 저자의 DSCO이론은 이미지 분석 방법론으로 동양, 특히 한국인의 의식구조나 전통적 문화·예술현상의 연주 분석에 가장 적합한 논리적 구조성을 지니고 있다.

학문의 코드는 많을수록 좋다. 그래서 오늘의 학문적 위상 역시 종래의 단일화된 코드에서 볼 수 있는 깊이로서의 학문이 아니라 넓이로서의 그것이라고 볼 때 이 책은 학술적인 충분한 가치를 지니고 있다.

박정진 ——————————————————————————————————

▌약 력

대구에서 태어나 한양대학교 의예과를 수료하고 동 대학 국문과를 졸업한 뒤 영남대학교 대학원에서 문화인류학과 박사과정을 마친 특이한 이력의 소유자이다.

대학 졸업 후 경향신문을 통하여 언론계에 투신한 이후 20여 년간 언론계에 몸을 담고 있다. 또한 그는 문화비평가로, 문화인류학자로 활동하면서 권위 있는 시 전문지인 월간 <현대시>를 통해 시인으로 등단하여 주위를 놀라게 하기도 했다.

세계일보 논설위원으로 재직하기도 했으며 현재도 한국 문화 및 인류 문화 전반에 걸쳐 진단, 집필 중이다.

예술인류학, 예술의 인류학

초판인쇄 | 2009년 9월 25일
초판발행 | 2009년 9월 25일

지은이 | 박정진
펴낸이 | 채종준
펴낸곳 | 한국학술정보㈜
주 소 | 경기도 파주시 교하읍 문발리 파주출판문화정보산업단지 513-5
전 화 | 031) 908-3181(대표)
팩 스 | 031) 908-3189
홈페이지 | http://www.kstudy.com
E-mail | 출판사업부 publish@kstudy.com
등 록 | 제일산-115호(2000. 6. 19)

ISBN   978-89-268-0397-4 93150 (Paper Book)
        978-89-268-0398-1 98150 (e-Book)

이담 /books 는 한국학술정보(주)의 지식실용서 브랜드입니다.

이 책은 한국학술정보(주)와 저작자의 지적 재산으로서 무단 전재와 복제를 금합니다.
책에 대한 더 나은 생각, 끊임없는 고민, 독자를 생각하는 마음으로 보다 좋은 책을 만들어갑니다.